序|伦|财|经|文|库

逐根

中西哲学双轨下的形式理论构建

庄育婷 著

企业管理出版社
ENTERPRISE MANAGEMENT PUBLISHING HOUSE

图书在版编目（CIP）数据

逐根：中西哲学双轨下的形式理论构建/庄育婷著. —北京：企业管理出版社，2023.9

ISBN 978-7-5164-2927-3

Ⅰ.①逐… Ⅱ.①庄… Ⅲ.①比较哲学－研究－中国、西方国家 Ⅳ.① B1-03

中国国家版本馆 CIP 数据核字（2023）第 184789 号

书　　名：	逐根：中西哲学双轨下的形式理论构建
书　　号：	ISBN 978-7-5164-2927-3
作　　者：	庄育婷
策　　划：	杨慧芳
责任编辑：	杨慧芳
出版发行：	企业管理出版社
经　　销：	新华书店
地　　址：	北京市海淀区紫竹院南路 17 号　邮编：100048
网　　址：	http://www.emph.cn　电子信箱：314819720@qq.com
电　　话：	编辑部（010）68420309　发行部（010）68701816
印　　刷：	北京亿友创新科技发展有限公司
版　　次：	2024 年 3 月第 1 版
印　　次：	2024 年 3 月第 1 次印刷
开　　本：	710mm×1000mm　1/16
印　　张：	14.75 印张
字　　数：	248 千字
定　　价：	88.00 元

版权所有　翻印必究·印装有误　负责调换

编者按

哲学是一个深奥而晦涩的研究领域，它与现实世界追逐的"实用性"有一定的距离。在日趋商业化和自动化的当代世界，其生存的土壤瘠薄，其重要性日益式微，加之其学习与研究进程漫长而艰辛，是"短平快"的对立端，所以其不为主流研究者所喜。尤其在商业研究领域具备哲学底蕴的研究者越来越少，将其运用在学术研究中的人更少。然而，运用哲学思辨考量商业问题，从历史和空间的大格局出发思辨国家与时代大格局与战略方向，才是其真正重要的治学价值。

中国有着千年的哲学智慧与体系，中国传统哲学思想博大精深，许多现代西方企业管理思想都能从流传两千多年的以儒道法为核心的中国传统哲学思想中找到共鸣。但由于东西方哲学体系生成土壤不同，在西方研究模式的学术世界里，东方哲学的立场与智慧的价值被严重低估。因此，推进中国哲学走向世界，不断提升中国社会科学的国际影响力势在必行。

本书作者早年便确立了坚定的志向，耗时十余年潜心钻研，旨在从知识体系、研究发现和商业战略层面为学术界做出有益的研究探索。本书从难得一见的东西方哲学范式对比起笔，探讨扎根理论在不同文化体系中的实用性和实现途径。本书作者更是以被称作世界"活遗产"的中国景德镇陶瓷产业为研究对象，扎根产业，田野调研，并赴多国考察研讨，积累了大量的研究数据，最终应用其开发的、更新的哲学范式和扎根理论方法论，以景德镇陶瓷产业为主体，以多个文化体的对比为辅助验证，总结得出众多极有价值的产业集群相关理论。

无论从学术上来说，还是从实用战略上来说，本书都对学者研究与政府施策有所启示。在学术方向和研究技术、产业集群发展的历史脉络与未来、政府的干预与支持、集群自身生态系统的共生进步机制等方面，本书从理论和实用层面做出了许多重要阐述，相信各层面的读者都能从中获益。

我很荣幸参与本书的编纂工作，协助本书出版。本书内容多元，涉及大量中外史料，难免会有疏漏与瑕疵，诚望方家指正。将中国优秀文化与文明传播于世界，不是一日之功，需要坚持不懈地行走。希望本书成为东西方哲学社会科学深度融合的一粒问路石，小，却必要。

夏振华博士
2020 年 12 月于新西兰南岛

作者序

逐根之旅：本真、本质、本源

一次导师见面中……

我问："为什么大部分的博士论文都是闭环研究，如果博士研究生是一个学术生涯的起点，是一段学术的训练，不应该是展示一张航海图吗？从一个研究问题扩展到一个研究领域，同时展现学术的能力与潜力？"

导师："这是个很有趣的想法，你就去实践吧。"

基于以上对话可见，本书是一个理想主义者所作，它展现的是一段青年学者的探索之旅——展示对自我哲学本真的探视，拓展本质揭示方法论的可能性及对科学问题的本源探究。

本真

从2011年完成第一个扎根理论研究后，我开始遭遇研究者身份认同的危机，而这个危机的核心是研究者自我的哲学立场。作为一个中国人，我用纯西方的本体论和认识论来审视自己民族的文化始终难以自洽。这种感受就像穿越到了2008年的景德镇，我在街边的粉店，拿出一副刀叉开始吃一碗热气腾腾的江西炒粉。18岁前浸润东方文化的我和18岁后到西方接受教育的我，都是真实的我。因此关于我是谁的问题，在以西方哲学为中心的科学哲学之外应该有来自东方哲学的诠释——这是我内心的呐喊。

由于我在硕士研究中使用经典扎根理论方法论，因此我被归类为一个实证（或后实证）主义研究者。这种简单粗暴的科学哲学偏见同样发生在做计量统计经验研究的学者身上，因为他们都被自动默认为实证主义者。但是，我是一个实证主义者吗？我觉得我不是！所以，我到底是谁？这个灵魂拷问无意中开启了我（本真）的"逐根"之旅。

当我开始探索个人哲学定位的时候，即从后实证主义开始走近德国理想主义、韦伯论，再到后康德主义。有一天，我突然感到隐隐的不妥，为什么我不能在中国哲学中定位自己？那些躺在科学哲学上的范式有点像欧洲大教堂壁画上的历史人物——神圣、伟岸但与我并无太多关系。为什么我要做一个哲学上的"香蕉人"（西化的华人）呢？披着西方哲学的范式，而在中国人的逻辑里寻求自洽？我发现许多被假定为实证主义者的中国计量学者，其实非常像实用主义者。这给我造成非常大的困惑：或许这不是实用主义，而是入世的儒家哲学。

在哲学定位上，我选择了3位西方具有代表性的学者和中国的儒家、墨家和道家进行双案例六单元的系统比较来锚定哲学偏好。既然哲学范式是一种选择而非判定与分配，那我们就有权做出不止一种选择。我虽未曾阅读墨家所有经典，但在墨家的实名论与三表法中找到了认识论上的共鸣。用以西方哲学为基石的科学哲学去推动社会科学在世界的全面发展有点像愚公移山，而当我走近这个领域的时候，我才看到社会科学研究中的阶级禁锢。

本质

本书书名中的"逐根"一词有两层含义。从有限的田野研究中是否能直接产生理论？扎根理论和科学研究的一般理论存在什么差异？一个好的案例研究和一个平庸的扎根理论所产生的理论性贡献是否仅仅因为方法的选择就会自动成为理论？这些问题在我完成第一个扎根理论研究之后一直挥之不去。逐根也可诠释为追逐扎根理论方法论的突破，景德镇陶瓷产业的本质（Nature）通过从实质扎根理论（Substantive Grounded Theory）上升到形式扎根理论（Formal Grounded Theory）的方法论可以被更深刻地剖析。但是由于形式扎根理论方法论路径的不确定性，直至今日，极少研究者声称他们所阐发的理论为形式扎根理论。一个商学院的博士到底能否对社会学家所开创的方法论成功地革新？这个问题开启了另一段"逐根"之旅。

2008—2011年，我在攻读硕士学位期间进行了第一个扎根理论研究。等到2013年，我在进行博士研究的时候，导师问我："你有没有兴趣继续做扎根理论研究并延展这个方法论的应用？"我查阅了经典文献，对 Glaserian、Straussian 和 Charmaz 派系著作进行了深入阅读，居然发现了一个研究生方法课程鲜少提及的事实：扎根理论有两层，即 Substantive（实质）和 Formal（形式）。Glaser 曾经发表了一本书，名字为 *Doing formal grounded theory:A proposal*（2006），但他不认为这就是形式扎根理论的最终版本。他过世前曾经承诺让世界等待他的形式扎根理论大作，很可惜我们没有等到。虽然世界上已知有 5 个团队从事相关领域的方法论设计，但几乎都是重复原著，毫无创新。因此，我的形式扎根理论研究始于一片荆棘，没有蓝图，看不到彼岸。我只能从"铺路搭桥"的基建工作做起，这就涉及自我哲学范式的定位（包括本体论及认识论）、从实质扎根理论到形式扎根理论的方法路径设计及设计的执行与检验。

从 2019 年回国至今，国内的质性研究环境得到一定的改善，诠释主义案例研究在实证主义范式主导的案例研究社群中得到更广泛的推广。然而相比理论创新，方法论创新并不被推崇，这源自根深蒂固的路径依赖。当方法产生强路径依赖的时候，它会自动衍生出很多新的规则（Rite），使原来的方法变得臃肿，也因此容易形成门派（或教派）。在对扎根理论 3 个派系的系统对比研究中，我发现传统扎根理论虽然灵活，但在发展过程中衍生了很多新规则，而规则的判断掌握在少数人手中；程序扎根流程严苛，相对固化，符合计量研究者的方法思维传统，自有拥护者。Charmaz 后来者居上在建构主义范畴里深耕，不鼓吹扎根理论的复杂性，却成为更有影响力的流派。我非常喜欢建构扎根理论，但由于哲学范式的冲突，我不能执行其方法设计。

虽然方法论是一种选择(如同哲学范式),但选择的标准是什么呢？是容易的，是可获得的，是导师擅长的，还是容易发表的？我的判断标准是忠于自我（与我哲学范式）和我所要探究的社会现实（或研究命题）。

本研究选择历史文化集群作为田野，以展示系统的方法论设计。集群由地理位置上聚集的一群来自不同产业的企业和机构相互连接组成，以支持其核心产业创造竞争力优势（Porter，1990）。本书涉及的历史文化集群数据收集包括景德镇陶瓷产业集群（中国）、京都陶瓷集群（日本）、斯托克（Stoke-on-Trent Staffordshire）陶瓷集群（英国）、伊川陶瓷集群（韩国）、但尼丁遗产旅游集群（新西兰）。本书所收集的数据证明了社会现象理论化进程在时间、空间和人的维度上的四层级模型的可行性。本书的数据分析侧重于线理论，在时间维度上对两个实质性田野（Substantive Empirical Areas/Fields）进行比较，涵盖了景德镇瓷器产业集群的全历史。

本书检验了形式扎根理论方法论设计在生成线理论方面的能力。通过对比 2007—2008 年与 2014—2015 年景德镇陶瓷产业集群数据，得出了 2 个新的点理论（实质理论），以及 14 个新的线理论（形式理论）。它们反映了景德镇 3 个历史时期的社会现实，而且本研究中 3D 模型的时间维度上具有不同程度的概括性。本书未包括的面理论和体理论的实验性研究将成为笔者未来研究的主要方向，包括对已收集的新西兰、日本、韩国和英国的数据做进一步比较分析。本研究所建立的历史文化集群数据库将与更多其他人文社科学者分享，进行知识共创。

本源

从 2007 年开始的景德镇研究虽出于偶然，但对景德镇的田野调查不仅仅是我知识探索的启蒙，更诱发了自我的文化觉醒，进而追寻文化之根。景德镇陶瓷是中华文化一个标志性的符号，是世界人民认识中华文明的窗口，景德镇也是现存历史最悠久的陶瓷产区。探究景德镇陶瓷产业经久不衰的奥秘（本源），这本身就是在究其本质，亦是逐根。景德镇成功的根本原因对中国传统产业有启示作用，世界人民亦然。

本书对形式理论的发展和产业集群文献的研究做出了贡献。本研究共产生了 16 种新理论模型，提出了主要的结构、过程、关系和功能，包括 129 种关键关系和 10 个核心类别。从景德镇 2014—2015 年的数据集中，发展了两个实质（点）理论，包括市场的划分和从业者的职业道路。古代景德镇陶瓷产业集群中的 4 种形式（线）理论，分别涉及市场分工、劳动分工、政府干预和创新。5 种形式（线）理论以当代景德镇陶瓷产业集群为基础，阐述了生产分工、市场分工、等级制度与教育、创新、商业伦理等方面的关系。在景德镇陶瓷产业集群的整个历史中，出现了 5 种形式（线）理论，包括可持续性模型、工艺模型、经济相关现象，以及韦伯的社会经济学范围模型在陶瓷产业集群中的应用。

自白

自反性（Reflexivity）是保证研究质量的最有效方法之一，它使研究者的理性和严谨性在研究探索中得以诠释。以下是我的自白，希望它有助于读者理解个体在研究道路中的抉择与思考。

我出生在美丽的海滨城市——厦门，18岁才离开家乡到新西兰求学。我在本科和研究生阶段学习了以西方哲学为核心的科学哲学，逐渐对科学哲学中的种族中心主义产生质疑，这种方法论体系缺乏对非西方哲学和文化的承认和接纳，缺乏普遍性意义。这样的感受从2008年我在景德镇陶瓷产业集群的第一次田野工作开始诱发，从硕士毕业到博士研究期间变得越发强烈。我感到害怕和羞愧，觉得自己是中国本土文化的"异乡人"。我深深感受到，通过比较西方和东方哲学来增加对话不仅是为了使相关研究受益，也是为了自我探寻。我在景德镇的第一个项目始于2007年，主要利用陶瓷产业集群史学资料研究集群生命周期。由于导师认为该项目的研究发现意义重大，当2008年我开启硕士研究历程的时候，我决心进一步探索景德镇陶瓷产业集群的本质。在田野工作期间，我在景德镇与一群人类学家一起生活和工作。他们分享了许多关于艺术和陶瓷生产的见解，以及与此相关的有趣故事，这使我对景德镇独特的历史文化背景中的商业现象有了更强烈的感知力。

作为研究者，我的多重宗教和文化体验使我更容易从社会现象中跳脱出来，像"局外人"一样去调查。然而，我发现自己在中国田野中与受访者的互动中表现出对东方文化社会中默会知识的相对迟钝。一个西方的"自我"和一个东方的"自我"很难交融共存，却都是真实的"自我"。交代"自我"内在的真实，是让读者能够明白我的研究意图和展示研究过程透明性的基础，也是"自我"内在真实性与在整个研究过程中所做的决定保持一致性的最好阐述。

理论敏感性（Theoretical Sensitivity）决定了理论的形成，是长年累月发展得来（Glaser and Strauss, 1967），亦可佐证扎根理论方法论的合法性。Glaser和Strauss（1967）把它作为个人的"气质倾向"（Temperamental Bent）来讨论；Strauss和Corbin（1990）认为这是一种感知数据微妙内涵的个人品质，关乎理论敏感性是如何通过心智（Mind）和直觉（Intuition）与外部世界交互而产生的。

我的宗教知识和经验对我的整个哲学体系乃至对现实的假设、世界观、价值观和思维方式的发展有重大影响，同时指导着个人道德和伦理标准的建立。伦理是古典哲学的研究范畴，影响着个人的行为规范，然而它并非科学哲学的组成部分。虽说如此，它仍对田野调研中的伦理考量具有特殊影响。

个人教育历程能发展心智，对我而言，新西兰/西方的教育体系扮演了更为重要的角色，因为我的世界观和价值观在那个教育阶段趋于稳定。从田野调研的角度来说，对中国本土宗教、资本主义和中国传统哲学的了解使我对中国、韩国和日本经验田野中相关的社会文化现象有所理解，确信这些国家的文化受道教、佛教和儒教的影响。而我对基督教、西方哲学的了解以及在新西兰的生活经历，使我更能够理解英国和新西兰的商业环境。

我相信在时间和空间中架构的经验现实（Empirical Reality），独立于调查者之外，其宏大远超个体体验。不同的现实范畴内都存在支配原则且在不同视角下诠释各异，例如不同的学科视角和利益相关者视角。社会文化现实不仅有待挖掘，还可以从不同的视角来解释社会关系和行为，而不同的诠释丰富了人们对社会现象的理解。社会现实的要素是动态的、相互关联且不断发展的。新社会现象的涌现与旧社会现象的消亡更替，是经验现实中生命周期的表现。

即使从特定的视角切入，现实也存在着不同层级，因为社会现实是复杂、动态而综合的。如果限制对现实观察的范围，社会研究就可能使支配原则抽象化。抽象的社会理论通过普遍性获得解释力，然而，社会现象可能有多个诱因，来自一个研究领域的社会理论，只能对目标调查的总体提供部分解释。个体作为社会活动的基本单位，内在受个人兴趣、情感状况、心态（思维方式）的影响，外在则受他人和外部环境多种因素的影响。因此，社会现实不能被简单化，它混合了理性和非理性行为，普遍化（Generalisation）不应是社会理论的唯一兴趣，社会研究者应重视不同学科和文化背景的学者对社会现实解释的多样性。

在此引用德国哲学家康德感叹人生的一段话：

"我们鲜少在光明时想到黑暗，

在幸福时想到灾难，

在安逸时想到痛苦，

不过，

反过来的想法却经常出现。"

希望这本书所呈现的缺憾与未达，让追寻真理与科学的同行者看到一点微光。

庄育婷

2023年9月14日于上海

关于附录内容，限于本书篇幅未能一并呈现。有查阅需求者，请扫描附录页二维码。

目 录

第1章 绪 论 ··· 001
　1.1 研究定位 ··· 001
　1.2 目标贡献 ··· 003
　1.3 本书结构 ··· 003
第2章 哲学背景综述 ··· 006
　2.1 西方哲学范式 ··· 008
　　2.1.1 西方哲学背景 ··· 009
　　2.1.2 社会学的三大支柱 ··· 010
　　2.1.3 西方哲学范式比较 ··· 011
　2.2 东方哲学范式 ··· 016
　　2.2.1 东方哲学背景 ··· 017
　　2.2.2 中国主要哲学家 ··· 019
　　2.2.3 东方哲学范式比较 ··· 022
　2.3 哲学范式的个人偏好 ··· 027
　　2.3.1 本体论偏好 ··· 027
　　2.3.2 认识论偏好 ··· 028
　　2.3.3 文化立场偏好 ··· 029
　2.4 小结 ··· 030
第3章 方法论背景综述 ··· 032
　3.1 社会现象理论化进程 ··· 032

- 3.1.1 西方的社会现象理论化进程 ………………………………… 032
- 3.1.2 东方的社会现象理论化进程 ………………………………… 035
- 3.2 实质扎根理论方法论 …………………………………………………… 036
  - 3.2.1 扎根理论方法论在商业研究中的背景 ………………………… 036
  - 3.2.2 实质扎根理论方法论路径 ……………………………………… 040
- 3.3 形式扎根理论方法论 …………………………………………………… 050
  - 3.3.1 形式扎根理论方法论中的韦伯（新康德）流派 …………… 051
  - 3.3.2 形式扎根理论方法论路径 ……………………………………… 053
- 3.4 扎根理论方法论的文献使用 …………………………………………… 057
  - 3.4.1 扎根理论方法论中的文献讨论 ………………………………… 057
  - 3.4.2 理想类型在社会研究中的使用 ………………………………… 058
- 3.5 小结 ………………………………………………………………………… 060

第4章 研究设计 …………………………………………………………………… 063

- 4.1 社会现象理论化进程设计 ……………………………………………… 063
  - 4.1.1 韦伯（新康德）思想框架的设计 …………………………… 064
  - 4.1.2 社会现实、社会现象理论化进程与社会现象理论化进程的设计 ………………………………………………………… 066
  - 4.1.3 社会知识建构模型的设计 ……………………………………… 075
- 4.2 实质扎根理论方法论设计 ……………………………………………… 077
  - 4.2.1 Lehmann 和 Fernández 的实质扎根理论方法论设计 ……… 077
  - 4.2.2 "我"的实质扎根理论方法创新 ……………………………… 079
  - 4.2.3 纳入实质扎根理论方法论的数据收集方法 ………………… 081
- 4.3 形式扎根理论方法论设计 ……………………………………………… 085
  - 4.3.1 4种三角测定和形式扎根理论方法论设计 ………………… 085
  - 4.3.2 形式扎根理论方法论设计的演变 …………………………… 087
  - 4.3.3 形式扎根理论方法论设计 ……………………………………… 090
  - 4.3.4 现有形式扎根理论方法论与韦伯（新康德）流派的系统比较 ………………………………………………………… 092
- 4.4 在扎根理论方法设计中的文献使用 …………………………………… 096

4.4.1　静止锋效应设计 ·· 096
　　　4.4.2　静止锋效应模型中的理想类型 ······························ 101
　　　4.4.3　静止锋效应中的文献数据图书馆 ···························· 105
　　　4.4.4　静止锋效应中的田野笔记库 ································· 106
　　　4.4.5　静止锋效应的研讨会 ·· 107
　4.5　小结 ·· 108

第5章　数据收集与分析 ·· 111
　5.1　数据收集 ·· 111
　　　5.1.1　数据收集：经验田野数据库 ································· 111
　　　5.1.2　数据收集：文献数据库中的历史编纂法 ··················· 116
　　　5.1.3　数据收集：田野笔记库 ······································· 118
　　　5.1.4　数据收集：研讨会 ··· 118
　5.2　数据整理与分析 ·· 120
　　　5.2.1　社会现象理论化进程四阶层次模型的准备工作 ·········· 120
　　　5.2.2　正式理论化的数据准备：景德镇07/08 ···················· 122
　　　5.2.3　形式理论化的数据准备：景德镇14/15和历史编纂法 ··· 125
　　　5.2.4　形式扎根理论方法准备 ······································· 125
　　　5.2.5　数据分析：景德镇14/15的实质（点）理论化 ············ 128
　　　5.2.6　景德镇瓷器产业集群团形式化（线）理论 ················· 133
　5.3　小结 ·· 148

第6章　研究结果与讨论 ·· 151
　6.1　研究结果 ·· 151
　　　6.1.1　景德镇14/15的实质（点）理论 ····························· 151
　　　6.1.2　古代景德镇陶瓷集群的形式（线）理论 ···················· 153
　　　6.1.3　景德镇陶瓷产业集群的形式（线）理论（当代） ········· 157
　　　6.1.4　景德镇陶瓷集群的形式（线）理论（普遍性） ············ 162
　　　6.1.5　景德镇陶瓷产业集群分析中浮现的理论总结 ············· 167
　6.2　讨论 ·· 169
　　　6.2.1　理论与文献的空间维度比较 ································· 170

6.2.2　理论与文献中的人维度比较 ································· 175
　6.3　小结 ·· 182
第 7 章　结　论 ·· 186
　7.1　总结与贡献 ·· 186
　　　7.1.1　哲学维度 ··· 186
　　　7.1.2　方法论维度 ·· 187
　　　7.1.3　理论维度 ··· 188
　7.2　局限性与未来研究方向 ·· 189
　　　7.2.1　哲学维度 ··· 189
　　　7.2.2　方法论维度 ·· 190
　　　7.2.3　理论维度 ··· 190
　7.3　个人反思 ·· 191
附　　录 ··· 194
参考文献 ··· 195
致　　谢 ··· 220

第1章 绪 论

绪论包括研究定位、目标贡献和本书结构3个部分。研究定位部分概述了本书的理论基础及其在扎根理论方法论研究中的定位。目标贡献部分讨论了本书可能为学术领域做出的贡献。本书结构部分介绍了本书的总体结构设计和主要章节。

1.1 研究定位

本书的第一要旨在于对扎根理论方法论进行探索。商科研究者对研究工具本身的兴趣要小于社会学家。目前业界对方法论的贡献仅限于对现有方法和方法论的微调。有些学者认为，方法论的设计和创新通常不是来自商科研究者，而是来自社会学家和哲学家。

然而，商科研究者对方法论的贡献是非常必要的。第一，商科研究者需要针对商业现象量身定制特定工具，从而提升发展和创建理论的效率。社会理论的质量评估，取决于研究方案的设计和具体执行的效果。扎根理论方法论以其构建理论的能力而闻名，商科研究者对该工具的改进有利于新的商业理论产生。第二，商业（管理）研究占到2000—2013年扎根理论方法论研究的一半（ProQuest，2013）。商科研究者能够为扎根理论方法论在商业研究中的应用提供有价值的洞察。第三，对扎根理论方法论设计的贡献不应仅限于社会学家和相关领域，还应有其他学科，例如信息科学（Fernández，2004；Walsh，2015）和护理（Kearney，1998a，1998b，1999，2007）领域的研究者。商科学者，如Locke（2001，2007）和Goulding（1998，2005）都为将该方法论引入扩展的商业领域做出了重要贡献。需要强调的是，扎根理论方法论是在跨学科研究背景下产生的。最早奠定扎根理论方法论研究基础的是社会学家格拉泽（Glaser）和施特劳斯（Strauss）的 *Awareness of Dying*（1965），他们开展了一宗基于护理和医学角度的社会行为调查。以上讨论反映了扎根理论方法论的包容性，它可向所有涉及定性研究的学科开放，正如 Glaser 和 Strauss（1967）所声明的那样。

Glaser 和 Strauss（1967）观察到有两种类型的扎根理论方法论：实质扎根理论方法论和形式扎根理论方法论。本书的形式扎根理论方法论构建基于我在 2011 年提出的实质扎根理论方法论设计。2011 年的研究与本书的延续性体现在两个方面：一是对扎根理论方法论的设计，经历了从实质扎根理论方法论发展到形式扎根理论方法论的过程；二是延续了历史文化集群研究。在此，2011 年的实质扎根理论方法论研究将简单明了地呈现，用以关联本书中所开发的实质扎根理论方法论结构和新开发的形式扎根理论方法论结构。初次接触扎根理论方法论研究的读者，可选择性阅读扎根理论方法论文献和本人（Zhuang，2011）前作，从而理解本书提出的新型的形式扎根理论方法论设计。

基于我在中国和新西兰的教育和生活经历，本书对东西方哲学采取多元的方法论设计。当前的科学哲学，包括根植于西方哲学和文化的实证主义、诠释主义和建构主义，缺乏来自东方思维的切入角度。本书以东西方哲学为研究对象，旨在发现两大哲学流派之间的关联，试图从两种文化背景出发，探索一种新的哲学定位方法。Barkema、Chen、George、Luo 和 Tsui 在 2015 年撰写了一篇题为 "西方遇见东方：新概念与理论"（West meets East : New Concepts and Theory）的文章，旨在消除当前管理领域理论发展中的偏见。2010—2014 年，全球管理协会（The Academy of Management）的期刊中仅有 8% 的作者来自亚洲。Chen（2014）呼吁思维方式（认识论）和理论发展的多样性。Ashkanasy（2013）敦促 "融合理论" 来包含所有文化（Arndt and Ashkanasy，2015）。"中西交融" 和 "理论发展" 为本书的两个主要研究焦点。

本书同时延续了依托地理学的历史文化集群研究。该纵向研究扩大了景德镇陶瓷产业集群的数据集，与我在 2011 年的研究对象相同。在 2014—2015 年，本研究还从其他 4 个国家收集了新数据。

1.2 目标贡献

本书旨在从哲学、方法和实证3个维度做出贡献。本书在哲学维度的贡献对非西方学者，尤其是中国学者来说是有益的，对如何在西方主导的科学哲学基础上克服发展新理论的障碍提供了可能的路径。一个研究者的文化和教育背景以及其对西方科学哲学的态度，直接影响着他的研究范围。对非西方文化背景下的研究者来说，拥有一个世界哲学体系是激活新方法论和发展新理论的基础。

本书在方法维度的贡献有助于扩展质性研究范畴。两类读者可以从该研究提出的方法设计中受益：使用定性研究的商科研究者和扎根理论方法论研究者。建立理论是商科和管理研究的核心（Eisenhardt，1989）。本书提出了一种适用于研究商业现象，并在实质和形式两个层次上生成理论的扎根理论方法论。

本书的实证部分可能会引起集群学者的兴趣。集群研究属于经济地理学中的新兴研究领域（Sheppard，2003）。经济地理学是"一个使用地理方法研究经济的子学科"（Sokol，2011，p.22）；它的主要内容已经从古典经济学转向从空间维度上描述和解释经济现象，而不只是单纯的理论建构（Sheppard，2003）。相关的理想类型（Ideal Type）成为这些学者的共同语言。"理想类型"是由社会现象中的要素构成的概念，它可以用于比较分析以解释社会现象（Bennion，1933；Coser，1977）。希望本书的社会现象理论化进程构建与研究实践可以为产业集群和文化集群的研究提供帮助。

1.3 本书结构

图1.1显示了本书的结构。本书的结构遵循经典的（格拉泽）扎根理论方法论设计，将领域文献综述推迟到扎根理论形成之后，在概述研究方法设计之前包含两个相关领域的背景文献回顾。第1章为绪论，包括研究定位、目标贡献和本书结构3个部分。图1.1未包括第2章至第6章的章小结，这些各章小结提供各章关键信息和贡献的总结。此外，本书还在第2.3节、第4.2.2小节、第7.3节使用第一人称来强调我的语态。哲学范式的个人偏好（第2.3节）讨论了关于哲学偏好的个人决定；"自我"的实质扎根理论方法创新（第4.2.2节）讨论了笔者之前的扎根理论研究成果；个人反思（第7.3节）分享笔者在整个研究过程中获得

的见解。

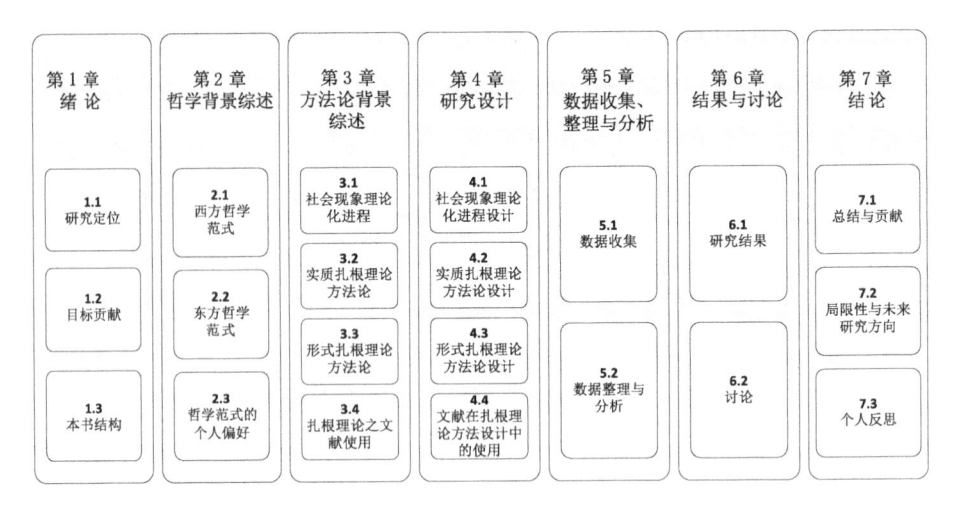

第1章 绪论	第2章 哲学背景综述	第3章 方法论背景综述	第4章 研究设计	第5章 数据收集、整理与分析	第6章 结果与讨论	第7章 结论
1.1 研究定位	2.1 西方哲学范式	3.1 社会现象理论化进程	4.1 社会现象理论化进程设计	5.1 数据收集	6.1 研究结果	7.1 总结与贡献
1.2 目标贡献	2.2 东方哲学范式	3.2 实质扎根理论方法论	4.2 实质扎根理论方法论设计			7.2 局限性与未来研究方向
		3.3 形式扎根理论方法论	4.3 形式扎根理论方法论设计	5.2 数据整理与分析	6.2 讨论	
1.3 本书结构	2.3 哲学范式的个人偏好	3.4 扎根理论之文献使用	4.4 文献在扎根理论方法论中的使用			7.3 个人反思

图 1.1　本书结构

第 2 章探讨了东西方哲学范式的知识构建。对西方社会学的三大支柱，即韦伯、马克思、涂尔干进行了关于本体论、认识论和方法论的比较。第 2 章还从本体论和认识论的角度，比较了中国哲学（东方哲学）中的 3 个主要流派，即儒家、道家和墨家。第 2 章最后讨论了哲学范式的个人偏好。

第 3 章与第 4 章涵盖了研究方法的文献背景。这两章有类似的组成部分：社会现象理论化进程，实质扎根理论方法论，形式扎根理论方法论，以及扎根理论方法论中文献的使用。本书将方法论文献与方法论设计分开，目的是将本书原创的形式扎根理论方法论设计与其他社会理论家和扎根理论方法论研究者的成果区分开来。

第 3 章首先对自然科学理论与社会科学理论的区别进行一般性讨论。在实质扎根理论方法论的背景下，回顾两种主流文献：商业研究中的扎根理论方法论和扎根理论方法论概述。有关扎根理论方法论在商业研究中的讨论说明了管理研究在扎根理论方法论研究中的重要性，以及目前在商业研究特别是在管理研究和中国管理研究中推进扎根理论方法论研究的障碍。扎根理论方法论概述则介绍了扎根理论方法论的简史，比较了不同流派扎根理论方法论的哲学范式立场（和被判定的立场）以及研究设计上的差异。之后讨论了几位主要的形式扎根理论家，探讨了韦伯（新康德）—墨家的形式扎根理论方法论建构方法的可能性。最后讨论了文献在扎根理论方法论中的使用。

第4章是在第3章的背景文献回顾基础上，在社会现象理论化进程设计的同时，介绍了3个关键结构。新康德和韦伯意识框架为定性研究者提供了一个自我评估模型。社会现象理论化进程主要有两种模式：社会现实球模型（The Sphere Model of Social Reality）和社会现象理论化进程的四层次模式。社会现实球模型确定了社会现象中的重点关系范围。建立在Zhuang（2011）的实质扎根理论方法论基础上的形式扎根理论方法论设计，即三重三角模型，采用了4种不同的三角测定。之后介绍了静止锋效应模型（Stationary Front Effect Model），以讨论何时将文献引入形式扎根理论方法论各个阶段的研究。

第5章是基于第4章的研究设计所开展的实证研究，包括数据收集和数据整理与分析。中国、日本、新西兰、韩国和英国的数据收集采用了访谈、观察、视觉人类学和在线档案的方法。扩展的数据收集旨在满足面向社会现象理论化进程四层级模型的部分研究设计。充足的准备工作在实际数据收集、整理与分析之间架起桥梁，以确保方法设计和田野工作之间更好地衔接。数据分析集中于景德镇陶瓷产业集群，对2007—2008年收集的数据集（Zhuang，2011）与2014—2015年收集的新数据进行数据三角测定，目的在于实现社会现象理论化进程的4个层次模型中形式理论化的线理论。

第6章将研究结果与讨论分开。研究结果包括基于景德镇陶瓷产业最新数据集的实质扎根理论以及具有时间维度变化的形式（线）理论：包括古代、当代和历史整体3个时间线。讨论围绕社会现实球模型的空间和个人两个维度，并在扎根理论方法论设计中关于文献使用的静止锋效应模型的引导下进行。

结论部分（第7章）包括本书总结与贡献、局限性与未来研究方向和个人反思3个部分。前两个部分在总结全文的基础上，提出本书的主要贡献，并从哲学、研究方法和理论3个维度探讨本书的局限性和未来的研究方向。个人反思部分则包含笔者在研究过程中的感悟。

第2章 哲学背景综述

本章将回顾西方哲学和东方哲学文献,由此提出哲学范式的个人偏好。前两节围绕中西方著名哲学流派的本体论、认识论和方法论进行比较与建构,涉及涂尔干、马克思、韦伯、孔子(儒家)、墨子(墨家)、老子(道家)。最后一节从相关性和适用性的角度论述笔者的哲学范式偏好。

哲学和意识形态起源于古代欧洲和亚洲文明,轴心时代最著名的四大哲学流派分别为古希腊、犹太(古以色列)、古印度和古中国。图2.1呈现了以四大文明为基础的世界哲学体系。

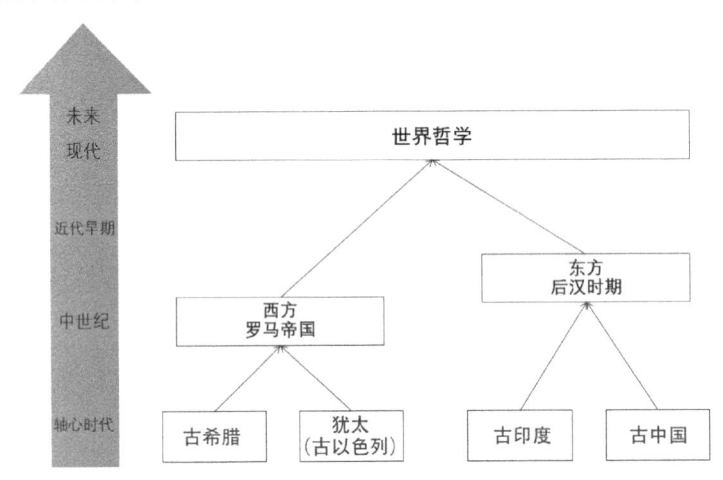

图 2.1 世界哲学体系

资料来源:根据胡适(2013,p.4)资料修改。

独立的哲学流派和范式在传统文化的框架中逐渐形成。中世纪前后,东、西方哲学成为哲学的两大阵营。古希腊于公元前146年被罗马人攻占,成为罗马帝国的一个核心省，盛行罗马文化。公元前 63 年，罗马征服耶路撒冷时，希腊和犹太（古以色列）成为西方哲学的两大主流并开始融合，最终形成西方文化。佛教起源于古印度，大约于公元一世纪两汉交替时期从西域传入中国。佛教在中国的传播几经曲折和反复，在其发展过程中经历了高峰和低谷，而这些起伏都与当时的皇权统治密切相关。隋唐时期可以说是佛教发展的鼎盛时期，在唐代后期逐渐衰微。佛教的传播与西方哲学的融合不同，其借由丝绸之路传入中国，与中国哲学文化相融合，也与中国、韩国和日本产生了文化融合。

历史上东西方哲学之间的互动，并没有带来世界哲学的一体化。基督教最早进入中国的时间与佛教大致相同，渠道也相同，但并没有产生明显的影响。更多的基督教传教士在元朝（13 世纪）进入中国，最终在清朝（1840 年后）繁荣起来。与佛教不同，基督教从未与中国哲学范式相融合，基督教的影响更多体现在近现代中国的个人哲学层面，而大多数中国本土宗教都属于泛神论或多神论。同样，中国哲学也未融入西方哲学主流，影响仅停留在个人层面。然而，一些东方哲学流派对商业战略做出了贡献，特别是以 "孙子兵法" 为特色的军事战略流派（Lee, Roberts, Lau and Bhattacharyya, 1998）和表面对立而在系统上互补的阴阳概念（Fang, 2012；Li, 2012）。

遗憾的是，目前尚未有将东方哲学范式的根本假设和原则与西方哲学范式进行有效、系统的比较和研究。张东荪（2010）注意到，东方伦理学应放在西方理性主义的显微镜下审视，西方理性主义应与东方伦理学（道德）杂糅在一起，结合两者优点并整合成一个通用的系统是发展新型研究文化的一条路径。

相比之下，西方世界的现代社会学是从奥古斯特·孔德（Auguste Comte）开始发展起来的，距今已有 200 多年的历史。从西方社会科学 "引进" 的理论和意识形态，往往会与东方文化和哲学发生冲突。这两个体系没有直接对话，因此思想只能停留在非常有限的交流层面，这就限制了东方学者对方法论创新和理论化做出贡献。迄今为止，东方学者在 Academy of Management Journal, Academy of Management Review, Management and Organization Review 中进行的管理领域研究，大多集中于采用定量研究方法的经验研究和理论检验（IACMR，2014）。

图 2.2 以扩展的商业文献为基础，对东西方商业研究方法进行了总体比较。这些文献涉及以下主题：宗教背景、本体论、认识论、方法论、研究情境和研究发现。关于宗教背景，西方哲学主要受到基督教以及古希腊和希腊泛神论的影响，

而东方哲学有非常丰富的宗教背景。大多数东方国家文化中都融合了多种宗教元素，例如中国和印度。在本体论和认识论方面，西方哲学发展出了界定清晰的本体论和认识论框架。东方研究者通常借用西方的本体论和认识论概念，讨论其在研究中的哲学定位。东方哲学对本体论和认识论的讨论并不系统，而当前社会科学的方法论设计是建立在西方哲学基础上的，因此东方学者在研究方法上的贡献较小，主要是对现有方法的论证和应用。东方研究者的优势在于对商业环境的识别和情境化，西方研究者在理论发展方面比东方研究者更积极，并且在理论论证（假设检验）方面做出了更多贡献。东方研究者理论研究很少，这主要受限于他们对西方科学哲学的理解。

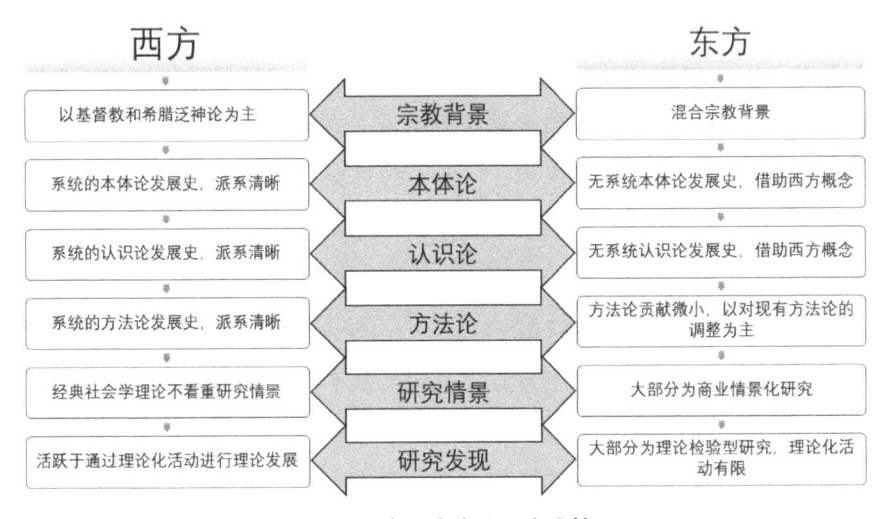

西方		东方
以基督教和希腊泛神论为主	宗教背景	混合宗教背景
系统的本体论发展史，派系清晰	本体论	无系统本体论发展史，借助西方概念
系统的认识论发展史，派系清晰	认识论	无系统认识论发展史，借助西方概念
系统的方法论发展史，派系清晰	方法论	方法论贡献微小，以对现有方法论的调整为主
经典社会学理论不看重研究情景	研究情景	大部分为商业情景化研究
活跃于通过理论化活动进行理论发展	研究发现	大部分为理论检验型研究，理论化活动有限

图 2.2　东西方商业研究比较

资料来源：笔者根据 Academy of Management Journal，Academy of Management Review, Management and Organization Review 截至 2015 年发表的文章比较得出。

2.1　西方哲学范式

西方哲学可以追溯到古希腊（图 2.1）的亚里士多德时代。尽管古典和现代哲学家大多主张跨学科讨论，但哲学和宗教依旧被归为不同学科。统治西方文化的基督教从 4 世纪开始影响西方文明，Orlandis（1993）提出了一个关键而重要的问题：哲学家的宗教背景是否与其哲学范式相分离。本节是对西方哲学家和他们的哲学方法的广泛探索，目的是发现宗教和哲学之间的关系。

2.1.1 西方哲学背景

本小节借由分析对科学哲学的主要范式做出重大贡献的关键哲学家来讨论西方哲学的背景。格奥尔格·威廉·弗里德里希·黑格尔（Georg Wilhelm Friedrich Hegel，1770—1831年）创立了黑格尔哲学学派，并影响了许多伟大的哲学家。他是新教神学院的毕业生，由于其哲学思想与基督教信仰的高度一致性，他对宗教话题表现出极大的兴趣（Stewart，2008）。

奥古斯特·孔德（1798—1857年）是实证主义哲学和社会学的奠基人，出生在一个天主教家庭。作为圣西门（Sait-Simon，1760—1825年）的学生和秘书，他受到了圣西门的影响（Pickering，1993）。圣西门的著作中，有着对上帝的坚定信仰（从他自己的出版物《新基督教》中可以证明）。威廉·詹姆斯（William James，1842—1910年），查尔斯·桑德斯·皮尔士（Charles Sanders Peirce，1839—1914年）和约翰·杜威（John Dewey，1859—1952年）被认为是实用主义的奠基人。威廉·詹姆斯（Henry James）的父亲，老亨利·詹姆斯，是瑞典的神学家（James，2009）。皮尔士有基督教信仰，认为上帝的存在不是人为的，而是作为一个现实主义者真实的体验（Peirce，1906）。约翰·杜威作为20世纪初的中国领航学者（Wang，2008），是胡适、蒋梦麟和罗家伦的老师。他是一个虔诚的基督徒，在作品中有着对伦理和宗教方面的坦诚描写（Rockefeller，1994）。

经验主义之父弗朗西斯·培根（Francis Bacon，1561—1626年），在虔诚的清教徒约翰·沃尔索尔（John Walsall）的资助下，进入剑桥三一学院。培根是一个虔诚的英国圣工会教徒（Galli，2010）。新实证主义者涂尔干（Durkheim，1858—1917年）及青年黑格尔主义和激进理论家马克思（Marx，1818—1883年）都出生于犹太家庭。约翰·洛克（John Locke），是古典自由主义之父，英国著名的经验主义者，出生在一个清教徒家庭，但却在出生时接受了洗礼（Broad，2000）。马克斯·韦伯（Max Webet，1864—1920年）是一位新康德主义者，他以《新教伦理与资本主义精神》而闻名。在《新教伦理与资本主义精神》一书中，他强调基督教信仰中加尔文派的新教分裂对资本主义发展的贡献（帕森斯，1930）。彼得·伯杰（Peter Berger，1929—2017年）与托马斯·卢克曼（Thomas Luckmann，1927—2016年）合著了《现实的社会建构：知识社会学论著》（Berger and Luckmann，1966）。伯杰是一位路德教基督徒，他的教学和写作与宗教密切相关（Berger，2011）。他的作品很大程度上是受韦伯影响，背离了德国唯心主义。Luckmann 与 Berger 有着非常相似的背景；两人都出生在奥地利，在德国接受教育。他们对社会学和宗教也有相同的兴趣。Luckmann 的《看不见的宗教》（Luckmann，1967）展示了社会学与宗教之间的互动，以及宗教如何塑造当今社会。

由此可以看出，研究者的宗教背景与偏好与哲学范式没有直接关系。以上所列哲学家来自各式各样的哲学流派，如社会学实证主义（孔德）、实用主义（威廉·詹姆斯，查尔斯·桑德斯·皮尔和约翰·杜威）、经验主义（弗朗西斯·培根）、新实证主义（涂尔干）、青年黑格尔主义和激进理论（马克思）、古典自由主义和英国经验主义（约翰·洛克）、新康德主义（韦伯）以及建构主义（彼得·伯杰和托马斯·卢克曼）。他们对现实的假设不受其所偏爱宗教或宗教派系的思维定式和心理的限制。在更广泛的实际应用中，来自不同宗教或没有宗教信仰的研究者，应该能够毫无障碍地融入现有的科学哲学范式。宗教分歧不会阻止科学哲学领域及社会科学领域的知识交流。

2.1.2 社会学的三大支柱

社会学作为一门现代学科，已有200多年的历史，最初源于政治哲学、历史哲学、生物进化论和有社会调研必要性基础的社会政治改革运动（Ginsberg，1947）。社会学是第一门以研究个人、群体和社会的生活为目标的社会科学学科（Bottomore，1962）。它产生于跨学科研究，但已是一门独立的社会科学。许多现代社会科学都曾是社会学研究的分支，此外，社会学对政治、历史、法律、宗教、哲学和经济学产生影响。现代社会学中最重要的两个基石是历史哲学和社会调查。历史哲学中的质性研究方法诞生于英法的两次工业革命。黑格尔（Hegel，1770—1831年）和圣西门是两个关键人物，其次是孔德和马克思。社会调查则源自自然科学中的定量研究方法，以此来开展社会调研。可见，现代社会学自其开创以来，已经应用并发展了多种研究方法（Bottomore，1962）。

第二次世界大战之后，社会学知识体系显著扩容。社会学发展成为多门学科，每个学科侧重于一个具体的社会现象领域。跨学科研究对社会现象的系统性检验与探索，使跨学科研究再次流行。然而，像涂尔干研究新教徒和天主教徒自杀率的《自杀论》那样水准的著作却相当罕见（Durkheim，1897；Spaulding and Simpson，1951）；像马克思在《资本主义：政治经济学批判》（Capitalism: Critique of Political Economy）（Learned，1887；Marx，1887，pp. 71—76 & 146—154）中或韦伯在《新教伦理与资本主义精神》（Weber，2005）中对资本主义基础因果关系纵向的研究更是凤毛麟角。

西方社会学的三大奠基人物是马克思、韦伯和涂尔干（Morrison，2006；Hughes，Sharrock and Martin，2003）。韦伯将社会学定义为试图对社会行动进行诠释性理解，从而对其原因和结果做出因果解释的一门科学……行动是社会性的，因为行动者赋予它主观意义，行动需要考虑他人的行为，因此是由过程主导发展而来的（Weber，1947；Burrell and Morgan，1979）。下一小节集中讨论他们的哲学范式，而不是他们对社会理论和研究的贡献。

2.1.3 西方哲学范式比较

本小节主要比较西方社会学的三大支柱流派，以展开对社会学丰富性的探讨。表 2.1 比较了不同流派的哲学视角、方法论、研究兴趣和主题以及理论类型。本书的研究哲学受到社会学 3 位奠基人的启发。他们同时代表了 3 种最重要的哲学范式：功能主义、激进理论和诠释主义（Burrell and Morgan，1979）。

表 2.1 涂尔干、马克思和韦伯哲学的比较

	涂尔干 （1858—1917 年）	马克思 （1818—1883 年）	韦伯 （1864—1920 年）
社会学的定义	社会学是……认知性地组织世界的意义和方式，这个世界在被社会化的个人之上继续存在（Scott and Marshall，2005） 社会学家迫切需要定期了解专门科学、法律史、习俗和宗教、社会统计、经济科学等方面的研究情况，因为正是在这些方面才能找到构建社会学所必需的材料（Durkheim，1898；Bottomore，1962）	社会学是一种社会结构，从独立存在的关系模式的意义上讲，它超越了在任何特定时间在这些结构中占据地位的个人或群体（Scott and Marshall，2005）	社会学是一门试图对社会行动进行诠释性理解的科学，以便由此得出对其原因和效果的因果解释。行动是社会性的，因为行动者赋予它主观意义，它考虑到他人的行为，因此在其过程中是有方向的（Weber，1947；p.88 节选自 Burrell and Morgan，1979）

续表

	涂尔干 （1858—1917年）	马克思 （1818—1883年）	韦伯 （1864—1920年）
本体论	宇宙观：涂尔干运用了一种社会和个人的视角——或者更确切地说，个人的视角——在社会和个人的并置中，他从社会和社会事实的角度来看待这种关系。一般而言，涂尔干从外部记录了社会和社会事实如何对个人的行为和心理状态产生强制性影响（Jensen，2012）	社会阶级观：马克思概念的核心是社会关系中的个人概念。根据这个社会性的而不是原子性的、预先假设的出发点，人们可以追溯到马克思对几个重要问题的解决方案的分析核心。马克思本体论的分析基石是把劳动看作是有目的人类活动的概念（Smith，1984）	混沌认知：从个体的角度看世界，以一种或多或少的混沌多重性的形式看待围绕个体的世界或社会场域。个人的文化价值观和个人假设的视角照亮了这个混沌领域的一部分（Jensen，2012；Weber，2012）加尔文主义的社会伦理强调世俗活动的价值和禁欲的义务（Bottomore，1962）
认识论	即使是最基本的沟通，也需要更多的承诺来开始，而不是古典的道德哲学。理性是社会秩序和道德承诺的产物。社会理论所假设的承诺，以及它所包含的任何道德含义，必须先于任何明确的社会契约概念。正如涂尔干所主张的那样，致力于社会实践的相互实施是任何社会秩序或可交流思想发展的先决条件（Rawls，1997）	"认识论上的突破"是指马克思在积极参与政治十年之后，由于他对达尔文进化论和政治经济学的兴趣日益增加而出现的范式转变（Althusser，1972；Burrell and Morgan，1979）	正如休斯（1958）、朗西曼（1972）和其他人所建议的那样，韦伯在理想主义和实证主义之间架起了桥梁。他至少在两条战线上作战。他对实证主义关于社会和现实的解释的表面性感到不满，他认为实证主义对社会和现实的解释与唯心主义思想的主观和"非科学"性质有关。他对这个问题的解决体现在他的方法论著作中，在这些著作中，他发展了这样一种观点：对社会事务的解释必须"在意义的层面上是充分的"，社会科学的基本功能是"解释性的"，即理解社会行动的主观意义（Burrell and Morgan，1979）

续表

	涂尔干 （1858—1917年）	马克思 （1818—1883年）	韦伯 （1864—1920年）
范式	功能主义者（Bottomore, 1962, p.40）	唯物主义者/决定论者 年轻时期：激进的人文主义者 成熟时期：激进的结构主义者（Burrell and Morgan, 1979）	社会学实证主义/诠释主义 德国理想主义者（Burrell and Morgan, 1979） 实证主义/诠释主义者（Burrell and Morgan, 1979, p.230）
方法论	比较法（Durkheim, 1938）。社会学解释"完全在于因果联系的建立"。他认为，证明一种现象是另一种现象的原因的唯一方法是审查两种现象同时存在或不存在的情况，从而确定一种现象是否依赖于另一种现象（Bottomore, 1962）	资本主义的辩证综合方法扩展了黑格尔辩证法。 1）在操作上，辩证法允许人们分析一个社会系统的整体单元； 2）它的分析对象是对异中同、同中异的认识； 3）为了完整，这种方法必须被理解为它所要分析的理论统一性的内部内容； 4）辩证方法内在是动态的（Smith, 1984）	历史社会学的方法尤其体现在他对资本主义的起源、现代官僚制的发展、世界宗教的经济影响等问题的研究中……因果解释和历史解释都找到了一席之地。 Verstehen方法——Verstehen被认为是一种方法，可以在文化科学中用来产生科学知识的客观性，与在自然科学中获得的科学知识相媲美……因此，在某些重要方面，Verstehen方法被同化为一种类型学的分析方案，它提供了一种排序和解释人类行为的手段（Burrell and Morgan, 1979）
理论	自杀研究 因变量：自杀率和个人融入程度 解释性理论，定义性概念区分了两种主要类型的"社会团结"：机械的和有机的（Bottomore, 1962）	阶级理论 分类—经济标准 分两类： 生产资料所有者——资产阶级 工人——无产阶级 （Bottomore, 1962）	试析新教伦理与资本主义的关系、解释理论、比较研究、概念框架—定义（Weber, 1961） 权威类型：传统型、魅力型和官僚型 社会关系类型：传统的,情感的,理性的（Wertrational）和目的理性的（Zweckrational）社会行动类型学（Bottomore, 1962, pp.33 & 35—36）

涂尔干、马克思和韦伯的社会学定义迥然（见表 2.1），这反映在他们对世界、现实、个人和社会的看法上。在涂尔干的定义中，世界先于个人而存在，个人构成社会。他像自然科学家一样，采取社会学客观主义立场，相信世界的统治规则和原则能够而且必须被发现。社会作为外在现实的一部分，属于同一范畴。社会中存在绝对的事实，社会科学家的工作是发现自然世界和社会世界的关系。马克思则相反，认为涂尔干所描述的世界中的社会结构高于个人与群体之间的关系，社会结构中的关系模式是可以学习的。他的定义反映了唯物主义的意识形态，作为社会结构形式的社会阶级决定了社会关系和模式，这一点在资本主义社会中得到了非常好的体现。韦伯认为个人是文化存在物，试图通过考察个人的社会行为与他人行为之间的因果关系来理解社会现实，从而达到对社会现象的"适度"解释。韦伯不同于涂尔干，他将个人置于社会学的中心，沿袭了康德主义和德国唯心主义的传统。

　　社会科学家有意识或无意识地对现实的基本要素做出假设（Burrell and Morgan，1979）。涂尔干对社会学的定义与他的本体论是一致的。他采取了一种由外而内的方法，观察社会现象和事实如何强加于个人，反映他们的外在行为和内在心理状态。涂尔干像大多数自然科学家一样具有宇宙观。相比较而言，马克思和韦伯则采取了由内而外的方式。马克思甚至认为社会结构比个人之间的关系更重要，他认为个人之间的关系是由社会结构塑造的。作为一位历史经济学家，马克思认为社会关系不仅限于其纯粹的形式，而且与政治或经济功能最为相关，例如劳动是经济关系中的一个关键概念。韦伯似乎是最具理想主义精神的，但作为新康德主义社会学家，他背离了康德的理想主义，倾向于客观存在。

　　韦伯的社会学从微观层面入手，从个体层面考察个体社会现象，形成了一种方法论的偏好：方法论的个人主义。韦伯首先从个体层面展开考察，然后再着手处理围绕个体的社会群体问题。再进一步，考虑到个体的文化价值观和认知，寻求一个社会事件或现象的多重因果关系，而不局限于一个预先界定的学科边界（Weber，2012）。马克思对人的认知与韦伯有很大不同。在唯物主义下，人是一个分析的单元，是社会进化中的个体，人类进化的历史并不考虑在内。而韦伯则把个体的主观感受、价值观念和文化一并纳入思考。韦伯在他的作品中多次发出反对唯物主义的声音。

　　认识论是关于个体如何开始理解世界，并将这种经验作为知识反映和传递给他人的一种信念（Burrell and Morgan，1979）。道德是涂尔干研究的主要焦点之一，与他的认识论方法相匹配。在他的理解中，理性来自社会秩序，来自对一种道德规范的承诺。社会理论及其道德要求出现在"明确的社会契约概念"之前（Rawls，1997）。涂尔干提出了一个社会研究的伦理标准。

法国认识论学者阿尔都塞（Althusser，1972）认为，涂尔干属于功能主义和实证主义学派，而马克思实现了"认识论的断裂"和范式的转换。年轻时的马克思是黑格尔主义者，但在晚年，他活跃于政坛，推动社会主义的发展，对达尔文思想和进化论在政治经济学中的应用更感兴趣。马克思的著作以及马克思与其他研究者之间的学术互动，佐证了其前后学术发生的重大变化。

韦伯感兴趣的，是面对具体问题的基本认识论（Burrell and Morgan，1979）。他试图以方法论将实证主义和理想主义联系起来（Weber，1969）。他认识到两种哲学范式的优点和局限性，并认为解释学研究中的严谨性和反思性在社会科学和自然科学中同样重要。为了解释社会现象，社会行为的主观意义必须保持在"意义层次上的充分"。因此，韦伯被认为属于社会学实证主义（后实证主义）和实证主义诠释主义学派，以及德国唯心主义学派（Fulbrook，1978）。

涂尔干、马克思和韦伯之所以闻名于世，不仅是因为他们所发展的社会理论，还因为他们的研究方法。他们设定了研究方法论原则，并将其作为其哲学范式的一部分。

涂尔干的主要方法论是比较法，他认为比较两个或两个以上的事件比研究单一的事件更有利。他的方法论抱负是健全围绕客观性的实证主义的科学方法论。与涂尔干和韦伯相比，马克思对方法论论述不那么感兴趣。他的方法论偏好通过马克思主义研究者进行的研究得到证实。有一批研究者认为，马克思运用了辩证综合的方法，这种方法把社会系统和结构作为一个完整的单元，在辩证关系中识别差异性，在分析中识别理论统一性。该方法是动态的，在实现中是固有的。韦伯以他的理解方法论（Verstehen）而闻名，即通过对社会环境中理想类型的识别来生成科学知识，从而满足客观原则。

涂尔干、马克思和韦伯的方法论并不局限于上述讨论。对方法论的比较，呈现了社会学哲学是如何影响和指导他们的社会调查方法的。尽管他们有重叠的研究兴趣，但产生理论的方法是不同的。在《自杀论》中，涂尔干（1951）采用了定量的研究方法，定义了因变量、自杀率和个人融入程度。马克思的阶级理论反映了他的结构主义思想。他认为两类阶级：生产资料所有者和工人，是社会冲突中的两类基本群体。

韦伯以资本主义因果解释的研究而闻名，他发现了新教伦理与资本主义之间的内在联系。韦伯关于资本主义的漫长探索与诠释主义范式相一致，他在观察中融入了对个人精神和文化状态的考量，以更好地理解某种经济现象。舒茨（Schutz, 1967）指出，"韦伯把各种社会关系和结构、一切文化对象、一切客观思维领域，都简化为个人行为的最基本形式"。马克思和韦伯对资本主义的不同解释影响了他们在研究中对个人的认识和定位。

在社会科学哲学中，涂尔干、马克思和韦伯代表了三大研究阵营：功能主义、激进理论和诠释主义。涂尔干和韦伯在社会研究的客观性和合理性方面有相似之处。马克思和韦伯的研究哲学是对立的，但他们的研究兴趣和研究主题却十分相似。MacRae（1974）认为马克思和韦伯像"对立的双胞胎"，是社会学平衡木上的两端。他们对历史和经济有着相同的热情，对资本主义的因果关系和影响的兴趣非常相似。中国作为社会主义国家，在政治学和经济学方面，都学习和采用了马克思主义。从历史上看，韦伯与马克思相反，由于政治原因，他在社会科学学者中并不是很受欢迎，他的著作以往也不为中国社会科学学者所喜用。而随着韦伯中文译本的增加，他的研究价值逐渐得到了认可（Li, 2015）。

2.2 东方哲学范式

自第二次世界大战以来，世界开始全球化。寻求对不同文化的理解，已成为政治和经济战略的核心——即成功地进行市场推广，建立长期的商业关系和保持信任。然而，在商业研究方面，哲学范式完全建立在西方哲学的基础上。因此，西方研究者更有可能提供建设性的哲学辩论，这些辩论与他们的民族文化和占主导地位的西方哲学密切相关。他们更有可能发展新的方法论，特别是与深入理解西方哲学相联系的定性方法论，这种方法忽视了非西方研究者在有效理论化方面的作用，因为理论化本身是嵌套在西方语境中的。

过去100年的经典社会理论在西方背景下逐渐普遍化，非西方研究者在非西方地区的大量情境化研究被认为"不太重要"，因为他们被视为只是提供理论的修正或新应用，而不是发展新理论。真的太可惜了！社会科学研究中的学术种族差异，从根本上说是不平等的。引用孔子或佛陀思想来表示对非西方文化的认同是不够的，也不可能改变"游戏"的规则。本着全球化的精神，所有的哲学流派，无论是东方的还是西方的，都应该得到同等的尊重。这样做的目的是发展一个具有不同范式（不限于西方范式）的世界科学哲学体系。本节将采取东方（尤其是中国）哲学立场，并在本体论、认识论和方法论方面与西方哲学进行比较。作为同为非西方文化的伊斯兰文化和哲学在本书中没有讨论，这可作为该领域伊斯兰研究者未来的研究方向。

2.2.1 东方哲学背景

系统地对东方哲学范式的潜在贡献进行讨论，在商业研究中是罕见的。对东方哲学的贡献来自中国、韩国、日本、新加坡、印尼、菲律宾和印度，来自中国的贡献则体现在汉学、中国历史、中国古典文学以及中国哲学中。表2.2载列了一系列由学者撰写的中国思想史和哲学经典文献，这些学者大多诞生于晚清时期。根据效度、信度和与本书的相关性，本书对这些文献进行了仔细的评估。中国思想史上的经典大多是在20世纪以前发现、保存并得以研究发展起来的。的确，近几十年来，考古学家在马王堆和海昏侯等西汉墓葬中，发现了道教和儒家经典中一些缺失的章节，然而，考古过程中发现的新材料很难挑战中国哲学中的核心哲学体系和概念（Murphy，2014；Huang，2016）。

自20世纪初以来，现代汉语得到推广，人们对传统文化和哲学的兴趣锐减。陈平原等（2008），周予同（2011），刘永济（2013），侯外庐（2011）和冯友兰（2012，2013a，2013b，2013c）等是对中国经典的研究、中国古代文化的研究和汉学领域研究，其中一些重要文献被岳麓书社收入《民国学术文化名著丛书》。该系列的相关文献详见表2.2。

表2.2 中国思想史和哲学体系的发现

	汉学	许地山（2011）；章炳麟（2009）
中国历史	学术史	吕思勉（2010a）；梁启超（2014）
	思想史	侯外庐（2009）；谭丕模（2011）；刘大杰（2010）
	哲学史	顾实（2010）；周予同（2011）；陈平原（ed.）（2008）；胡适（2013）；冯友兰（2012）；冯友兰（2013a，2013b，2013c）
	中国伦理史	蔡元培（2009）
	中国历史研究中的方法论	梁启超（2009）
	中国古典文学	刘永济（2013）；蒋伯潜（1948/2010）；刘师培（2013）
	中国哲学	罗家伦（1924/2011）；张东荪（1946/2010）；陈来（2009）；吕思勉（2010b）

这些学者普遍接受过良好的中国古典文学教育，因此，他们有能力用与现代汉语截然不同的语言结构来解释中国经典。表2.2中的一些著名学者参与了现代汉语的发展，如冯友兰和胡适是将文言发展为现代汉语的第一代人。冯友兰（2012，p.346）评论说："中国哲学家语录和著作中的暗示性，是很难翻译的东西。人们在翻译它们时，容易忽略它们的暗示性，这意味着会错过很多。"例如，中国传统文化中的"天"也可以译为"上帝""自然"或"宇宙"。"道"可译为"原则""应然""必然""规律""决心""过程"或"方式"（张东荪，2010，p.79）。文化语境中的抽象概念或术语与文化系统密切相关，是一个文化群体内部共享的隐性知识或常识。然而，解读中国典籍的语言障碍不仅存在于非汉语学者，现今大众也普遍缺乏阅读繁体中文的能力，中国古典文学的传承也不够系统。

19世纪末到20世纪初是一个独特的历史时期，其政治地位、社会结构、经济发展等现象与春秋末期战国初期诸子百家时代具有高度的相似性。孔子时代，旧的宗族制度开始崩溃，出现了经典的民主政体，工人和商人的政治和社会地位上升。晚清时期，封建制度崩溃，资本主义开始发展。这两个时期中的人们对"王朝"感到失望，在哲学上积极寻求出路。思想和哲学革命的方法不同：儒学和其他学派在中国文化体系内转型。而在20世纪初，学者们将目光投向本族文化之外，发现西方哲学"更先进"，能够为中国哲学注入新的能量。东西方哲学的冲突引发了哲学的融合，为中国经典的解读带来了新的思路。谭丕模（2011）和梁启超（2014）研究了清代士人的特点、中国哲学的最新发展，以及中国经学和文学领域士人的相关哲学范式。透过西方哲学的镜头，中国的经典和文学被重新考察、重新解释，并重新排列成一种结构。在这种结构运用到了西方的研究方法和术语，进行东方哲学（包括佛教）内外的平行比较（侯外庐，2009；张东荪，2010；胡适，2013；陈平原，2008；顾实，2010）。

上述作者大多有过在西方国家留学的经历，对西方哲学的理解比较深刻。罗家伦曾就读于美国普林斯顿大学和哥伦比亚大学，并在欧洲持续接受了7年高等教育，包括英国、法国和德国。许地山是梵文和佛教专家，在前往印度进行印度教研究之前曾就读于哥伦比亚大学和牛津大学。蔡元培曾赴德国和法国留学考察，侯外庐曾留学法国。胡适和冯友兰曾是实用主义哲学学派创始人之一约翰·杜威的学生。作为中国历史上最有影响力的教育家之一，也是北京大学的前任校长，胡适是一位坚定的实用主义者。冯友兰（2013a，2013b，2013c）则在他的丛书《中国哲学史新编》中，采用了共产主义视角，运用了来自唯物史观和马克思主义的哲学概念、假设和研究方法。表2.2中引用的其他作者大多曾就读于大学或在海外期间政治活跃，包括张东荪、梁启超、章炳麟、刘大杰和顾实。

侯外庐是马克思《资本论》的第一位中文译者，奠定了中国共产主义的基础（胡适，2009）。张东荪是亨利·柏格森（Henri Bergson）《创造进化论》和《物质与记忆》的第一位中文译者，译文甚至发表于柏格森获得诺贝尔文学奖之前（张东荪，2010）。通过翻译柏格森的著作，现代新儒学开启了一个新的阶段（Jing，2005）。在北京任教期间，梁启超邀请伯特兰·阿瑟·威廉·罗素（Bertrand Arthur William Russell）（英国）、泰戈尔（Tagore）（印度）、约翰·杜威（美国）和汉斯·德里施（Hans Driesch）（德国）参加了1920年的学术研讨会（梁启超，2014）。中国传统文化中享有盛名的本土学者与同一时代最具特色的西方哲学家进行了开诚布公的互动。

2.2.2 中国主要哲学家

中国古代哲学思想史可分为六大时期：诸子百家、经学/儒学（两汉时期）、玄学（魏晋时期）、佛教（隋唐时期）、哲学/理学（宋明时期）、学术/汉学（清代）。中国经典古籍、哲学和文学（侯外庐，2009；章炳麟，2009；吕思勉，2010a，2010b；陈平原，2008）中用来描述主流哲学定位、流派和发展的术语为东西方哲学比较奠定了基础。中国传统哲学的起源是以清代以前的诸子百家为基础的，然而，并不是所有的"百家"都兴旺发达，绵延不绝。《史记》中所说的最著名的学派有儒、法、道、墨、阴阳家和逻辑学家。在《汉书》中，最著名的流派有10，但合格的只有9个（"小说家"除外）。吕思勉（2010a）不同意，认为清代以前的12个流派非常卓越，至今仍有显著影响（见表2.3）。然而，《史记》所确定的6个流派，才是具有系统哲学框架的流派。

表2.3　中国哲学：诸子百家

《史记》（司马迁，春秋战国时期） 易大传："天下一致而百虑，同归而殊途""夫阴阳、儒、墨、名、法、道德，此务为治者也"（《史记·太史公自序》）（蒋伯潜，2010，pp.9—10；吕思勉，2010a，pp.14—15）	《汉书》（补充《史记》）（东汉班固） 《汉书·艺文志》中的刘歆《七略》的诸子略分为十家：儒、道、阴阳、法、名、墨、纵横、杂、农、小说。班固在《汉书·艺文志》中沿袭刘歆看法，认为："诸子十家，其可观者九家而已。"（蒋伯潜，2010，pp.9—10；章炳麟，2009，p.185；吕思勉，2010a，pp.14—15）	吕思勉（2010a） 吕思勉在《先秦学术概论》一书中再增"兵、医"，认为："故论先秦学术，实可分为阴阳、儒、墨、名、法、道、纵横、杂、农、小说、兵、医十二家也。"（吕思勉，2010a，pp.14—15）
儒家	纵横家	方技
法家	杂家	兵家
道家	农家	
墨家	小说家*	
阴阳家		
名家		

* 小说家属于艺文缺乏系统的理论体系，不在班固的"九流"之列。

《史记》中的6个学派是相互依存的（见图2.3）。孔子和老子的哲学大约在同一时期开始，形成了哲学光谱的两端。在这两个主要哲学流派的基础上发展出另外四大流派：墨家、法家、名家和阴阳家。孟子是儒家的追随者和发展者，荀子则将两种截然不同的哲学思想融为一体，形成了自己的哲学思想。这两位哲学家对东方（中国）哲学做出了重大贡献，但并没有形成新的学派，而是形成了儒学的重要分支。

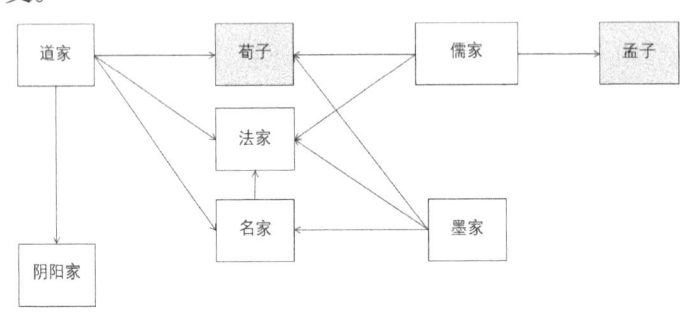

图2.3　清代以前六学派思想的相互关系

资料来源：根据侯外庐（2009，pp.18—20，228）得出；制图中透明框内为流派；灰色框内为个体。

墨家是以儒学为基础的，但却采取了完全对立的立场。表2.4比较了儒墨两家所处的历史时期，礼仪文化，伦理道德及对传统文化的态度。儒学旨在复兴西周文化，墨家则反对西周文化，以彻底改变文化传统。孔子和墨子对形而上学的兴趣都不大，侧重于意识形态对人和社会的影响。儒、墨、道3家哲学论述的范围极为相似，哲学定位鲜明。在清代以前的六大学派中，儒家和墨家占主导地位。然而，在整个中国历史进程中，儒家和道家是占主导地位的学派。

表2.4　儒家（孔子）与墨家（墨子）思想比较

	孔子（551BC—479BC）	墨子（490BC—403BC）
历史时期	春秋末世	战国初年
礼仪文化	内容在先，礼仪在后； 复兴西周文化； 批判西周文化的开创者	内容至上，礼仪无意义； 发展西周文化； 批判西周文化的追随者
伦理道德	古典教条主义（古八股主义）； 背诵经典而不懂意思，全盘接受内容而不质疑； 关注动机，表达春秋时期的思想（古言古服）	反古典教条主义（反古八股主义）； 反背诵经典； 反儒学； 注重结果，开启战国时期的思路（反古言古服）
对传统文化的态度	复兴传统文化 （尊"贤"）	弘扬传统文化 （尚"贤"）

资料来源：侯外庐（2009）。

2.2.1提到了春秋末期战国初期的特点。六大学派均是在这个充满战争和政治不确定的悲壮时期开创的。流派之间的哲学争论主要是围绕回归和复兴西周文化，还是抛弃旧的制度、习俗和传统展开的。表2.5比较这3个时期的教育制度，西周实行氏族制，只有王室、氏族和官吏帝王之家才有接受教育的机会。

表2.5　轴心时代清代以前的教育、学术和社会特征

历史时期	教育制度	学术特色	社会特征
西周	贵族制度 学在官府/贵族之学 代表：《诗经》，《尚书》 "郁郁乎文哉"	圣王君子 "圣有所生，王有所成，皆源于一" "即源于一，不离于宗，以天为宗，以德为本"	土地共有权 （氏族贵族的公有） "武王肆文王作邦""政教合一"，"城市—国家"，以"氏所以别贵贱"作城市与农村的纽带，氏族传统之遗制，血缘—公子公孙，血缘—黎民顽民，土地固有

续表

历史时期	教育制度	学术特色	社会特征
春秋时期	学徒制 传授之学（显学） 代表：《庄子》"孔墨毕起"，《韩非子》"世之显学——儒墨"	士绅 "其数敬于天下而设于中国者百姓之学，时或称而道之邹鲁缙绅先生"	土地多重所有权/非私有 土地多元所有而非私有，"私肥于公"的相对变化，社会组织上礼与法（礼以氏族为别，法以国民为别）——"晋政多门"的制度，城市统治农村——没有走出古典社会的界线
战国时期	私塾 私人创著，百家并鸣 代表：《荀子》"持之有故，言之成理"；《庄子天下篇》"天下多得一察焉以自好""各为其所能焉以自为方"	诸子百家 "先王为本，今世为用""百家之众技也，皆有所长，时有所用""判天地之美，析万物之理"	土地私有制，古典民主 （郡县制，氏族——国民，土地私有化已建立，古典民主）

资料来源：侯外庐（2009）。

根据前文可看出，文学中的教育内容围绕帝王氏族的生活而来，如《诗经》和《尚书》。音乐和礼仪也是教育内容的重要组成部分。政治秩序建立在宗族制度和血缘关系的基础上，一般民众的社会地位很低，土地所有权由宗族和贵族分享，民众没有机会接受教育。从实行学徒制开始，儒学和墨学就成为学徒制的主导学派。学生的公众教育由社区内的乡绅提供。商人地位的上升挑战了土地的阶级所有制（作为多重的，而不是私有的），人们社会地位提高了，开始重视教育。在战国时期，私塾成为常态，土地私有，这是典型的民主制度特征的体现。民众自我意识和对社会认同感的产生是诸子百家争鸣形成的条件。

2.2.3 东方哲学范式比较

科学哲学作为哲学的一个分支，竭力将形而上学排除在其哲学体系之外（Popper，1992）。然而，本体论领域的一些基本问题很难脱离形而上学，例如"什么是现实？""上帝存在吗？" Alexander（1982，p.2）说："科学可以被看作是发生在两种不同环境中的智力过程，即经验观察世界和非经验形而上学的世界。尽管科学陈述可能更多地倾向于这些环境中的一个而不是另一个，但它们永远不能仅由其中任何一个来确定。被视为截然不同的各种科学论据之间的差异，应该被理解为代表同一认识论连续体上的不同立场。"（见图2.4，收录于Alexander的

Theoretical Logic in Sociology，原文图 2）

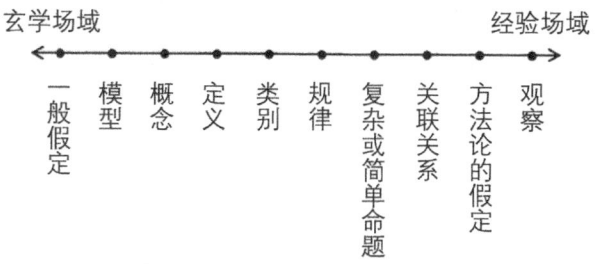

```
玄学场域                                      经验场域
←●——●——●——●——●——●——●——●→
一    模   概   定   类   规   复    关    方    观
般    型   念   义   别   律   杂    联    法    察
假                          或    关    论
定                          简    系    的
                           单          假
                           命          定
                           题
```

图 2.4 亚历山大的科学连续体

资料来源：Alexander（1982，p.3）。

张东荪（2010，p.67）认为本体论本身是一个基于宗教研究的知识体系；知识是宗教研究的一部分，宗教研究中的知识可以归为本体论。上帝的存在，作为形而上学中连续统一的一部分，是科学研究的基础。而上帝也是中国传统思想哲学中的一个必然讨论的概念。然而，进入本体论讨论前需要先回应两个问题："谁是上帝？"和"上帝的关键特征是什么？"这是一个"总体"的上帝概念。西方哲学家主要以《圣经》为基础，从犹太教和基督教传统中总结出上帝概念。相比较而言，中国传统文化中的上帝是一个动态的概念。上帝和上天是两个紧密结合的概念，有时很难严格区分开。殷代"神"的内容多是关于各宗族的祖先（见图2.5），对神的崇拜体现了孝道。从周代开始，神的观念就从人道中的神发展为统治天下的天上之神。"天"成为代表上帝的一个更恰当的词，因而在周代被称为天命。德性伦理中德的概念是作为天道的一个特征而发展起来的。

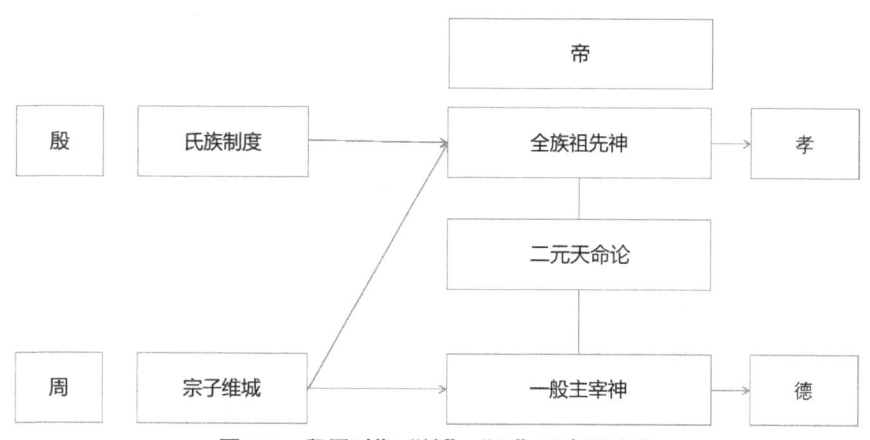

```
                        ┌──────┐
                        │  帝  │
                        └───┬──┘
                            ↓
┌────┐  ┌────────┐    ┌──────────┐    ┌────┐
│ 殷 │  │ 氏族制度 │──→│ 全族祖先神│──→│ 孝 │
└────┘  └────────┘    └──────────┘    └────┘
                            ↑
                        ┌──────────┐
                        │ 二元天命论│
                        └──────────┘
                            ↓
┌────┐  ┌────────┐    ┌──────────┐    ┌────┐
│ 周 │  │ 宗子维城 │──→│ 一般主宰神│──→│ 德 │
└────┘  └────────┘    └──────────┘    └────┘
```

图 2.5 殷周时期"神""天"观念的演变

资料来源：根据侯外庐（2009，p.30—66）制图。

由于"上帝"和"天"是人类创造的哲学概念，中国哲学家认为"上帝/天"的内容和特征是值得商榷的。关于天道，儒家以"法其大"为见，以"道"为天道之特征；墨家有"法其受"的选择，认为天与法之神是一体的；道家则从不同的角度认为天是自然之神，即"法其自然"（见图2.6）。

除了关于天的性质的3个概念——帝、德和道——以下概念被认为是天的基本特征：位、礼、仁、法和命。关于天性的讨论与关于人性的讨论融为一体。孔子认为人既有善良的潜能，也有邪恶的潜能。然而，新儒家基于对此概念的分歧而分为两派：孟子认为人的本性是善的，荀子则认为人的本性是恶的。本章前面讨论过的"道"有多种含义，包括方式和原则。孔子认为天有"道"，人也有"道"，故有"天道"（天之道）和"人道"（人之道）。

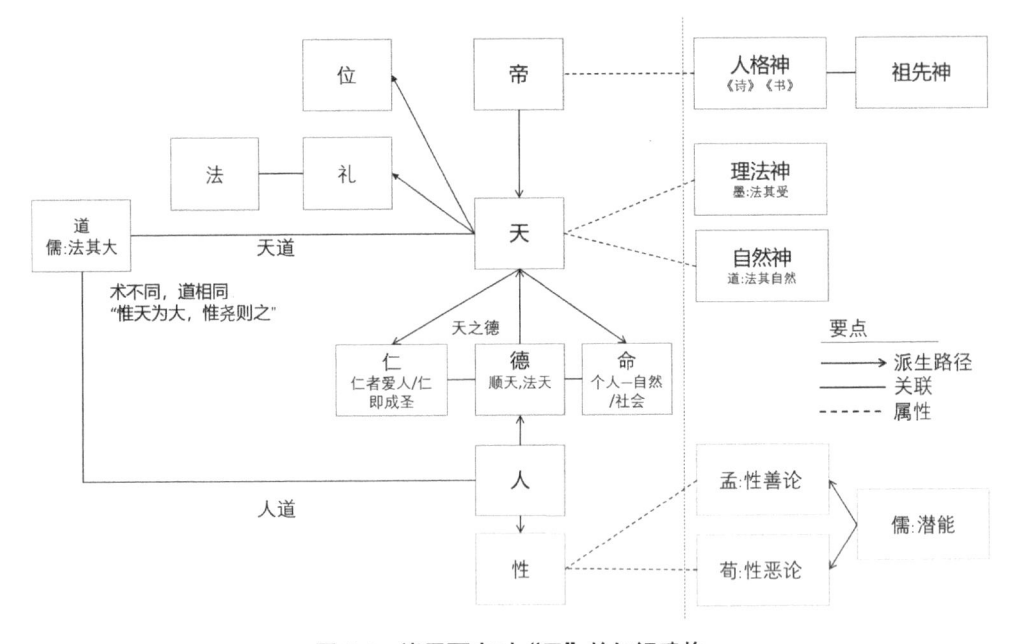

图2.6 诸子百家对"天"的知识建构

资料来源：根据侯外庐（2009）制图。

因此，形而上学的问题"上帝存在吗"并不是一个直截了当的问题，一个更明智的提问方式是把问题分解成一系列的后续问题，比如"上帝是谁/什么？""上帝的本性是什么？""上帝是造物主还是被造物""上帝与自然规律和社会规律之间的关系是什么？"在科学哲学的连续统一体上，更重要的是，对上帝存在的认识如何影响围绕知识创造的活动。在中国哲学的划分中，上帝（天）是哲学和意识形态的副产品，孔子、墨子对"道"有殉道论，对"上帝"没有殉道论。然而，在上帝与天的概念发展中引发了"人"与"地"的对立定义。如果说"上帝"是基于《圣经》的至高无上的，那么所有中国传统哲学家们都是无神论者，也很难被定义为泛神论者，泛神论者更多的是与拥有众多神祇的古希腊相关。目前，哲学内部各种类别的有神论并没有一种能够完美地描述中国哲学中的上帝（天）观念。因此，借用西方哲学概念的研究者应特别注意其定义，因为它们可能不适合东方语境。

通过侯外庐（2009）对中国哲学相对于西方的本体论体系的考察，儒学接近经验主义（侯外庐，2009，p.232），而孟子和墨子都是理想主义者（侯外庐，2009，p.229，232）。道家更接近相对主义（庄子也倾向于功能主义诡辩主义的体系（侯外庐，2009，p.10）。逻辑学家可与诡辩主义者、理想主义者相媲美（侯外庐，2009，pp.211—213）。法家主义与功利主义和历史唯物主义联系在一起（侯外庐，2009，p.256）。荀子的社会学思想处于儒家思想（唯心主义）的传统中，但在本体论中接近唯物主义（侯外庐，2009，pp.228—231，238）。侯外庐是一位唯物史学家，他（2009）认为荀子的哲学具有积极的意义，并批评庄子和惠施（逻辑学家）"陷入"唯心主义（侯外庐，2009，p.229）。侯外庐的分析透过了唯物主义的视角，在其史料的解读上反映出唯物主义的价值体系。

针对中国哲学认识论的讨论展示了与西方哲学不同的兴趣。正名溯源、史料运用和知识生成逻辑是中国认识论的3个关键领域。然而，围绕着"你如何知道你所知道"的问题，是两种文化共同感兴趣的领域；围绕着史料鉴定以反映经验现实或历史文献的争论，也是来自两种文化背景的研究者感兴趣的。孔子考虑到了传统正名溯源在生活中的确认应遵循传统体系，即正名论，这种意识形态是建立在他的经典教条主义基础上的，其中他认为知道文史就意味着知道一切（知古全知）（侯外庐，2009，p.79）。对孔子来说，知识从西周开始是服务于帝王的。他的学习方法论（多闻阙疑）是学习文史而不是观察倾听。学习文史的原则是尽可能多地学习（或阅读），把所有的问题（当你不明白的时候）留给自己，这就需要一个人谦虚谨慎。孔子的认识论与伦理道德联系在一起，他认为一个好的学者不仅要有知识，而且要保持很高的道德标准（侯外庐，2009，p.80）。

老子以他的形而上学体系而闻名。他认为"无名,天地之始"——无名论（胡适，2013）。他最著名的一句名言——"名可名，非常名"——表明无名是比有名更高的层级。老子是探讨历史因果关系的先驱（侯外庐，2009）。其"贵因论"试图弄清历史事件和人类行为的原因。"贵因论"也适用于道家的宇宙论，但老子的逻辑就像相对主义。庄子是道家的追随者，反对物质和实体。他认为现实是暂时的影子，对认识论框架的贡献有限。

墨家中正名的概念被命名为"取实予名论"。墨子与孔子不同，他认为正名必须以实际为依据，而不必考虑传统名称。墨家的认识论接近于经验主义和反古典的教条主义。墨子认为"存在"是物质，是人的直觉所能感知的。来自历史和文学的知识应该得到现实的验证。墨子以"三表法"著称："上本之于古者圣王之事，下原察百姓耳目之实，观其中国家百姓人民之利"（侯外庐，2009，p.91）。墨子的研究资源不仅限于史料（孔子的整个知识体系），还包括实证的田野调查，因此，墨子的研究方法既属于知识探究领域的认识论范畴，也属于方法论范畴。这表明墨家有很强的科学研究精神，非常强调人的经验（胡适，2013，pp.122—124）。三表法总体上是比较务实的，因为在历史文献和经验世界中，考察的评判标准是：是否能造福于民。《墨子》中有一章叫作"非命"，即反对宿命论。

后墨家继承了墨子的经验主义传统，发展了两阶段的认识论。第一阶段涉及类型学，首先通过感觉器官感知现象，并保留在记忆中，经过成千上万次的重复，达到对一个现象的抽象理解；其次对一个现象的经验，可以自我或通过他人（主要或次要）进行评估，以达成对该现象的整体认知；最后用文字表达抽象概念，以证明其合理性，并最终得出定义和测量（侯外庐，2009，pp.201—203）。第二阶段是发展墨家的归纳逻辑或归纳方法论。墨家的归纳方法论有3个原则："多重比较（多方），分门别类（殊类），释异（异故）"（《墨子解析·小取》）（侯外庐，2009，pp.208—209）。

侯外庐（2009）以西方本体论分类为基础，对孔子和墨子的认识论方法进行了分类，这可能有失偏颇。由于关于孔子哲学思想的资料多为历史文献（因为他认为知识的领域仅限于与国家有关的历史），历史经验不是知识的焦点。因此，从认识论上讲，孔子（和儒家）很难被归为经验主义。此外，墨子（和墨家）更贴近实证主义和理性主义而非唯心主义，在求知逻辑和求知方法上更为客观。

中国哲学到了宋代，逐渐成长为了一个功能性的整体——整体主义。宇宙受三大原则支配：天法（天理）、自然法（物则）、人法（人伦）。现实是这3个原则的混合（张东荪，2010，p.153—154）。墨家的三表法理论和归纳方法论与韦伯的社会学方法论极为相似，也与格拉泽和施特劳斯的扎根理论方法论原则相吻合。在后面的章节中关于墨家和其他著名学派的哲学讨论将进一步展示社会现象理论化进程化形式扎根理论的结构。

2.3 哲学范式的个人偏好

我认为自己对本体论和认识论的偏爱，既受生活和教育的影响，也受生命成长中逐渐形成的世界观和价值观的影响。

遗憾的是，科学哲学反思经常被排除在学术出版物的正文之外，尤其是在跨学科期刊文章中。经常有人抱怨，定性研究中的过程部分太长，并认为读者要么没有能力理解，要么缺乏兴趣。寻求价值、哲学、方法、研究兴趣和实践的统一不是强制性的，也不是研究生课程或社会科学家的要求。研究者的哲学状态的统一性，与职业选择和从事职业的意义相关，也与自身的认知与言行，以及与看世界的角度相关。

西方3位著名社会学家的论述，存在着高度的内在一致性，即便是马克思也经历过一次"认识论的断裂"（Althusser，1972；Burrell and Morgan，1979，p.34），其并不避讳这次认识论的改变。学者忽视东方哲学贡献并拒绝进行系统比较的主要原因有3个：古代哲学家们活跃在2000多年前，他们的思想体系与现代社会现象和原则的相关性较低；上述古代哲学家的原始著作可获得性有限；现代人对古文的理解更为有限。"我"的本体论假设和西方本体论的范围是一致的。与现代其他两位伟大的社会学家相比，我同意韦伯在科学哲学大部分领域的观点。然而，东方哲学的比较，对于理解所要考察的社会现象中的文化动态具有显著的价值。而且，墨家中的哲学原理，也是我偏爱的东方哲学范式，与韦伯的观点也颇具可比性。

2.3.1 本体论偏好

我认为对外在现实的理解可以分为自然的（不在社会研究讨论范畴）、社会的和精神的现实。我发现我的看法与韦伯对世界的看法一致，特别是与他对新教和世界宗教的研究中表达的观点，这些都属于精神的现实。韦伯认为社会本质是由个人组成的，个人反映了社会的面貌（MacRae，1974，p.16）。人们行为的原因，可以通过社会研究来进行学习和理解，因为人类有着相同的本性。在我看来，韦伯在社会学研究中的努力，是"确诊"而非"预判"，他跨越重重学术障碍后的学术追求，是"充分"理解和"尽可能在场的"。

韦伯社会学的目标，是对社会进行"临床诊断"。因此，通过历史学家的方法，运用比较来理解外部现实的时间维度，历史成为研究内容的必然组成部分。他看到了所有科学在捕捉真实事件的总体性方面能力的局限性，因为世界太丰富了，人不可能拥有完整的知识，制定和修改系统法则的任务永远都不可能完成（MacRae，1974，p.62—64）。研究资本主义作为社会行动的潜在驱动因素并不是韦伯的兴趣之一，他的兴趣是特定地理位置的特定文化背景下的历史运动。韦伯认为，一切试图概括这类社会事件的做法都将与现实脱节（MacRae，1974，p.78），这与马克思的资本主义理论直接对立。

韦伯社会研究的基本单位是个人。他从个体的微观现象到小群体，再到理解社会，独立地、互动地反映他在社会个体中感知到的价值。他延续了康德的二元论，把人看作是理性和非理性的存在物，并在分析上对两者做了明确区分。对韦伯来说，理性的部分是经验的现实，非理性的部分是超越科学的价值世界。尽管如此，韦伯试图涉足人类非理性的部分——价值和宗教，来达到对社会和经济现象的充分理解。

韦伯的新康德主义方法与我的本体论偏好相吻合，与我对社会现实的假设和理解高度一致。根据侯外庐（2009）的观点（2009，pp.229,232），墨家更接近于唯心主义，而新康德主义是德国唯心主义的一个分支。墨家认为天是法的载体，是法的"上帝"。"上帝"的概念，在中国文化中不是代表创造者。然而，对于管治法律的假设，就更契合西方哲学。因此，墨家是本书首选的东方哲学范式。东西方哲学研究是一个宏大的研究领域，本章收录的文献虽不能提供对东西方哲学的全面理解，但足以对照相关的东西方哲学范式定位和表明我的哲学偏好。

2.3.2 认识论偏好

在认识论方面，比起其他哲学路径，我更倾向于认可韦伯和墨子（墨家）。韦伯采取实证主义的方法，他认为"价值领域并不能保证客观性"（MacRae，1974，p.64）。知识得到重视，发生在客观地进行一系列合理价值定位、统一标准和价值判断的社会诊断之后。理解方法论（Verstehen）属于认识论范畴。在韦伯的定义中，有两种类型的理解：Aktuelles Verstehen（直接观察性理解）和

Erklarendes Verstehen（解释性理解）。后者回答"为什么"的问题，并且是为了理解行动及其背后的主观意义（Parkin，1982，p.20）。理性动机和非理性动机是有区别的。对于理性动机，如商业行为和官僚主义，合理的逻辑和理性的观察和分析可以得出合理的解释。对于非理性动机，如个人的追求和价值观，很难得出全面的认识。因此，当我的价值观与目标群体的价值观之间的差距越大，我就越难理解他们（Parkin，1982，p.23）。

由于人的行为兼具理性和非理性的本质，个体行为的影响因素是多元的，因此对人的行为受支配的因果解释也应是多元的。考虑到社会成员之间的相互作用，群体行为的影响因素更加复杂。这种多重因果关系也是韦伯解释历史的方式，通过这种解释有可能揭示历史的意义，这种解读包括历史时刻在想象中的再现和重生（陈恒，耿相新，2007，p.235—236）。本书将贯穿着韦伯本体论的三大研究原则——方法论个人主义、比较方法和历史多重因果关系。

我认为墨子的三表法是一个非常好的方法，适合社会现象理论化进程化和扎根理论方法论设计（侯外庐，2009，p.91），它通过文献资料、人们的视角、研究者的调查，为社会调查提供了一种三角测定的方法。墨子认为，用多元考察法来思考社会问题，有助于整合研究成果。这种知识验证方法接近韦伯（新康德）的方法。墨家和韦伯（新康德）流派之间的数据处理也是相似的。墨家方法论中的三大原则是"多重比较（多方），分门别类（殊类），解释差异（异故）"（侯外庐，2009，p.208—209）。这些分析原则与扎根理论方法论的方法设计是一致的，而比较方法也是韦伯研究的特色（Glaser and Strauss，1967）。

2.3.3 文化立场偏好

"人是一种承载文化的动物。"（Parsons，1950）每一种文化经历都会成为"自我"的一部分，而"自我"在每一种人类文化经历中浮现并连接。对个人哲学定位的讨论，旨在陈述我的心智和直觉的起因，它指导着西方和东方哲学讨论中的逻辑。有趣的是，作为我的文化背景，夹杂着带有强烈基督教形而上学影响的西方哲学和带有人造神的东方哲学范式，我可以在科学哲学中找到位置。由于我的个人经历和哲学方法，我在西方和东方文化中都采取了一种融合的文化立场。这种融合的立场导向体现在社会调查中是采取多中心的方法，尊重和承认社会现象中文化因素的重要性。

彼得·温奇（Peter Winch）持有同样的观点："如果一个宗教历史学家或社会学家要理解宗教运动，他自己必须有某种宗教感触。他要去学习和理解那些影响参与者的思考。"（Winch，1958，p.88）一群个体或社会的非理性动机，在他们的文化、宗教信仰和传统的背景环境里，往往不那么明显。当一种社会动机与其文化或传统有关，它就受到过去历史的影响，属于"连续的动态的序列"（Boring，1963，p.5）。与上述其他哲学家相比，韦伯的多元文化研究经历是与众不同的。他将理想类型的文化力量置于与多重因果关系等同的地位，并在制度和经济组织结构中进行研究（Kalberg，1994，p.10）。附录 I 列出了韦伯的作品，这些作品帮助我在不同国家的田野工作中提升文化敏感度。

2.4 小结

本章哲学讨论的目的是通过对西方和东方哲学范式的系统比较，探索世界哲学体系的潜在机会，并论证韦伯（新康德）范式是否能拥抱文化差异。本书对世界哲学体系的讨论，是受国际中国管理研究协会（IACMR）以"探索中国管理的新概念和新理论"为主题的研讨会的启发，考虑了西方主流社会科学哲学方法中的文化障碍以及研究者在理论建设中有可能遇到的困难。

本章共 3 个部分：西方哲学范式、东方哲学范式、对哲学范式的个人偏好。哲学范式讨论，是从一张具有东西方哲学发展路线的世界哲学地图开始的。西方哲学主要源自希腊文化和犹太（古以色列）文化，而东方哲学则以印度文化和中国文化为主导，4 种文化的追溯从轴心时代独立发展的中世纪开始。

由于西方社会科学哲学与东方文化和哲学的错位，中国学术界在方法论创新和理论建构方面的贡献有限，引发了笔者对世界哲学体系的兴趣。笔者从社会学、本体论、认识论、哲学范式、方法论、理论等方面对涂尔干（代表功能主义范式）、马克思（代表激进理论范式）、韦伯（代表诠释主义范式）进行了比较。西方社会学的这三大支柱所讨论的哲学主题的范围是相似的。马克思和韦伯被认为是"对立的双胞胎"，因为他们在研究方面的兴趣和激情非常相似，他们提供了两个最公认的解释资本主义现象的理论。

东方哲学源自中国领域的传统文化方式，其近代研究依托于 20 世纪初开始活跃的汉学、中国历史、中国经典文学和中国哲学研究领域的学者。本书对诸子百家中的主要哲学家进行了考察，集中在西周、春秋末期和战国初期 3 个时期。通过对儒家、墨家、道家和理学关于上帝和天的概念发展的讨论和比较，探索了经典哲学流派的本体论假设。随后，对主要流派的认识论和方法论发展进行了实证性的论述，表明中国哲学已经达到了由天法、自然法、人法三大哲学原则统领的功能整体主义。这些原则与科学哲学的支配原则相匹配，能够像其他西方哲学范式一样，为科学哲学的理论建构体系提供哲学基础。

在描述哲学范式的个人偏好部分时，笔者采用了第一人称来代表笔者个人，而不是代表一般的哲学研究者。这种哲学偏好并不完全依赖于逻辑演绎过程来分析哲学文献，研究者的本体论假设是本书的主观成分。从本体论、认识论和文化立场来看，韦伯（新康德）的研究方法与笔者的生活、教育经历、文化和宗教背景相匹配，是东西方哲学流派中的首选。墨家被选为与韦伯整体认识论和方法论相匹配的东方哲学范式，尽管韦伯（新康德）流派和墨家在本体论范畴上对现实的基本假设存在差异。

墨家的方法论与韦伯（新康德）的方法，以及格拉泽和施特劳斯的扎根理论方法论有相似的三原则：多重比较、分类和解释差异（侯外庐，2009）。比较和分类是扎根理论方法论的两个显著特点。比较方法也是韦伯研究资本主义时应用的一种重要的方法论技术，用以比较许多发达国家和发展中国家的资本主义精神。建立世界哲学体系是有可能的，它将有助于从不同的世界观进行社会研究，使西方的种族中心主义方法，转向世界多中心主义方法。第 3 章将扩展讨论，方法论文献讨论可能成为科学哲学讨论的其中一个部分。

第3章 方法论背景综述

本章从研究方法展开，围绕相关文献，延续第2章对哲学的探讨。本章共4个部分：社会现象理论化进程、实质扎根理论方法论、形式扎根理论方法论和扎根理论方法论的文献使用。社会现象理论化进程部分侧重形式社会现象理论化进程，在扎根理论方法论范围之外和多重前提的基础上，展开新康德主义（韦伯）学派的哲学探讨。实质扎根理论方法论部分主要在实质层面对扎根理论方法论展开一般性讨论。一般情况下，除非特别说明，大多数扎根理论方法论研究都属于实质扎根理论方法论。形式扎根理论方法论部分介绍了几位形式扎根理论方法论学者的贡献，包括格拉泽和施特劳斯，以及形式扎根理论方法论项目的特点。最后一部分主要对文献在扎根理论方法论设计中所起的不同作用展开讨论。

3.1 社会现象理论化进程

社会现象理论化进程通常并不被归纳在方法设计内，但是由于扎根理论方法论的研究目标和性质使它具有一定的相关性，因此适合列入本章。发展理论作为许多社会研究者的研究抱负，其发展或理论化的效率取决于研究使用的工具、研究方法及方法论的设计和应用。接下来将阐释西方和东方是如何展开社会现象理论化进程的。

3.1.1 西方的社会现象理论化进程

韦伯作为西方社会学家的代表，他的贡献并不局限在本体论和认识论范畴，还包括方法论和其他的社会学研究领域。对韦伯来说，社会学关注的是人类活动和物质组织（包括机构和协会）的意义（Freund，1968，p.15）。韦伯与大多数实证主义者（如拉普拉斯、孔德）的根本区别在于其对实际状况的假设，这种假设影响着对相关概念的理解，譬如知识的性质、研究方法和理论等。

理论家通常想当然地认为，学界对理论的理解水平是相同的。实际上，不同社会科学的理论概念并不相同，但还是存在着作为一般假设共享的注释要素。Popper（1992，p.59）将理论定义为"撒网捕捉我所谓的'世界'，把它合理化，解释它且掌握它。我的努力会使网眼变得越来越小"。因此，理论的主要目的是解释事件或现象，理解社会现实。从商业角度来看，Whetten 提出了两种理论，描述因素之间关系的理论和解释因果关系的理论。他进一步评论说，理论发展是非常困难的，并可以借用其他学科的观点来挑战现有的理论和基本原则。他认为在理论发展过程中，逻辑比数据更重要（Whetten，1989）。

比较一些主流的且基于基督教传统的西方哲学流派，以及更接近于无神论而非希腊传统的泛神论的东方哲学和宗教，可以看出科学哲学与哲学（总体上）相比范围更窄，研究者关于"存在"的形而上学和本体论假设不可能都与科学研究相关。科学哲学的中心是基于"事实"的内容和假设，它区分了科学哲学中的主要范式：实证主义、诠释主义和批判理论的本体论和认识论偏好。

科学哲学的讨论，起源于实证主义范式的自然科学和硬科学。即使是从事物理学和宇宙学研究的英国物理学家斯蒂芬•霍金（Stephen Hawking），也对哲学有着浓厚的兴趣，从他所著的《时间简史》就证明了这一点。他认为宇宙是由一套人们可以发现和理解的理性法则所支配的。他认为一个好的理论有两个关键特征："它必须在只包含一些任意元素的一个模型的基础上，准确地描述大批的观察，并对未来观察的结果做出确切的预测。"（Hawking，1988，p.9）。霍金所描述的理论的 4 个基本假设是普适性、抽象（简洁）性、可预见性和解释力。普适性通常被认为是理论中最关键的因素。Joas 和 Knöbl（2009，p.5）指出："理论既是必要的，也是不可避免的。如果没有普适性和抽象性，对人们来说，世界将只是由离散的、互不关联的经验和感官印象杂乱无章地拼凑而成的。"

George Caspar Homan（2006）认为理论是"一个命题的演绎系统，这些命题之间相互关联，允许某些命题从其他命题中衍生出来"（Homan 节选自 Denzin，2006，p.43）。Denzin（2006）接着确定了理论的组成部分：第一，理论是由一组概念或概念方案构成的；第二，它由一组描述关系的命题组成；第三，命题必须根据现实提出而且具有偶然性。Merton（1968）认为社会理论以有限的假设推导出假说，并通过实证调查进行检验。

一些坚定的科学家和社会科学家确实相信，物质世界的支配原则（或理论）可以用于预测人类的行为，例如拉普拉斯（1902）和孔德（1908）。不过，霍金不否认调查对象是存在着不确定性的，数学方程在复杂条件下未必能完美发挥作用。他说："人们在用数学公式来预言人类行为上只取得了少量的成就！所以，即使我们找到基本原理的完整集合，在未来的岁月里，发展更好更接近的方法依然是一场智力的挑战，以便能做出更接近复杂现实的有用预测。一个完整而统一的理论只是第一步，我们的目标是完全理解发生在人们周围的事件以及人们自身的存在。"（Hawking，1988，pp.168—169）

韦伯指出，自然调查和社会调查的根本区别在于"现实"，或在于两种调查的研究对象。他提出社会现实既不是普遍的，也不是统一的。这是一个不同于霍金和实证主义者的现实观念视角（Freund，1968）。他声称，把历史或社会学综合成普适理论，是毫无意义和反科学的（Freund，1968）。韦伯根据社会研究的性质和范围，重新定义了什么是"符合科学的"。他进一步声称，科学（特别是科学方法）提供了更好理解现实的分析工具，但无法就设定目标或目的提出建议（这与人们的信仰、价值和追求自由的意愿密切相关）。

韦伯指出，自然研究与社会研究的根本区别在于两者之间的"现实"或研究对象不同。他提出，社会现实既不是普遍的，也不是统一的，这与霍金和实证主义者对现实的一般看法不同（Freund，1968）。对于非理性的世界，科学分析（这里主要指从自然科学中借用的科学分析）不像定性的社会方法那样有效（Lowell，1933）。社会科学的经验现实是由个体自由所驱动的现象总和，无论是理性的还是非理性的，都是真实的、无限的（集中的和广泛的），在任何解释中都永远无法达到完全领悟的境界。研究者将无法收集到涵盖所有相关元素的完整数据，也将无法在数据收集过程中收集到所有潜在的因果效应。"科学"知识的性质，是由经验现实的性质决定的。韦伯认为："知识和行动永远不会进入完结状态，因为所有的知识都导致进一步的知识，每一个行动都导致其他的行动。任何一门科学或所有科学加在一起都不能给人们完美的知识，因为思考是不可通过复制现实而再现的，只能借助概念来重建现实。"（Freund，1968，pp.7—8）

即使假设自然科学中存在另一个完全一致的现实，人们也无法实现对人类社会的全面理解，因为研究者和"社会现实"并不是普世价值。由于个人的哲学偏好、价值观和文化的影响，他们的视角是异质的，而观察和分析单一事件或现象的方法也是多元的，因此他们具有多个层面的现实。韦伯描述知识的自然状态是：无限的（广泛的和集中的）、不完整的、不完美的、发展的（进化的）、相关的、动态的、用概念建构的（Freund，1968）。将知识统一在单一独立的系统中是不可能的。然而，知识是部分可概括的，在多个案例的比较研究中，某些集合关系出现的概率更高，或它们的因果关系更强。

作为新康德主义者，韦伯将理性化和客观性作为其"科学"研究方法和社会调查的基本精神。韦伯甚至把对象和事件与它们的意义和价值分离出来，又在两者间建立关系（Bennion，1933）。在方法论方面，韦伯是一个纯粹的科学家，因为他的工作方式透明且严格地遵循着科学的方法论原则，带有最少的个人偏见或先验综合判断（Freund，1968）。他的科学精神，可以通过他多年来对资本主义事业的追求，对历史、文化、宗教和制度层面的考察来窥见。他从不妥协，也不以"虚假"的解释欺骗自己。

韦伯在理想类型和历史因果关系方面的兴趣，与儒家和墨家等东方哲学范式的传统是一致的。与现实的无限性相比，发现或揭示社会关系和因果效应的方法（定性和定量）远远不够。每种方法都只能片面地反映出部分经验主义世界，遵循单一探究的逻辑。方法设计是一个合理化的过程，通过不同的本体论和认识论的感知来建构知识，使非理性世界变得有意义。所有的方法——无论是定量的还是定性的，其价值等同，因此没有一种方法优于另一种方法——取决于研究问题的性质和社会现象的情况，哪一种更适用于根据调查得出概括的解释，或有利于上下文的描述（Freund，1968）。定量方法和定性方法是相互补充的，而不是相互竞争的，分别在特定的时间、地点和人物的背景下以处理"是什么""如何"和"为什么"的研究问题，从而揭示一个更全面的现实情况。

3.1.2 东方的社会现象理论化进程

当今东方的社会现象理论化进程受制于根植于西方的哲学体系。因此，当今东方的大多数研究，都着力于把经典社会科学理论情境化。10多年来，在中国的管理研究中，情境化一直得到主流研究者的青睐（Tsang，2009；Child，2009；Whetten，2009；Tsui，Schoonhoven，Meyer et al.，2004）。

近40年来，以海外华人学者为主的华人学者广泛参与了世界各地的社会科学研究。1984—1999年间，中国学者撰写的管理领域论文，有226篇被发表在20

种不同的国际期刊上，这些期刊都是经常被引用的国际管理与组织期刊（Li and Tsui，2002）。2000—2003 年间，中国学者发表了 104 篇论文（Tsui et al.，2005）。2005—2015 年间，仅 *Management and Organization Review*（MOR），作为中国管理学的领军期刊，就发表了 388 篇论文。尽管中国高等教育机构在期刊出版方面已经采用了美国标准，但 MOR 正在推动理论建设研究（Shapiro，Glinow and Xiao，2007；Child，2009；Glinow and Teagarden，2009；Tsang，2009；Whetten，2009；Li，Leung，Chen，et al.，2012；Leung，2012；Van de Ven and Jing，2012）。各期刊通过举办研讨会、两年一次的 IACMR 研讨会以及编者按，多方鼓励学者们勇于创新，"走窄路"（Barney and Zhang，2009；Cheng，Wang and Huang，2009）和"挽起袖子'卷起裤腿'走到真正的研究中去"（Bulmer，1984，p.97 节选自 Tsui，2009，p.10）。

3.2 实质扎根理论方法论

科学研究中使用任何方法和方法论都有发展社会理论的潜力。然而，没有任何一种方法论能像扎根理论方法论那样大胆地表达自己的理论化意图。扎根理论方法论能"系统地从社会研究中获得数据，再从这些数据中发现理论"（Glaser & Strauss，1967，p.2）。格拉泽更新了该定义，采用了一种更概括的方法：扎根理论方法论是从数据中产生规律的探索。凡事都有规律，每个人每天都可能参与到扎根理论，因为这是一个非常简单的人类寻求规律并回应规律的过程。扎根理论是从数据中生成理论。扎根理论发生在每个人的每日生活之中：概念化规律，并根据其行事（Walsh，Holton，Bailyn，et al.，2015，p.593）。

基于比较分析，从经验田野产生的（扎根）理论有两种类型：实质（扎根）理论和形式（扎根）理论。实质扎根理论从社会学探究的实质领域发展而来，而形式扎根理论则从社会学探究的形式概念领域产生（Glaser and Strauss，1967，p.32）。理论发展在社会科学中广泛流行之前，在硬科学中已经是一种时尚。一些关于理论的基本假设，仍然显示出其在初始领域的强大影响力。

3.2.1 扎根理论方法论在商业研究中的背景

扎根理论方法论起源于社会学和护理学，在医学、信息科学以及最近的商业和教育研究中得到了很好的使用。虽然扎根理论方法论与元理论、定性综合分析和系统理论一样，是最流行的定性研究方法之一，但由于其性质的复杂性，人们可能对扎根理论方法论是什么（Walsh et al.，2015）和并非什么（Suddaby，2006）有更多的困惑。对3种流行的扎根理论方法论流派的选择（如格拉泽、施特劳斯和科宾、卡麦兹所描述的）不应基于在实施程序时遇到的困难程度，而应基于方法设计的本体论倾向，及其处理与研究问题现象的相关能力。

3.2.1.1 扎根理论方法论和管理学研究

管理研究、扎根理论方法论与定性数据分析软件之间有着密切的联系，管理类期刊文章中扎根理论方法论的应用具有较高的软件适配性。采用数据分析软件进行扎根理论方法论的管理研究占有较高比例，这表明当前的管理研究量化程度高。定量研究者惯于使用软件进行数据分析以提高整体效率。

1990—2013年，ProQuest数据库中，用于定性研究编码的3个主要软件包是：ATLAS.ti（1993年商业化）（ATLAS.ti，2014），NUDIST（NVivo的前身）（1981年以来）和NVivo（QSR International，2014）（1990年以来）。在定性数据分析（Qualitative Data Analysis，QDA）软件开发中，大多数初始研究者应用扎根理论方法论进行软件测试。根据ProQuest数据库中的数据，2013年（见附录Ⅲ_1）应用扎根理论方法论的QDA中80%~90%来自管理研究领域；自1990年以来，管理研究占所有扎根理论方法论应用的40%~50%。扎根理论方法论与管理学和QDA软件的关系表明，管理学研究是扎根理论方法论的一个重点研究领域，管理学研究引领了QDA软件在扎根理论方法论研究中的应用（见图3.1）。

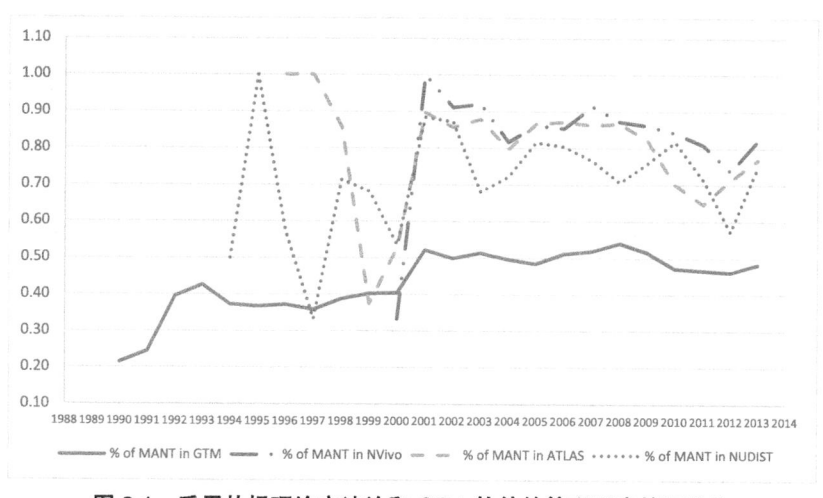

图3.1 采用扎根理论方法论和QDA软件的管理研究的百分比

资料来源：2013年10月2日于Proquest数据库检索得到。

附录Ⅲ_2至附录Ⅲ_6提供了多种视角的相关数据，说明扎根理论方法论研究的若干趋势——包括扎根理论方法论研究在NVivo、ATLAS.ti和NUDIST中的百分比，扎根理论方法论研究中采用QDA软件的论文数量，扎根理论方法论研究和管理研究中采用NVivo的文章数量，扎根理论方法论研究和管理研究中采用ATLAS.ti的论文数量，在扎根理论方法论研究和管理研究中采用NUDIST的论文数量。自2000年以来，管理学向学术界贡献了一半扎根理论方法论的论文。在QDA软件推出阶段，扎根理论方法论是优先选择的定性分析方法，文献中的大多数QDA软件都使用了扎根理论方法论（见附录Ⅲ_2）。扎根理论方法论在1990—2013年间的使用趋势，与采用QDA软件的扎根理论方法论非常相似，表明了扎根理论方法论和QDA的普及程度。附录Ⅲ_4至附录Ⅲ_6反映出管理学研究者是扎根理论方法论中QDA软件的主要用户，包括NVivo、ATLAS.ti和NUDIST。

越来越多的管理学研究者采用扎根理论方法论，关于如何使用扎根理论方法论的争论也随之产生，管理学学者发展扎根理论方法论的时机已经到来。有些人认为，扎根理论方法论如果继续作为一种普适性的管理学研究实践方法，就有被淘汰的风险（Jones and Noble，2007）。与数据收集和分析相关的扎根理论方法论技术似乎在管理学学者中广受欢迎，但是对方法本身进行全面性的探索和创新则困难重重（Loonam，2014）。Åge（2011）提到，"包括扎根理论方法论在内的特定科学方法的创始人，往往未能探索和解释其特定方法的基本哲学基础——即使表面上提出了该方法的理论和概念原则"。Gustavsson（1998）进一步指出，扎根理论方法论同时受到了主观主义者和客观主义者的批评。

在管理学中，深入的扎根理论方法论研究是相当罕见的，大多只对不同的扎根理论方法论流派做出了与哲学背景最低限度的讨论。在《金融时报》（*Financial Times*，2012）排名前45位的10种管理期刊中，只有31篇文章采用了扎根理论方法论，其中只有3篇讨论了扎根理论方法论的哲学背景（Hallier and Forbes，2004；Shah and Corley，2006；Suddaby，2006）。

3.2.1.2 扎根理论方法论与中国管理学研究

Barney and Zhang（2009）认为中国管理学与中国管理学理论化的讨论，应该基于中国情境进行质性研究。较好的质性研究包括Yan和Gray（1994）的比较案例研究和基于扎根理论方法论的分析归纳法的数据编码，Shenkar和Yan（2002）的纵向案例研究，Wasti、Tan和Erdil（2010）在访谈数据中的关键事件分析，Zhang、Dolan、Lingham 和 Altman（2009）使用主题分析进行的比较个案研究。案例研究主导了定性的中国管理学研究，Li 等人（2012）鼓励学者将视野扩展到其他质性研究，拓展多元研究方法的使用，如参与式观察、行动研究、焦点小组访谈以及扎根理论方法论。

遗憾的是，在 2014 年之前，MOR 只有两篇论文满足扎根理论方法论的适配性（Fit）、可理解性（Understandability）、通用性（Generalisability）和控制性原则（Control）（Glaser and Strauss，1965，1967）。Dougherty、Bertels、Chung、Dunne 和 Kraemer（2013），Droege 和 Johnson（2007）的这两篇优秀论文都采用了施特劳斯和科宾（1990）的扎根理论方法论，使用一套系统的程序从领域中生成扎根理论。两个研究都更多地将扎根理论方法论作为一种定性技术而非方法论，因为他们没有讨论扎根理论方法论是否适合他们的研究主题，施特劳斯和科宾的流派是否适合他们的研究设计，或者扎根理论方法论如何指导文献综述。有趣的是，MOR 中没有任何文章将扎根理论方法论作为关键词，这暗示研究者将扎根理论方法论作为一种技术而不是方法论。

研究者在选择扎根理论方法论时面临的第一个问题是：采取格拉泽的流派还是施特劳斯的流派？但在 Dougherty、Bertels、Chung、Dunne 和 Kraemer（2013）和 Droege，Johnson（2007）的这两篇论文中，没有证据表明曾有过这两种流派的比较。单就方法设计而言，扎根理论方法论设计中的一两篇参考文献，不足以显示所采用的研究方法及其背景知识，也不足以批判评估研究方法设计所起的作用，尤其是在数据转化为理论的过程中确定每一步研究程序是否能达到有效可靠的标准。扎根理论方法论经常被误解（Suddaby，2006），特别是那些从定量研究转向定性研究的研究者，他们尽量避免在论文中深入探讨方法论的细节。在 MOR 中，包含"扎根理论构建"或"扎根理论研究"的文章不一定采用扎根理论方法论，可能只是一般经验数据理论化的概念借用。

在 MOR 中，有 10 篇论文提到了"扎根理论"，但并不一定意味着其运用了扎根理论方法论。这一概念与 Eisenhardt（1989）的研究密切相关，其研究经常被 MOR 的研究者引用。当 Eisenhardt 提到"扎根理论建设"时，她引用格拉泽和施特劳斯（1967）的理论纯粹是为了与扎根理论方法论联系起来。采取同样描述的还有很多文章，比如 Li 等学者（2012）和 Dougherty 等（2013）。Tsui（徐淑英）（2004，pp.499，506）的"扎根理论建设"概念与 Eisenhardt 不同，因为她引用的是案例研究和扎根理论方法论的经典论文。

Tsui（2006）在后来的研究中引用自己2004年的研究时写道，"这篇文章（Tsui, 2004）指出两个新理论，其中只有一个是基于'扎根理论构建的方法论'"。其提到的两个新理论出自 Schlevogt（2001）和 Shenkar, Yan（2002）（Tsui, 2004, p.506）。这两篇文章中 Schlevogt（2001）是纯定量研究，而 Shenkar 和 Yan（2002）是纵向个案研究，并没有参考扎根理论方法论。Yan 和 Gray（1994）的研究，在 Tsui 的另一篇文章中被称为可作为具体背景研究的例子，也只是基于扎根理论方法论进行编码。因此，"扎根理论建设"和"扎根研究"有不同的含义，这影响了包括 Tsang（2009），Tsui 等人（2005），He 和 Tian（2008）在内的一系列文献对这一术语的描述。然而，在 Van de Ven 和 Jing（2012），Jing 和 Van de Ven（2014）的文章中也使用同样的术语，其含义与上述的术语又略有不同。

Van de Ven 和 Jing（2012）评价 Pan、Rowney 和 Peterson（2011, p.131）的研究是"使用 Delphi 构建的扎根理论"，而这是一篇纯定量论文，总共有2658名参与者，并使用了 Delphi 进行问卷设计。这一样本量几乎不会出现在任何定性论文中。Jing 和 Van de Ven（2014）使用了两个新术语,分别是"变化扎根理论"（p.35）和"关系扎根理论"（p.51），而在扎根理论研究中，这两个术语仅用于描述从扎根理论方法论产生理论。无论是一般的扎根理论方法论还是生成的扎根理论都是中国管理学学者所追求的方向之一，方法上的精进是值得鼓励的。Locke（2001，2007）和 Goulding（1998，2005）是企业管理研究领域两位重要的扎根理论方法论专家，他们对扎根理论方法论在管理学中的应用做出了贡献，尤其是对实质扎根理论方法论构建做出了贡献。本书旨在从实质扎根理论方法论扩展到形式扎根理论方法论，为管理领域的形式理论提供方法论上的见解。下一小节讨论实质扎根理论方法论中的主要方法路径。

3.2.2 实质扎根理论方法论路径

扎根理论方法论的历史讨论经历了3次浪潮（见图3.2）。在扎根理论方法论发展的最早阶段，即发展阶段Ⅰ，争论围绕着扎根理论方法论和其他定性研究方法以及扎根理论方法论如何在研究逻辑上遵循实证主义传统展开。这也是格拉泽和施特劳斯（1967）开创最初的扎根理论方法论（Chametzky, 2013）被称为经典扎根理论方法论的原因。

```
发展阶段 I
(Glaser and Strauss, 1967)
┌─────────────────────────────┬─────────────────────────────┐
│ 扎根理论——实证主义/后实证主义 │     质性方法——诠释主义      │
└─────────────────────────────┴─────────────────────────────┘

发展阶段 II
(Strauss and Corbin, 1990)
┌─────────────────────────────┬─────────────────────────────┐
│     Glaser派系——客观主义    │   Strauss和Corbin派系——诠释主义 │
└─────────────────────────────┴─────────────────────────────┘

发展阶段 III
(Charmaz, 2000, 2014)
┌──────────────────────┬──────────────────────┬──────────────────────┐
│Glaser派系——客观主义扎根理论│Charmaz派系——建构主义扎根理论│Strauss和Corbin——实用主义扎根理论│
└──────────────────────┴──────────────────────┴──────────────────────┘
```

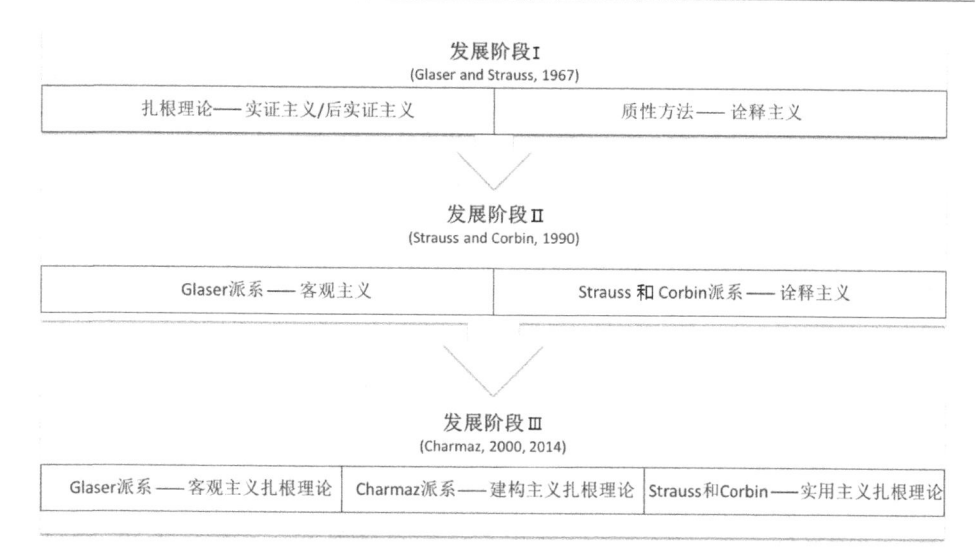

图 3.2　扎根理论派系发展脉络

经典扎根理论方法论遵循实证主义或后实证主义传统。发展阶段 II 以施特劳斯和科宾（1990）出版的《质性研究基础：形成扎根理论的程序与方法》为标志，它与格拉泽提出的经典扎根理论方法论不同。格拉泽认为施特劳斯和科宾的扎根理论方法论发展更倾向于符合标准的实用主义的程序方法而不是系统思维，这导致格拉泽批评施特劳斯违背了他们建设扎根理论方法论的最初目的，试图通过标准程序去强行产生理论（Glaser，1992；Seldén，2005）。

在第二个浪潮期，即发展阶段 II，大多数追随格拉泽的研究者都活跃在 Grounded Theory Review 上，这是格拉泽发起的一份期刊，也是一个促进格拉泽扎根理论方法论发展的渠道。施特劳斯的主要追随者包括 Corbin（2009；Corbin and Strauss，1990，2008，2015；Strauss and Corbin，1990，1994，1997，1998），Clarke（2003，2005，2007，2008；Clarke and Star，2007），Denzin（2007；Denzin and Lincoln，1994），Kearney（1998a，1998b，1999，2007），Locke（2001，2007），Star（1999，200），德国社会学家 Strübing（2007），Han-Georg Soeffner、Richard Grathoff、Gerhard Riemann、Bruno Hildenbrand 和 Christa Hoffman-Riem（2008）。

第三个浪潮，即发展阶段 III，也就是在当前扎根理论方法论流派的讨论中，由卡麦兹（2000，2004，2006，2008，2014）和 Bryant（2006；Bryant and Charmaz，2007）领导的一个相对较新的扎根理论方法论流派，在施特劳斯（Clarke，2008；Denzin，2007；Reynolds and Herman-Kinney，2003）的基础上发展出的建构主义范式中，重新修正了扎根理论方法论的应用。卡麦兹指出扎根理论方法论的建构主义流派中研究者在扎根理论方法论中的角色和作用不仅仅是对数据进行分析，还应该更加积极地扮演扎根理论方法论的参与者和贡献者的角色。格拉泽强烈反对卡麦兹的建构主义流派，直截了当地指出"扎根理论不是建构主义"（Glaser，2012，p.28；1998）。科宾和施特劳斯对建构主义流派更加包容，并寻求其有效性（Corbin and Strauss，2008，p.9）。事实证明，卡麦兹的建构主义流派已经赢得了扎根理论方法论研究者的青睐，因为它更容易上手且包容建构主义者的立场。扎根理论方法论的三大流派由此形成。以下两部分将探讨扎根理论方法论流派的哲学路径和研究设计，以评估其方法论的内在一致性。

3.2.2.1 扎根理论方法论路径的哲学对比

格拉泽（1998）评论说："扎根理论是一种通用的方法，它只是一种方法选择，试图将它与另一种方法结合起来会稀释和复杂化其简单的归纳方法，它对任何数据都有效，因为所有的数据都可用于生成理论。"如果把它与现象学、民族志、霸权概念（Concepts of Hegemony）甚至实证主义结合起来，那就扭曲了生成理论的过程。然而，关于扎根理论方法论属于哪种哲学范式的讨论，却有增无减。

来自不同哲学范式的研究者，试图确认扎根理论方法论与他们的本体论是否一致。个体研究者对扎根理论方法论的认知差异很大（见图3.3）。由于卡麦兹流派与建构主义更为一致，因此比较的重点在格拉泽和施特劳斯的流派之间展开。Åge（2011）认为格拉泽流派可能与诠释主义（建构主义）和实用主义以及实证主义传统有关。卡麦兹（2000，2006，2014），Hallier和Forbes（2004）认为传统的扎根理论方法论流派是实证主义的，遵从施特劳斯和科宾（1990，1998），格拉泽（1978，1992，1998，2001，2003）的传统判定。实证主义以孔德的工作为基础，把科学作为一种产品、一组语言或数字的陈述，关注公理化，并坚持至少其中一些结论是可被验证的。实证主义者认为，科学是累积的、跨文化的，并且建立在特定的结果之上。他们认为，科学所包含的理论或研究传统在很大程度上是可测度的，有时还融入了与旧思想不连贯的新思想。他们认为，科学是统一的整体，科学即自然，自然即科学。

与实证主义者相反，解释主义社会科学家持有多种相互冲突的意见。Ponterotto（2005），Omar 等（2012），Yeadon-Lee（2013），Brown（1995），Goulding（1998），Suddaby（2006）和Lowenberg（1993）认为扎根理论方法论

属于更广泛的诠释主义。Goulding（1998，1999），Kunchamboo 和 Lee（2012），Borgström（2012），Reiter 等（2011），McKemmish 等（2012），Carcary（2009），TanandHall（2007），Charmaz（2000），Corbin 和 Strauss（2008），Creswell（2007）都认为扎根理论方法论应该或可以与建构主义相结合。建构主义者通过社会互动，感知多元现实和数据的相互建构。他们假设研究者构建类别，并视数据的解读为有问题的、相对的、情境的或部分的。他们的价值观、优先态度、立场和行动会影响最终观点及所产生的理论。

	实证主义	建构主义	实用主义	现实主义
本体论	现实是真实的且可被理解	现实是被多重、本地和特定地建构起来的	不委身任何一个哲学或现实的系统	现实是"真实的"，但只能概率性地、不完整地被理解
认识论	结论(Findings)是真实（客观主义）或可能是真实的（后实证主义）	结论是被创造的	行为、形势和后果均为了真相，而非前因，真相过反映了情境（主观客观性）	结论可能是真实的
方法论	验证假设；主要使用定量研究方法	研究者是所探究的世界的热情参与者	问题重要，方法不重要，研究者根据自己的意愿自由选择方法，且较多使用混合研究方法	三角测定法(Triangulation)，同时使用定性和定量混合研究方法
	Strauss and Corbin (1990, 1998); Glaser (1978, 1992, 1998, 2001,2003); Hallier and Forbes (2004)	Goulding (1998, 1999); Kunchamboo and Lee (2012); Borgström (2012); Reiter et al. (2011); McKemmish (2012); Carcary (2009); Tan and Hall (2007); Creswell (2007); Charmaz (2000); Corbinand Strauss (2008)	Strauss (1987); Charmaz (2006); Strauss and Corbin (1990); Corbin (2009); Shah and Corley (2006); Clarke (2005); Creswell (2007)	Stiles (2003); Kempster and Parry (2011); Locke (2001)

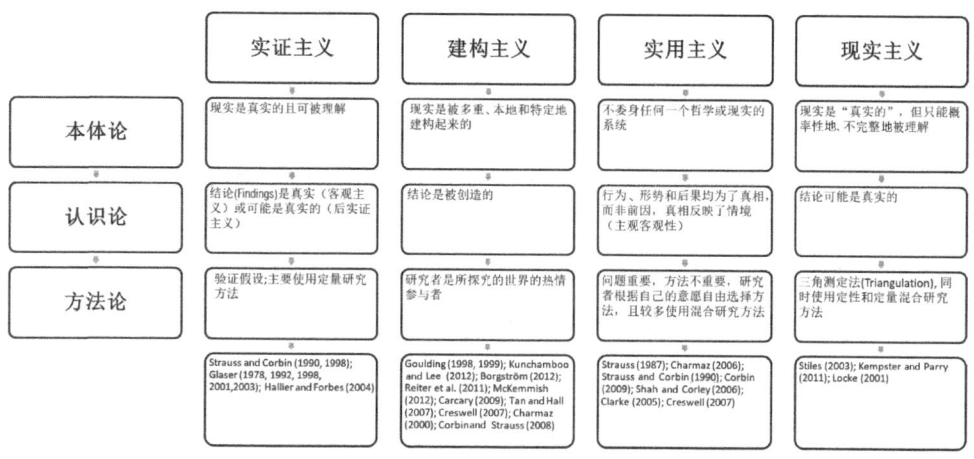

图 3.3　扎根理论方法论的哲学探讨

资料来源：根据 Guba 和 Lincoln（1994，p.112），McNeill（2007）的研究结构哲学制图。

Strauss（1987），Strauss 和 Corbin（1990），Corbin（2009），Shah 和 Corley（2006），Clarke（2005）和 Creswell（2007）将扎根理论方法论定位于实用主义或后现代主义哲学流派（Flick，2018a）。实用主义学派是由哲学家威廉·詹姆斯（McDermid，2006）创立的，他声称，一种意识形态或命题如果能令人满意地运作，它就是真的。一个命题应成立于被接纳后的实际应用过程，缺乏可操作性的命题是不成立的。

Stiles（2003）将扎根理论方法论置于现实主义之下，而 Kempster 和 Parry（2011）则认为它属于批判现实主义。Locke（2001）认为它是客观实在论。尽管哲学讨论可能变得相当复杂，但有证据表明更多的定性研究者和定量研究者正在寻求检验扎根理论方法论在研究中的使用，并试图找到一种方法使扎根理论方法论与他们的哲学偏好相匹配。

3.2.2.2　扎根理论方法论的研究路径比较

扎根理论方法论有没有可能是无范式的？扎根理论方法论设计背后的哲学是

什么？格拉泽和施特劳斯（1967）的早期工作被定位在实证主义范式之中。或者更准确地说，他们没有将自己与实证主义范式区分开来以赢得定量研究者的青睐。扎根理论方法论被称为最严格的定性方法，可以达到与定量方法相当的效度和信度水平。因此，对经典扎根理论方法论的一般理解是在实证主义范式下，而不是在后实证主义范式下，后者可能更适合质性研究的立场。

卡麦兹（2014）以科宾（2009）的观点为基础，根据格拉泽和施特劳斯的发展历程考察了他们的本体论偏好，得出格拉泽属于哥伦比亚实证主义。波普尔（1963，1972，1992）也是同样的看法；他探访了施特劳斯在芝加哥的故居，得出施特劳斯偏好符号互动主义（实用主义）（Corbin and Strauss，2008）。George Herbert Mead的符号互动主义认为，理解一个人需要观察他的社会行为和了解他独处时的想法（Charon，2004）。它是美国社会学中一种重要的哲学方法，起源于杜威和米德（Huber，1973）创立的实用主义学派。

由于这种冲突，格拉泽和施特劳斯最终因各自不妥协的哲学立场而分道扬镳。哲学上的差异影响了他们对什么是现实，什么是数据，如何处理文献、研究程序、数据编码和解读的看法。他们看世界的方式不同。作为新的扎根理论方法论理论家，卡麦兹（2014）采取了建构主义的研究方法。在微观的扎根理论方法论设计方面，格拉泽和施特劳斯的流派表明了他们对设计逻辑和背后隐藏哲学的不同观点。

表3.1系统地比较了3种关键的扎根理论方法论：经典/格拉泽扎根理论方法论，施特劳斯扎根理论方法论和卡麦兹扎根理论方法论。该表呈现了扎根理论方法论是如何被多方描述与解释的，各个流派的本体论和认识论立场又是如何影响方法论设计的。

表3.1 扎根理论方法论主要流派的系统性比较

	经典/格拉泽扎根理论方法论	施特劳斯扎根理论方法论	卡麦兹扎根理论方法论
扎根理论方法论的定义	扎根理论是从社会研究中系统地获得的数据中发现理论（Glaser and Strauss，1967，p.2）	扎根理论是从对它所代表的现象的研究中归纳而来的理论。也就是说，它是通过系统地收集数据和分析与这一现象有关的数据来发现、发展和暂时性地检验理论（Strauss and Corbin，1990，p.23）	扎根理论是一种严谨的研究方法，研究者通过从数据中建立归纳的理论分析来构建概念框架或理论，并随后检验理论（Charmaz，2014，p.343）

续表

	经典/格拉泽扎根理论方法论	施特劳斯扎根理论方法论	卡麦兹扎根理论方法论
本体论	实证主义 （Glaser and Strauss, 1967；Strauss and Corbin, 1990, 1998；Charmaz, 2000, 2014；Hallier and Forbes, 2004；Popper, 1963, 1972） 客观主义 （Glaser, 1978, 1992, 1998, 2001, 2003；Charmaz, 2014, pp.235—236） 哥伦比亚大学实证主义 （Charmaz, 2006, p.8）	诠释主义 （Strauss and Corbin, 1990） 实用主义 （Strauss, 1987；Charmaz, 2000, 2006, 2014；Strauss and Corbin, 1990） 芝加哥符号互动主义 （Charmaz, 2006, p.11, 2014, p.9）	诠释主义 （Charmaz, 2006, p.10） 实用主义 （Charmaz, 2006, p.10） 芝加哥符号互动主义 （Charmaz, 2014, pp.261—284） 建构主义 （Charmaz, 2006, p.10, 125, 130）
认识论	实证主义/诠释学/实用主义 （Åge, 2011, p.1612） 经验主义（Flick, 2018a, p.7）	建构主义 （Åge, 2011, pp.1600—1601）	建构主义 （Charmaz, 2014, p.13）
逻辑形式	归纳逻辑 （Glaser and Strauss, 1967；Glaser, 1998；Charmaz, 2006；Flick, 2018a, p.9）	归纳逻辑 （Strauss and Corbin, 1990, p.23） 溯因逻辑 （Strauss and Corbin, 1990, p.111；Bryant and Charmaz, 2007, p.46）	归纳逻辑 （Charmaz, 2006, pp.187） 溯因逻辑（理论性采样） （Charmaz, 2006, p.103）
方法论	客观主义 （Glaser, 1978, 1992, 1998, 2001, 2003；Charmaz, 2014, pp.235—236） 实用主义 （Glaser, 1998, p.41；Åge, 2011, p.1599）	建构主义 （Corbin and Strauss, 2008, p.9） 实用主义 （Strauss, 1987；Strauss and Corbin, 1990；Corbin, 2009；Shah and Corley, 2006；Clarke, 2005；Creswell, 2007；Flick, 2018a）	建构主义 （Charmaz, 2006, 2014） 诠释主义 （Charmaz, 2006, p.130）
研究流程	实用主义 （Douglas, 2003；Rodon and Pastor, 2007；Hunter, Hari, Egbu et al., 2005）	实证主义 （Locke, 2001；Strauss and Corbin, 1990, 1998；Glaser, 1992；Seldén, 2005；Charmaz, 2006, 2014）	建构主义 （Charmaz, 2006, p.10, 2014, p.343）

续表

	经典/格拉泽扎根理论方法论	施特劳斯扎根理论方法论	卡麦兹扎根理论方法论
数据类型	一切皆数据（Glaser, 1998, p.41）	定性与定量数据（Strauss and Corbin, 1990, pp.18, 191）	定性数据（Charmaz, 2014, pp.323—325）
数据收集方法	没有强调数据收集方法（Glaser and Strauss, 1967; Glaser, 1978, p.44）	没有强调数据收集方法（Strauss and Corbin, 1990, p.59）	讨论定性数据收集方法（Charmaz, 2014, pp.23, 35—108）
理论性采样	集合收集、编码、分析数据而后决定之后数据采集的方向从而发展形成理论（Glaser and Strauss, 1967, p.45）	理论性数据采集即研究者收集，之后分析，再收集更多的数据直到类别达到饱和（Corbin and Strauss, 2008, p.146）	系统地、集中地、连续性地收集大量的初始样本，要求研究者收集数据的同时分析数据（Charmaz, 2014, p.343）
编码/比较分析	编码的持续比较方法有两个基本的分析流程：第一个即事件对事件的持续比较；然后当概念形成后，事件到概念也就是类别属性的形成（Glaser, 1992, p.39）数据使用开放性编码选择性编码和理论性编码进行持续比较（Glaser, 1978）	两个流程：系统性比较和问题提问。使用开放编码、轴向编码、选择性编码发展概念和发现类别，进而发展类别属性和维度（Strauss and Corbin, 1990, pp.61—73）	使用初始编码，内部编码和行对行编码对描述进行分析，形成新的类别，超越先入为主的想法和现存的理论（Charmaz, 2014, p.343）
理论性笔记	笔记记录特别的瞬间，其目的在于捕捉在理论形成过程中的意义和想法，但还不足以向他人展示（Glaser, 1998, p.178）	脱离用结构化方式讨论笔记的想法（Corbin and Strauss, 2008, p.118）	产生笔记的方法仰赖于自发性，而非机械性（Charmaz, 2014, p.164）
理论性饱和	决定饱和的标准在于数据的实证性限制结合理论的密度和分析者的理论性敏感度（Glaser and Strauss, 1967, p.62）	1）没有新的或者相关的数据产生新的类别；2）类别发展密集，所有范例元素、变化和过程均考虑在内；3）类别之间的关系很好地被建立和检验（Strauss and Corbin, 1990, p.188）	类别饱和基于采集的新数据不再产生新的理论性见解以及核心理论性类别的新属性（Charmaz, 2014, p.213）

续表

	经典/格拉泽扎根理论方法论	施特劳斯扎根理论方法论	卡麦兹扎根理论方法论
理论性整理	理论性整理对理论性写作极其重要。其产生概括性的整体的模型为理论写作的基础，强化了在概念层面类别和属性之间的联系，防止回归到数据层面的写作，形成密集而复杂的理论（Glaser, 1978, p.117） 理论性整理有11个分析原则（Glaser, 1978, pp.121—127）	整理将会越来越困难，因为笔记开始链接两个或多个概念。这时计算机程序的检索功能显得特别有用。它帮助研究者反复整理直到构建出符合逻辑的理论性架构（Corbin and Strauss, 2008, p.108）	在扎根理论中，整理是论文写作的第一步，整理帮助理论的形成，它是创造和改进理论性关联的手段。通过整理可以进行类别的理论性整合，整理有助于抽象层面对类别进行比较（Charmaz, 2006, p.115） 理论性整理的流程涉及5个步骤（Charmaz, 2006, p.117）
理论性写作	概念性描述集合扎根理论化过程中的所有细节，并结合相关领域文献进行讨论（Glaser, 1998, p.207）	透过分析协助的工具包括笔记、具实践性的综合图表、追踪核心和附属类别之间的关系，以及整个分析过程的阐述（Strauss & Corbin, 1990, p.225）	扎根理论把想法和分析框架放在中心位置，其潜在的优势在于它的分析能力——理论化意义、行为和社会结构的建构过程（Charmaz, 2006, p.151）
理论性敏感度	理论性敏感度帮助理论概念化并形成理论。其结合个人的脾性和在相关研究领域形成理论性洞见的能力，通过多年的累积而形成（Glaser and Strauss, 1967, p.46）	理论性敏感度是一个研究者的个人品质，展现其对数据微妙含义的认识（Strauss and Corbin, 1990, p.41）	理论性敏感度的获取可以从多个学习生活的制高点下手——比较、追随、增加想法。你可以从理论化的行动当中绘制方向，在途中你可能无法预见终点或者驿站（Charmaz, 2006, p.135）
研究问题的使用	不使用研究问题的描述，但使用研究难题或者研究兴趣等术语（Glaser, 1998, p.115—132）	提出研究问题是必要的，必须赋予研究者足够的弹性和自由去深入探索课题（Corbin and Strauss, 2008, p.25）	通过对概念和一般学科视角的敏感从而产生研究难题和开放性的研究问题（Charmaz, 2006, p.11）

续表

	经典/格拉泽扎根理论方法论	施特劳斯扎根理论方法论	卡麦兹扎根理论方法论
文献综述的使用	实用主义（Douglas, 2003; Rodon and Pastor, 2007; Hunter et al., 2005） 在实证研究前无文献综述，避免对数据产生先入为主的期待，但是鼓励进行与理论形成没有直接关系的领域的文献综述（Glaser and Strauss, 1967）	建构主义（Glaser, 1992, p.32; Strauss and Corbin, 1990, p.56; Douglas, 2003; Rodon and Pastor, 2007; Hunter et al., 2005） 人们都带着相当的职业和学术文献背景进入研究。熟悉相关领域文献可以增强敏感度，辨识数据中的细微差异（Corbin and Strauss, 2008, p.35, 37）	建构主义（Charmaz, 2006, pp.163, 168; Charmaz, 2014, p.308） 使用文献综述但防止其扼杀你的创造力和理论形成。文献综述可以为你接下来的章节奠定基础，分析与你将发展的扎根理论相关的重要文献（Charmaz, 2014, p.308）
电脑分析软件的使用	可能接受（Glaser, 1998）接受 Fernández（2004）使用的电脑分析软件	接受电脑分析软件（Corbin and Strauss, 2008, pp.xi-xii）	接受电脑分析软件（Charmaz, 2014, p.184）
研究员的个人品质	Glaser 格拉泽看重两个条件：第一，研究者必须要有健全的相关领域知识；第二，研究者必须要有相当的研究经验（Glaser and Strauss, 1967, p.67）	有写作和展示复杂研究流程并整合的能力；要自信（Strauss and Corbin, 1990, pp.233—235）	涉及有如此复杂性的研究问题需要访问者做充足的准备，顾及所研究的事件，通过表面看本质（Charmaz, 2014, p.59）

表 3.1 显示了 3 个主要流派之间的一些有趣的对比。对扎根理论方法论的不同定义反映了理论家的哲学立场，尤其是格拉泽和卡麦兹的立场差别较大。"发现"一词反映了实证主义者对社会现实的认识，即社会现实是存在的且全备的。而卡麦兹则把它看作是一个"建构"理论的过程，这与建构主义者的立场是一致的。施特劳斯的定义更多地关注扎根理论方法论的过程，而不是其哲学范式。这 3 个定义都分别揭示了扎根理论是一种系统性的方法。

在本体论方面，表 3.1 中的认识论中，施特劳斯和科宾的立场与卡麦兹相似，只是卡麦兹的本体论具有强烈的建构主义倾向。在施特劳斯流派的后期发展中，科宾倾向于建构主义，并与卡麦兹更为接近（Strauss and Corbin, 1998, p.25）。

Åge（2011，p.1601）认为格拉泽的认识论是实用主义的，而施特劳斯和科宾的认识论是建构主义的。Flick（2008a，p.7）认为，格拉泽的认识论是经验主义的，特别强调"一切皆数据"。格拉泽评论说，扎根理论方法论是一种基于视角的方法论，而人们的视角本就各不相同（Glaser，2002）。

施特劳斯和卡麦兹的方法除了归纳推理外，还涉及溯因推理。Bryant 和 Charmaz（2007，p.46）认为，即使是施特劳斯也很少使用"溯因"一词；在杜威、皮尔士、米德和布鲁默等人的影响下，施特劳斯的作品中具有强烈的溯因推理特征。溯因推理是逻辑推理的一种，常被描述为"对最佳解释的推论"，以做出假设或证明假设的依据（*Stanford Encyclopedia of Philosophy*，2017）。而归纳推理则是基于证据得出"推论为正确"的结论。溯因推理的逻辑与扎根理论方法论的最初设计并不一致，为了避免在实证过程中和数据分析过程中的先入为主。

格拉泽和施特劳斯流派有一些重要的路径演变。格拉泽（1998，p.41）开始主张实用主义立场。而科宾和施特劳斯（2008，p.9）则倾向建构主义的立场。施特劳斯（1998，p.41）开始宣称："一切皆数据。"这是从原始设计演变而来的，从而更多地关注定性数据类型。科宾主导的施特劳斯流派在后期变得更加灵活，如备忘录程序，这与格拉泽流派的发展趋势非常相似。

有趣的是，他们的哲学立场与他们的研究程序逻辑并不一致。这种错位背后有明确的意图，这也表明了归纳推理和溯因推理之间的差异。站在实证主义与客观主义的立场上，理论的发现是寻找（或发现）存在的事物的过程，因此这个过程更有可能是迭代的，直到证明无先入之见的"推论的正确"。采用溯因推理的实用主义就是用任何有效的方法和过程来预测一个可实际执行的理论。卡麦兹扎根理论方法论是唯一哲学立场与研究程序相一致的。

格拉泽和施特劳斯流派的数据类型和数据收集方法相似，包容定性和定量多种数据类型；而卡麦兹则鼓励以收集定性数据为主，并提供定性数据收集方法的指导方针。三大流派在关键领域共有一些作为扎根理论方法论的一般标准：持续比较、系统编码、理论抽样、理论备忘录、理论饱和、理论性整理、理论性写作和理论性敏感度。

格拉泽流派的方法在研究问题、文献综述、计算机分析软件、研究者素质讨论等方面与其他两种流派不同。格拉泽流派（1998）认为设计"研究问题"并不适合扎根理论方法论，而应对研究难题和兴趣展开研究。施特劳斯和卡麦兹流派则认为开放式的研究问题是合适的，这更符合新的扎根理论方法论研究者以往在定量和定性研究方法上的经验。为了避免先入为主的观念，格拉泽也禁止对实证前的工作进行文献综述；而施特劳斯则认为发展理论性敏感度是有益的（Corbin and Strauss，2008，p.35，37）；卡麦兹也对实证研究前的文献综述持肯定态度，前提是创造力不被扼杀（Charmaz，2014，p.308）。关于计算机分析软件，格拉泽（2003）认为扎根理论方法论涉及复杂的、不那么直观和程序性的概念化模式，他反对计算机软件和 QDA 的扎根理论方法论编码，尽管他有数学和社会学背景。格拉泽（1998，p.185）评论说，将来也许有可能用计算机对扎根理论方法论数据进行编码，但目前时机尚未成熟。关于研究者的素质，格拉泽更强调研究者的经验和知识，而施特劳斯和科宾及卡麦兹则侧重于他们如何处理扎根理论方法论内部复杂性的研究技巧。

3.3 形式扎根理论方法论

格拉泽和施特劳斯（1965）将社会现象理论化进程分为两大类：形式扎根理论和实质扎根理论。扎根理论是演绎逻辑的、系统的、导致假设检验的、高度抽象的。实质扎根理论和形式扎根理论都属于中层理论（middle range theory）的范畴，中层理论是由数据归纳的、系统的、具有一定的抽象和概括水平却非高度抽象化和概括化的（Glaser，1968；Merton，1968）。Merton（1968）发展了社会理论中的中层理论概念，进一步指导了实证研究。他说："从中层去产生社会系统的理论，与具体阶层的具体社会行为、组织和变化太过遥远，因而无法解释所观察到的情况，以及不能对根本不具有普遍性的细节进行详细而有序的描述。"

该理论的可预测性和解释力在扎根理论方法论中较少被强调，但在《状态通道》（*Status Passage*）一书中有所提及（Glaser and Strauss，1971）。格拉泽和施特劳斯主要使用"抽象性"和"概括性"来描述形式扎根理论。因此，很可能只有形式扎根理论、社会现象理论化进程和理论化方法具有可比性，而通过扎根理论方法论发展起来的实质扎根理论原则与其他研究方法——如民族志、现象学或行动研究，具有相似之处。

接下来将着重讨论基于格拉泽流派、施特劳斯和科宾流派及卡麦兹流派的形式扎根理论方法论设计和哲学，之后将提出一个形式扎根理论方法论模型。

3.3.1 形式扎根理论方法论中的韦伯（新康德）流派

在扎根理论方法论本体论讨论的迷雾中，格拉泽（1967）和施特劳斯（1990，2008），甚至格拉泽流派和施特劳斯流派内部围绕本体论立场所产生的冲突，引发了扎根理论方法论研究者之间的本体论冲突（Borgström，2012；Brown，1995；Carcary，2009；Gustavsson，1998）。韦伯的方法至今仍经常被提起和讨论（Albrow，1990；Schroeder，1992；Wu，1993）。对于"韦伯仍然重要吗"这一问题的答案是："韦伯的重要之处在于，在历史和当代社会的许多领域当中，以及许多方法论、概念和理论问题中，仍然在使用韦伯和新韦伯的观点。"（Chalcraft，Howell，Menendez et al.，2008，p.3）对韦伯的兴趣，以及韦伯方法论将如何影响扎根理论方法论的开发，比单纯的扎根理论方法论开发更能引起人们的注意。这一小节将讨论扎根理论方法论在哲学和方法论以及在社会研究中，采用韦伯（新康德）流派方法论的可能性。

3.3.1.1 韦伯（新康德）流派在哲学和方法论上的适用性

对扎根理论方法论进行讨论和比较，可得出以下结论：格拉泽和施特劳斯流派并没有达成扎根理论方法论研究者可以感知的哲学一致性。学者仍有机会来完善理论以实现更好的方法论一致性。扎根理论方法论哲学中的一致性问题可以通过选择并坚持一种哲学范式并对现有的研究程序进行修正来解决。

马克斯·韦伯有一段以康德流派为基础、弥合社会实证主义和德国唯心主义（社会主观主义）的经历，为"客观有效性"奠定基础（Burrell and Morgan，1979，p.229）。此外，韦伯是德国新康德学派的理想主义者，也是包括符号互动主义在内的社会学实证主义范式的重要理论家。在哲学上，格拉泽的社会实证主义和施特劳斯的符号互动主义同韦伯的新康德主义一样，都隶属于社会学的功能主义范式（Burrell and Morgan，1979，p.22，27，69）。因此，韦伯式的新康德主义方法，有能力整合现有的扎根理论方法论，也有可能指导新定位的扎根理论方法论的开发——一种韦伯式的（新康德式的）扎根理论方法论。

韦伯是与马克思、涂尔干齐名的现代社会学奠基人之一，他的理想类型、比较方法等社会学方法论已成为社会研究中的主流方法论，扎根理论方法论设计正是以韦伯的理想类型和比较方法为基础的（Glaser and Strauss，1967）。这使得比较研究能够发生在唯心主义范式中，或者超越社会主观主义范式。客观性和合理化（Freund，1968，pp.17—18）是韦伯发展的两个领域，为形式理论提供认识论的支持，并在此基础上展开实质性领域的研究。

Hicks（1936，p.135）阐明，经济学家必须放眼经济学之外，以发现长期的因果关系。经济学家希望社会学家能够代替他们研究和发现这种关系，但往往事与愿违。通过成功地建立社会学、政治学、经济学和文化研究理论，韦伯的比较分析得到了更广泛的认可，大大领先于格拉泽和施特劳斯，他们不能否认韦伯在基于实证研究的社会现象理论化进程中奠定的社会学基础，这使他们对自己在该领域的理论化方法论"基础"有了信心（Glaser and Strauss，1967，p.4,10）。

3.3.1.2 韦伯（新康德）流派在社会研究中的适用性

格拉泽和施特劳斯也认同，形式扎根理论应基于一个以上的实质性领域进行发展（Glaser and Strauss，1967，pp.81—82）。韦伯对社会事件或行为进行跨学科研究的经验，可以为形式扎根理论提供所需的理论基础和语境指导。韦伯文献的多样性促进了社会学子领域的发展，包括政治社会学（Wu，1993），历史社会学（Kalberg，1994），文化社会学（Schroeder，1992）和经济社会学（Holton and Turner，1989；Swedberg，1998；Chalcraft et al.，2008）。研究兴趣的多样性是基于韦伯对现实的思考，他认为因果关系分析应该是多元的，才足以解释社会现象。

韦伯发展了理性主义、世俗化、祛魅、资本主义、现代主义、经济社会学、新教伦理、社会分层、垄断、官僚制、法律权威、经济史、客观性与主观性、社会行为、社会观念、历史主义、比较历史分析、文化与宗教（包括中国、印度和犹太教的文化与宗教）、社会责任、新教伦理学和加尔文主义等理想类型；影响了诠释主义、解释方法、现象社会学、符号互动主义、反实证主义、批判理论、非还原主义方法、批判诠释主义、现象学、语言学、文化民族志、民族方法学和文化人类学的发展（Albrow，1990；Brunn and Whimster，2012；Coser，1977；Holton and Turner，1989；Kalberg，1994；Schroeder，1992；Swedberg，1998；Burrell and Morgan，1979；Chowdhury，2014）。这些理想类型提供了概念和类型学，这些概念和类型学对于推动社会现象理论化进程是必不可少的，并且可作为解释社会现象的实用分析工具。理想类型作为扎根理论方法论中文献使用的一部分，将在下一小节中讨论。

3.3.1 已经讨论了韦伯（新康德）流派在哲学、方法论和社会研究方面的适用性。在格拉泽的实质扎根理论方法论设计和韦伯在社会学、经济学和哲学方面的广泛著作中，没有发现重大的冲突。因此，韦伯（新康德）流派将成为本书形式扎根理论方法论设计的科学哲学选择。

3.3.2 形式扎根理论方法论路径

格拉泽和施特劳斯（1967，p.79）在他们的第一本出版物中提到，"形成实质扎根理论是形成形式扎根理论的战略环节……从实质扎根理论发展而来的形式扎根理论是最可取的，通常也是必要的"。在商业研究中，实质扎根理论和形式扎根理论之间存在一些混淆，如 Malik（2013）认为，扎根理论方法论不是仅旨在发展实质性理论。正如本章前面提到的，中国的管理学研究者，对扎根理论方法论的误解也是非常普遍的。格拉泽（1999，p.842）预言："在未来……扎根理论研究频率极低，但必须把它看作是发展中的。"发展形式扎根理论方法论所需的研究人数不足，间接制约了其发展的质量。目前通过修正比较的方法，对实质性领域进行比较的效率并不高（Bryant and Charmaz，2007）。

3.3.2.1 关于形式扎根理论方法论性质的讨论

关于形式扎根理论方法论设计有几个假设。

第一，有些研究者认为，概括性（应该是形式）扎根理论的基本特征（Chametzky，2013；Mjøset and Clausen，2007，p.16；Bales and Gee，2012；Stebbins，2006；Parker and Roffey，1997），并应采取经典的理论化路径。Mjøset 和 Clausen（2007）指出，这种概括应建立在实质性类型学和正式机制的基础上。Parker 和 Roffey（1997）认为格拉泽和施特劳斯（1967）提到的概括性，应同时适用于更多样而广泛的条件。

第二，扎根理论应建立在比较分析方法上（Glaser，1968，p.7；Glaser，1992；Mjøset and Clausen，2007；Clarke，2008）。Clarke（2008）认为 Margaret Kearney，一位关键的形式方法论学者的比较分析方法，是一种"多变的比较"。

第三，概念系统是抽象化的（Mjøset and Clausen，2007；Wallis，2014；Apprey，2005；Apprey，2007）。Wallis（2014）宣称形式扎根理论方法论的目标是寻求高度抽象的类别，这些类别能够完整地表示概念系统内的概念。Apprey（2005）提出，形式扎根理论方法论可以用来结合多种理论，从而在一个研究领域获得更多的意义和洞察力。目前尚不清楚这一额外步骤是否支持创建改进版本的概念系统。完全有可能的是，识别所有的抽象因素，可以引导出一个比主体概念系统更大、更复杂的概念系统（Glaser，2007a）。Mjøset 和 Clausen（2007，pp.13—14）的形式扎根理论方法论，就结合了实质扎根理论，其形式是类型学、机制周期化以及随后的系统过程分析。此外，也有一些理论家认为，可转移性是非常接近概括性的特征（Chametzky，2013；Bakir and Bakir，2006）。

格拉泽和施特劳斯讨论了在开发形式扎根理论方法论结构时所面临的困难，因为必须基于现有的实质扎根理论方法论结构来构建一个更广泛和更抽象的方法结构（Glaser，2007a）。格拉泽在2006年发表的 *Doing Formal Grounded Theory: A Proposal* 中指出，形式扎根理论设计既不是开发编码策略，也不是提出一个宏大的理论（如自然科学），而是着眼于拓宽核心类别（实质理论）的普遍应用（Glaser，2006）。

3.3.2.2 格拉泽、施特劳斯和卡麦兹对形式扎根理论方法论的讨论

几十年来，只有5项研究被格拉泽正式宣称产生了形式扎根理论:《临终意识》(*Awareness of Dying*)（Glaser and Strauss，1965），《局外人》(*Outsiders*)（Becker，1963），《组织生涯》(*Organizational Career*)（1968），《状态通道》(*Status Passage*)（Glaser and Strauss，1971）和《警示控制的发现》(*The discovery of cautionary control*)（Gibson，1997；Glaser，1992，p.99；Glaser，2007b，p.3；Bryant and Charmaz，2007，p.98—100）。有趣的是，这些研究中有三篇是由格拉泽和施特劳斯完成的，而且这5个形式扎根理论的识别甚至早于格拉泽（2006）在形式扎根理论方法论构建中的建议。看来，格拉泽和施特劳斯应该是基于对"形式的"或"概括的"理论的一般理解，就急于宣布"领土主权"（Glaser and Strauss，1965）。

如果形式扎根理论方法论是扎根理论方法论的一部分，那么它的方法设计应该基于实质扎根理论方法论，而不是其他已经在理论化方面形成自己道路的定性方法。格拉泽和施特劳斯对他们在《临终意识》的分析（格拉泽自称为形式扎根理论）没有那么自信，这反映在最后几章的评论中，"如果一个人希望发展出一个系统的、正式的（或概括性的）意识背景理论，他必须分析来自许多实质性领域的数据"（Glaser and Strauss，1965，p.276）。《组织理论》更糟糕，

其充其量不过是一本宏大的文献综述，缺乏数据的支撑。

卡麦兹认为，现在是编纂形式扎根理论方法论程序的时候了，以响应格拉泽和施特劳斯最初的呼吁（1967，p.80），即"更具体的程序，需等待足够多的社会学家提出形式扎根理论方法论，以便编纂"，而不考虑格拉泽于2006年以相同的标题出版了形式扎根理论方法论的事实（Bryant and Charmaz, 2007）。她计划在"做形式扎根理论"上，出版一本新的出版物。格拉泽和卡麦兹都认为，基于理论的形式方法，是建立在实质扎根理论方法论研究的基础上的。

3.3.2.3 其他研究者对形式扎根理论方法论的讨论

除了格拉泽和卡麦兹，还有3位对形式扎根理论方法论发展做出贡献的关键人物：来自护理学的 Margaret Kearney（1998a，1998b，1999，2007），来自信息科学的 Isabel Walsh（2015）和来自社会学的 Steven Wallis（2014）。Kearney 是形式扎根理论方法论结构的早期开发者之一（Clarke，2008；Bales and Gee, 2012）。她运用实质扎根理论方法论标准来评价形式扎根理论方法论，采用系统的综合方法来比较10个"自我认知"的基础研究，这些研究首先被单独编码。Kearney 的形式扎根理论方法论结构有3个步骤：理论编码、跨实质理论的比较和形式扎根理论的出现（Kearney，1998a，1998b）。Kearney 开展研究的条件是：相关领域的实质扎根理论得到了发展。因此，她的方法不可能在一个没有任何扎根理论的领域得以应用。

Walsh（2015）从对方法论术语下定义开始，将扎根理论方法论研究追溯到了它的起源——保罗·拉扎斯菲尔德和他的归纳定量方法论（Christiansen, 2008）。Walsh（2015）和 Wallis（2014）都将元理论设计与扎根理论方法论相结合，开发了概念系统和维度分析。Walsh 合乎逻辑地将扎根理论方法论设计与定量数据分析相结合，形成了以断裂理论（概念和命题）为中心的探索性形式扎根理论方法论结构，并在定性数据、定量数据和文献综述3个方面做出贡献。Walsh 采用了格拉泽的经典扎根理论方法论和"一切皆数据"原则指导理论三角测定（Denzin，2006），将扎根理论方法论的3个主要流派——格拉泽、施特劳斯和卡麦兹融合成一个元理论发展系统（见图3.4）。

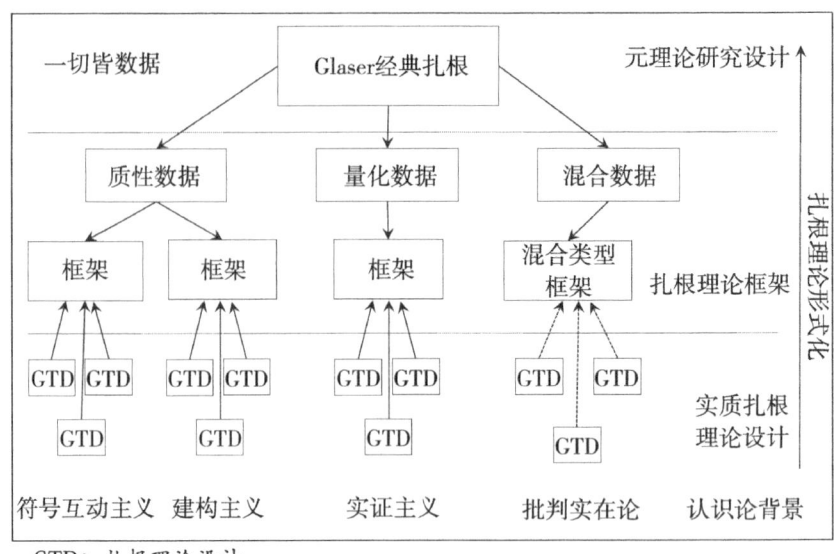

图 3.4　Walsh 的形式扎根理论设计

资料来源：Walsh（2015, p.549, 图 7）。

　　Walsh（2015；Walsh et al., 2015）从不同的路线角度，对如何结合定性和定量数据开发形式扎根理论来完备方法论设计给出了见解。Walsh 的哲学讨论建立在现有扎根理论方法论的基础上，借助了相关的定量方法论的成果，而本书的讨论则植根于哲学讨论的世界体系，并运用韦伯的社会学原理，将经典的扎根理论方法论重构为一个应用韦伯社会学原理的扎根理论方法论。Walsh 的多元哲学结构更适合于不同哲学立场的团队项目，单个研究者拥有多种哲学范式的可能性较小，因为哲学定位不太可能在短时间内演变。本书的方法论设计为个体研究提供了连续的可能，对于那些认同韦伯（新康德）流派的一般哲学假设，包括理想主义和诠释主义的研究者来说，这是可能的。开发一个形式扎根理论方法论相当困难。一些复杂的概念需要先碎片化成多个简单的概念，然后再组合成类别。此外，尚不清楚这一额外步骤是否支持创建改进版本的概念系统（Wallis, 2014）。发现自己拥有的概念系统并不难，这个系统是思想的集合，而不是一组相互关联的命题。因此，一个人可能最终得到一个根本算不上理论（或系统）的结构。技术问题包括：如何在扎根理论方法论研究中系统地比较实质性理论；比较发生在实质理论层面还是核心类别层面；与通过其他方法论从实质性领域产生的理论相比，实质扎根理论的质量如何。第 4 章的形式扎根理论方法论设计，会尝试回答上述问题。

3.4 扎根理论方法论的文献使用

文献的使用被认为是扎根理论方法论设计中最具挑战性的部分之一，部分原因是原创者在扎根理论方法论中对文献的使用可能会导致内在冲突和不一致，特别是实质和形式扎根理论方法论之间的文献使用差异。

3.4.1 扎根理论方法论中的文献讨论

在格拉泽和施特劳斯的扎根理论方法论流派之间，文献的使用是争论的中心。对于扎根理论方法论研究中文献使用的最初目的和用法的设计，格拉泽从不妥协。他规避在田野工作之前进行文献回顾，以避免对数据有先入为主的判断。然而，施特劳斯偏离了最初的扎根理论方法论设计，采取了一种更具建设性的方法，对田野工作前的文献综述持开放态度（Glaser，1992，p.32；Strauss and Corbin，1990，p.56；Douglas，2003；Rodon and Pastor，2007；Hunter et al.，2005）。

总体而言，施特劳斯和科宾（1990）对文献综述的使用指南，赢得了许多社会研究者的青睐，并且更接近一般方法设计的逻辑。他们把文献分为工具类和非工具类文献。工具类文献包括作为背景资料的哲学和理论性研究。非工具类文献包括档案数据及可用作支持访谈和其他收集方法的初级数据。讨论一般围绕实质理论化而不是形式理论化。在声明要避免进入田野前的文献综述中，格拉泽强调了扎根理论调研的 3 个前提条件：第一，研究者应该具备扎实的知识；第二，研究者要有一定的研究经验；第三，欢迎研究者纳入来自非直接相关领域（不直接对理论产生贡献）的文献综述。

这 3 个条件涉及 3 个领域的文献：研究领域文献、方法文献和背景文献。对格拉泽来说，从这 3 个领域进行文献综述的主要目的，是建立研究敏感性，而不是发展一个"论文章节"，并将知识转化为技能。格拉泽所建议的并不是反对事前的文献阅读，而是在先前的知识和田野工作之间保持距离，这样就有可能使社会调查的产出最大化。扎根理论方法论采用归纳逻辑，不是为了验证或确认现有的理论，更确切地说，是为了发展新的理论。如果采用扎根理论方法论的调查结果与采用其他好的归纳研究方法没有什么不同，那么原因可能是研究者没有管理好工具，或者工具没有设计好，或者两者兼而有之。

关于文献在形式扎根理论中的使用，格拉泽指出（1968，p.6）："用从数据中推导的方法把实质理论发展成形式理论，这个目的就明确了选择文献的标准。"同时，他指出："我认为，无论是实质理论还是形式理论，都必须以数据为基础。"（Glaser，1968，p.4）

在"组织生涯"中探讨过的形式扎根理论（Glaser，1968）完全依赖于文献。然而，在格拉泽和施特劳斯（1967）初始的扎根理论方法论设计中，对于数据和领域文献的选择是不同的，数据是未经分析的，而领域文献是经过分析和处理的。格拉泽和施特劳斯认为，形式理论化有 3 种类型：扎根在系统研究中的、无扎根的或两者的结合（有扎根与无扎根）。他们认为，思辨的或"无扎根"理论不符合他们的"合适"标准，在理论生成方面的能力有限（Glaser and Strauss，1971，p.176—177）。根据他们的定义，格拉泽围绕组织职业发展的形式扎根理论是"不接地气的"，也不是"合适"的。

3.4.2 理想类型在社会研究中的使用

Coser（1977，p.223—224）将理想类型定义为"一种分析结构，它为研究者提供了一个测量杆，以确定具体案例中的相似性和相异性"。理想类型和概念是社会讨论和调查的基础，没有它们，关于关系的命题就没有意义。理想类型的厘清成为新学科发展的基础。如果说理想类型在韦伯时代是用来区分社会观念的，那么在今天的社会研究情境中，理想类型就应该用来融合和统一社会观念。目前社会研究中的一个关键问题是不同学科学者使用术语不同所造成的障碍，限制了跨学科深入合作以推进理论的发展。无论是从术语的定义还是从分类的方法上来看，理想类型都对社会现象理论化进程有贡献。

韦伯还认为理想类型是比较方法的基础，正如孔子、墨子等中国古典哲学家"名"的概念一样，提出理想类型和概念的过程，就是从已有的概念集合中进行比较的过程。比较分析是扎根理论方法论的指导原则。韦伯根据抽象层次将理想类型分为三类：与特定历史语境相关联的理想类型；在不同的历史文化语境中概括出的理想类型；与人类行为相关的理想类型（Coser，1977）。孔子认为，理想的类型或观念的发展应该建立在历史观念的基础上，应该使现实与其最初的定义相契合（正名论）。相比较而言，墨子认为理想的类型和概念应该建立在现实的基础之上。如果古代或经典术语与现实相冲突，则应重新命名，以契合现实（取实予名）。韦伯的 3 种理想类型结合了儒墨两家之长。第一类理想类型更符合儒家思想，而第二类和第三类理想类型都描述了墨家所证明的经验现实。格拉泽（1992，p.38；1978，p.74）的理论编码的功能与韦伯理想类型的理论编码相似。下面的建模，是对相关理想类型的澄清。

对韦伯来说，理想类型代表的并不是"现实例证"的手段。理想类型的分类，不是为了说明一种分析的方法或工具，而是为了解释和提炼其他社会研究者所论及的科学概念，以提高研究的自我意识和反身性（MacRae，1974，p.65）。在韦伯看来，理想类型服务于"定义'个人的具体模式'和独特性的目的，以及作为'衡量和系统描述个人性格的精神构念'——这在其独特的背景下是重要的，例如基督教、资本主义等"（Kalberg，1994，p.84）。在韦伯看来，社会现实是复杂的、无限的、相互关联的，理想类型或概念如果只是一种研究工具，只能阻碍社会现实对复杂性的充分把握，而不能完整地描述社会现实的本质。在韦伯时代，理想类型为描述社会学和经济学现象起到了积极的作用。

韦伯认为社会经济学的范畴由三类现象组成：经济现象（Economic Phenomena）、经济相关现象（Economic Relevant Phenomena）和经济条件现象（Economically Conditioned Phenomena）。这使得"经济"的文化含义围绕着为生存和获取稀缺物质努力（见图3.5）。这一模式非常适用于历史文化集群的分析，因为"经济"的文化意义在历史事件中非常明显。在分析过程中，研究者应该意识到，哪些经济现象构成了"人们的文化鲜明性"、"人们不感兴趣"但其后果令人感兴趣的经济相关现象以及经济条件化现象，并不是因为某种经济现象比较重要而引起人们的兴趣，而是这些现象部分地受到经济动机的影响，如时尚和艺术品位（Swedberg，1998，pp.192—193）。

对社会经济现象分类，将有助于将价值和文化因素与经济动机分开。然而，本书的分析将建立在产业发展现状基础上，并注意到产业分析已不同于100年前，具有新的文化和经济理想类型，以及商业结构、网络和互动关系。经济现象中的因果关系更为复杂，因为经济相关现象和经济条件现象，可使因果关系发生变化。稀缺是古典经济学的概念，但它不是唯一的经济驱动因素；可持续性、社会动机和自我实现也是经济行动的有效驱动因素。这并不意味着稀缺性不再是经济分析的关键要素，而是对多元因果关系原则的认识，不应局限于韦伯的历史社会学，也不应局限于经济社会学。

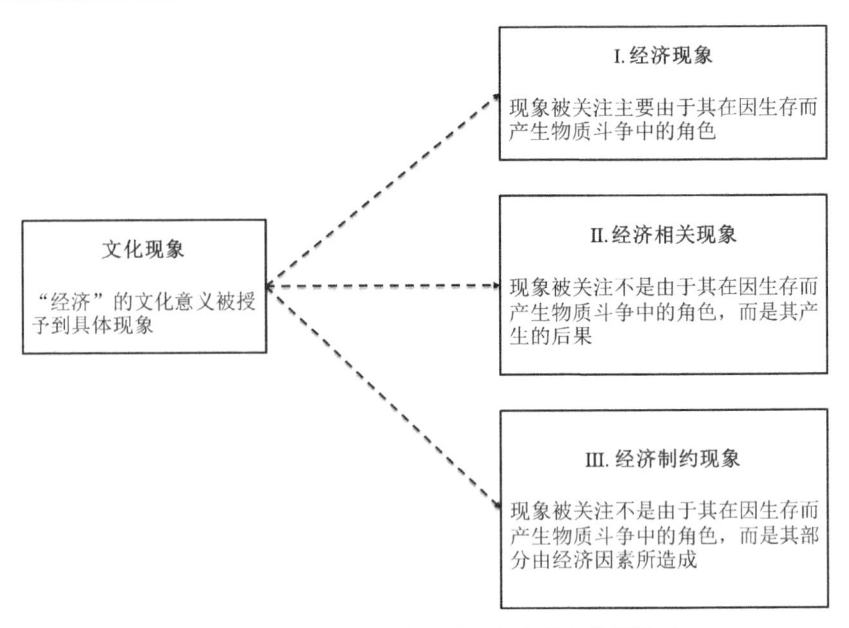

```
                                    ┌─────────────────────────────────┐
                                    │         I. 经济现象              │
                                    ├─────────────────────────────────┤
                                    │ 现象被关注主要由于其在因生存而   │
                                    │ 产生物质斗争中的角色             │
                                    └─────────────────────────────────┘

┌──────────────────┐                ┌─────────────────────────────────┐
│    文化现象      │                │        II. 经济相关现象         │
├──────────────────┤- - - - - - - ->├─────────────────────────────────┤
│"经济"的文化意义被│                │ 现象被关注不是由于其在因生存而   │
│授予到具体现象    │                │ 产生物质斗争中的角色，而是其产   │
└──────────────────┘                │ 生的后果                        │
                                    └─────────────────────────────────┘

                                    ┌─────────────────────────────────┐
                                    │       III. 经济制约现象         │
                                    ├─────────────────────────────────┤
                                    │ 现象被关注不是由于其在因生存而   │
                                    │ 产生物质斗争中的角色，而是其部   │
                                    │ 分由经济因素所造成              │
                                    └─────────────────────────────────┘
```

图 3.5　韦伯构建的社会经济现象构成和范围模型

资料来源：关于"客观性"的论文（Weber，1904 节选自 Swedberg，1998，p.194）。

对理想类型的讨论是选择性的，而非全面性的。社会研究者共有的术语，如关于哲学、社会研究方法论、管理学和经济学的术语，本章不做讨论。下面对理想类型的澄清将集中在数据分析过程中所涉及的理想类型上，这些理想类型产生了与特定上下文的联系。集群的理想类型，涉及经济地理学家和集群网络实践者使用的理想类型。本书将讨论瓷器生产中的理想类型，并与国内使用的技术术语进行交叉比较。3 个理想类型区域的识别，旨在提高本书数据分析的质量和准确性。

3.5　小结

本章共 4 个部分：社会现象理论化进程、实质扎根理论方法论、形式扎根理论方法论和扎根理论方法论的文献使用。社会现象理论化进程部分首先讨论了商科研究者，尤其是中国管理学研究者对扎根理论和扎根理论化的关注。由于扎根理论并不是一种常用的研究方法，相关研究群体对扎根理论的构建和扎根理论方法论存在着普遍的混淆。其次，通过提出霍金（以及拉普拉斯和孔德）和韦伯之间理论的一般假设，讨论了硬科学和社会科学之间理论化的逻辑。

实质扎根理论方法论部分首先讨论了扎根理论方法论在商业研究中的适应性

以及扎根理论方法论的流派。利用 ProQuest 数据库中的数据分析软件对扎根理论方法论的研究进行调查，发现管理学研究者是采用扎根理论方法论软件的主要群体，具有非常高的使用率。当管理学量化研究者开始进行探索型研究时，他们使用数据分析软件如 NVivo 等软件与量化研究工具使用习惯较吻合。然而，中国管理学对扎根理论方法论的概念存在一定程度的误用。在《管理与组织评论》中只有两篇文章符合格拉泽和施特劳斯的扎根理论方法论标准。在中国管理学界，"扎根理论"一词不一定与扎根理论方法论相关。扎根理论方法论被许多扎根理论方法论研究者视为一种自由的方法，而他们并不了解研究设计中不同的扎根理论方法论流派及其异同。

其次对扎根理论方法论的流派进行了全面的考察和比较，以便从哲学方法和研究设计两个方面对扎根理论方法论的当前发展有一个正确的认识。仔细讨论了扎根理论方法论历史中的 3 次浪潮。经典文献讨论分析了主要贡献者的哲学范式，即格拉泽、施特劳斯（与科宾）和卡麦兹。回顾了科学哲学建构中，扎根理论方法论流派的认知与自我认知。对扎根理论方法论哲学方法的认知是相对动态的，并不局限于格拉泽和施特劳斯所宣称的。最后，将格拉泽和施特劳斯的研究设计与扎根理论方法论设计哲学方法的感知和自我感知进行了比较。格拉泽和施特劳斯流派均缺乏整体一致性，但卡麦兹的方法独树一帜，他主张一种更具统一性的建构主义的扎根理论方法论设计。

格拉泽和施特劳斯（1978）指出，扎根理论有两大类：实质扎根理论和形式扎根理论。形式扎根理论部分的重点是扎根理论方法论设计并发展形式扎根理论。对形式扎根理论方法论的讨论，涵盖了形式扎根理论方法论模型的当前发展以及韦伯（新康德）流派的形式扎根理论化的可能性。基于目前的发展情况，讨论了形式扎根理论方法论的本质，格拉泽、施特劳斯和卡麦兹等人对形式扎根理论方法论的贡献，以及形式扎根理论方法论设计的其他贡献者。文献中讨论的形式扎根理论的基本假设，包括实现普遍性（概括性）、用比较分析方法构造，以及达到抽象性。几十年来，格拉泽提出只有 5 个研究项目（其中包括他自己提出的 3 个项目）符合形式扎根理论，但格拉泽提出的形式化理论并不符合其对形式扎根理论的描述。格拉泽、施特劳斯和卡麦兹对形式扎根理论方法论的贡献，仅限于理论讨论，而非形式扎根理论的产生。Kearney，Walsh 和 Wallis 也有一些大胆的尝试。Kearney 是最早的形式扎根理论方法论学者之一。Walsh 和 Wallis 都参与了扎根理论方法论的元理论设计。其中，Walsh 的设计比较好，包括术语澄清，并将扎根理论方法论追溯到 Paul Lazarsfeld 及归纳逻辑的定量社会研究方法论。本书对理想类型的介入和关于社会现象理论化进程的讨论，受到了 Walsh 的启发。大多数形式扎根理论方法论文献指出，形式扎根理论和形式扎根理论方法论构建困难重重。

接下来，本书从两个维度探讨韦伯（新康德）流派在形式扎根理论方法论设计中的可能性：韦伯（新康德）流派在哲学和方法论上的适配性，以及韦伯在社会研究中的适用性。从当前扎根理论方法论的哲学讨论中可以明显看出，格拉泽流派和施特劳斯流派缺乏一致性。韦伯的新康德主义方法涵盖了格拉泽的社会实证主义和施特劳斯的符号互动主义。此外，格拉泽和施特劳斯（1967）承认韦伯对扎根理论方法论的贡献。比较方法作为扎根理论方法论设计中最关键的组成部分，很大程度上归功于韦伯。韦伯的研究范围，对社会现象有着广泛的覆盖。他的社会调查和多元文化的学科视角为本书提供了理论基础，也为文化敏感度的建立提供了有效路径。通过文献回顾，我们发现了韦伯在科研哲学、方法论和社会情境中与本研究的相关性。

在扎根理论方法论的文献使用部分，由于内在冲突和不一致，形式扎根理论方法论中文献的使用，被认为是扎根理论方法论设计中最具挑战性的组成部分之一。格拉泽和施特劳斯（1967）的最初设计，避免在田野工作之前查阅文献，以免先入为主。施特劳斯和科宾（1990）持有更宽容的态度，引入符合其他定性与定量方法中传统的技术背景文献。在文献的使用上，格拉泽和施特劳斯也有实质性的差异。在形式扎根理论方法论开发方面，文献是紊乱的。形式扎根理论方法论设计和格拉泽的形式扎根理论方法论研究之间存在矛盾。文献在形式扎根理论方法论设计中的使用，需要进一步澄清。

第 4 章 研究设计

本章根据前面两章回顾的哲学和方法论文献概述本书的研究设计。本章回应了第 3 章中关于方法设计考量的 4 个主要部分，分别是社会现象理论化进程设计，实质扎根理论方法论设计，形式扎根理论方法论设计，以及扎根理论方法论设计中的文献使用。

4.1 社会现象理论化进程设计

第 3 章介绍了韦伯（新康德）流派的路径在社会现象理论进程中的合理性。然而，韦伯（新康德）流派的路径与方法是什么？在韦伯身上，什么是根本的、不变的？他的理想类型可以更新；他收集用于分析的数据可以扩展；他的方法是可以发展的；他的理论可以得到验证；并且，以韦伯（新康德）流派为基础，在诠释主义的大伞下，衍生出多种科学哲学范式。韦伯根本的、不变的是严谨的科学研究精神。他向来不会仅仅停留在他的舒适区内进行调查，而是尽可能地在经验田野中寻求真理。这是笔者宣称本书的研究是一个韦伯式研究设计的首要理由，即使可能不会达到（或永远不会达到）一个吻合韦伯对现实的假设或者产生在他之外的另一个重大发现，但完成这个旅程本身已经是一个贡献。正是科学精神打破了定性研究与定量研究、自然科学与社会科学之间的界限。根据韦伯的科学研究精神，一切研究方法，只要能促进知识的进步，就不应该局限于一个研究领域内被教条地对待。商业相关学科的学者对如何推进研究方法更新不那么感兴趣，大家更多寄希望于统计学家和社会学家完成这项工作，然而，人文学科和商业学科研究情境的差异应该在研究方法设计中有所体现，以提高研究的有效性和效率。

4.1.1 韦伯（新康德）思想框架的设计

新康德和韦伯思想框架（见图 4.1）将个人的哲学审视与哲学体系的外部比较联系起来。该框架将 4 个独立的框架组合为一个枢纽，即新康德主义本体论框架，使研究者的先验知识与经验现实相关联。先验知识具有对外部现实的排他性，二者之间的相互作用就是人所感知的世界。康德（1998，p.6）评论说，先验知识独立于任何特定经验，不足以得出"这些判断的普遍和必要的有效性"结论。在对先验知识与经验现实互动关系的讨论中，逐渐衍生出一门新的科学：先验唯心主义。先验唯心主义强调的不是经验认知的研究对象（作为实证主义的特征），而是个体的心智能力是否能够对对象进行经验认识。它构造了人的意识内的机制（Burrell and Morgan，1979）。研究者的先验知识是不完善的，通常会受个人经验和知识的制约，而经验现实往往是多重的、无限的。

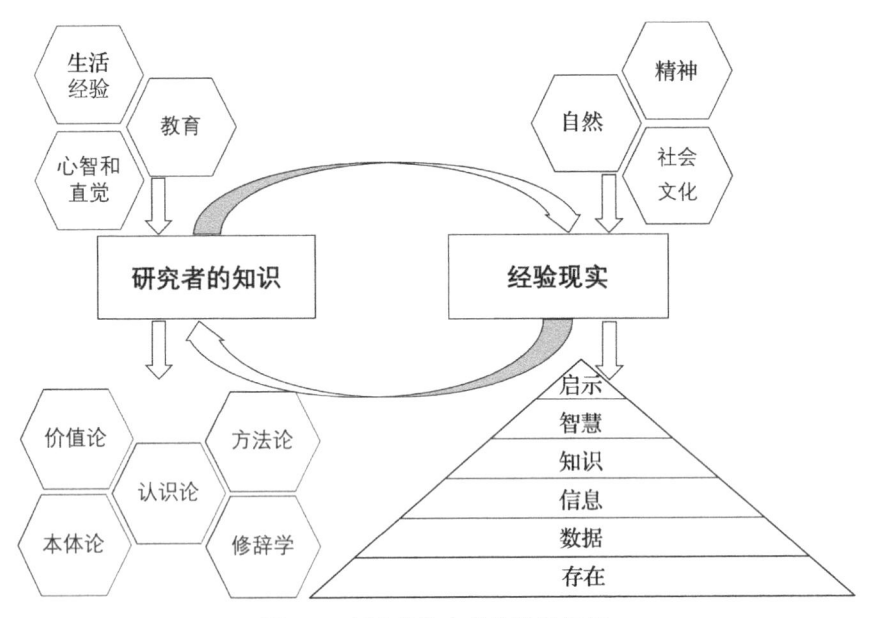

图 4.1 新康德和韦伯的思想框架

研究者的知识包含两个框架。第一个框架结合个人品质（心智和直觉）和个人经验（生活经验和教育）来构建和形成先验知识。生活经历、教育训练、塑造心智和直觉的境界，逐渐形成了个人的哲学体系。在第 1 章中，笔者讨论了个人人生历程，涵盖了第一个框架的所有要素。研究者可能会觉得，暴露个人背景有些不当，然而个人经验中的透明性，以及头脑和直觉中的本体论主张，却使受众能够理解研究者的哲学偏好、研究决策过程中的隐含逻辑以及经验工作中的敏感性层次。

第二个框架是围绕与研究者相关的以下五大主题进行的：本体论、认识论、价值论、修辞学和方法论（Creswell，2007，p.15）。本体论是关于被调查现象的本质和现实的本质（Burrell and Morgan，1979，p.1）。认识论关于"你如何知道你知道"，是研究者与受众之间就调查所得知识有效性进行的交流。价值论是关于个人价值如何影响研究的看法。修辞学是关于语言风格的。方法论是结合研究方法，指导整个研究过程的方法论设计（Creswell，2007，pp.16—17）。第2章在个人偏好部分揭示了笔者对本体论、认识论和价值论（文化立场）的研究方法。本章（第4章）反思个人的方法偏好和设计。此外，修辞学体现在整个研究行文中。

与经验现实有联系的另外两个框架关乎现实的类型和信息的类型。第一个框架包含3种类型的现实：自然现实和社会文化现实是两种认可度最高的现实类型，精神现实属于宗教研究的范畴，它是看不见摸不着的，而且大多超出了人类的经验。与自然和社会现实相比，关于精神现实的数据是有限的。然而，对它的认识可以帮助增强对现实的全面理解，它也构成了个人本体论假设的一部分。这3种类型的经验现实，都与历史文化集群中的经验成果有不同程度的相关性，尤以社会文化现实最为显著。

第二个与经验现实相关的框架，是基于Faucher的"扩展的知识管理金字塔"信息类型框架，包括6个层次：存在、数据、信息、知识、智慧和启示（2010，p.156）。该模型改进了经典的四层知识管理金字塔（增加了存在和启示）。图4.2中的存在到启示（E2E）模型提供了一个过渡过程示意，以说明根据其抽象和概括级别的六层信息之间的交互作用。根据E2E模型，在该领域中发现的数据可以处于认知系统中的任何层级，并且因其性质不同而不同（Faucher，2010，pp.157，159）。从该模型来看，知识不是现实的一部分，而是对现实考察和分析的结果。社会现象理论化进程处于知识层面或更高层面，然而智慧和启示不是为了社会研究，而是为了个体的福祉。知识转移的过程，可以指导扎根理论方法论中的数据收集和数据分析。之所以强调E2E模型，是因为它为研究者提供了一条寻找、选择和分析信息的心智路径，这些信息与研究项目中的大多数决策过程相关。

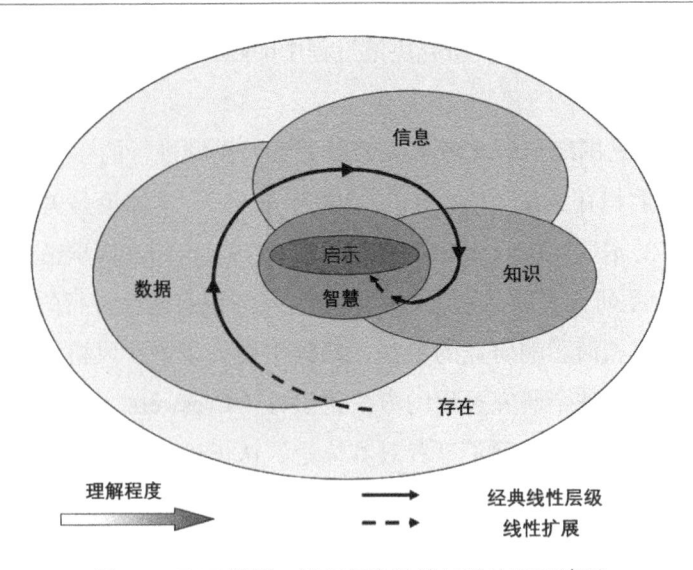

图 4.2　E2E 模型：基于复杂性的知识认知系统观

资料来源：Faucher（2010，p.159）。

4.1.2　社会现实、社会现象理论化进程与社会现象理论化进程的设计

本小节讨论社会现实的范围、社会现象理论化进程和社会现象理论化进程的性质。社会现实是包括在新康德和韦伯思想框架中的一种经验现实类型（见图 4.1）。研究者对社会现实的感知，决定了他们的考察范围。笔者认为，社会现实是历史上所有地点的人类内部和外部活动的总称。社会现象理论化进程和理论的性质，主导着扎根理论方法论中理论化的过程和理论的产生。

前面章节提到，韦伯总结出来的现实一般假设是：无限的、不完整的、不完美的、发展的（进化的）、相关的、动态的、用概念构造的。人类现实也是多维的、多因果的、复杂的、部分可概括的。韦伯还总结出了一个额外的假设，因为社会现实是一个超越物质世界的巨型系统，人类活动是包罗万象的，所以韦伯在系统化方面是谨慎的（Freund，1968 p.4—5）。在这个额外的假设下，人类活动是相互关联和相互作用的，而不论它们在一个系统中的目标是什么。人与事之间的关系可以是多维的、多因果的。不同的研究方法和从不同哲学视角出发的研究只反映了社会现实的一面，然后逐渐融合为对大社会系统的更全面理解，尽管通过研究永远无法得到一个完整的图景。由于人类行为的复杂性，巨型系统假设的目标，并不是发展一个"适合所有"的通用理论，而是从所有与社会相关的学科中发展和构建理论，以便更好地理解世界。

4.1.2.1 社会现实球体设计

笔者能充分地解释空间和时间在所有经验中作为单一但无限的必要变现形式——这是牛顿试图用他形而上学的、不连贯的绝对空间和时间的概念来解释经验的特征，作为感觉的暗示——并且还能解释数学命题的先验性和综合性，表达在时空中对量和形的物理性质的认知。（Kant，1998，p.7）

康德关于空间、时间和先验唯心主义的论述被称为"先验美学"。基于康德关于社会现实的"整体世界"的概念（Kant，1998），以一个立体球模型，来对整体社会现实进行可视化处理（见图4.3）。该模型的呈现就像一个地球仪，表明人类活动在空间（地理）维度上的一种局限性。除了空间之外，球模型还包括社会现实的另外两个基本方面：时间和人。时间和空间维度作为基本维度受到自然科学家和社会科学家的欢迎。对社会研究者来说，时间和空间是社会情境。社会现实球模型以人的行为为基础（集中和广泛地），包括所有空间位置和所有时段的所有人类活动。从韦伯的视角来理解这3个维度，必须将历史和文化维度也纳入他的社会学研究。时间维度内的人类活动创造了历史，空间维度内的人类活动形成了文化。

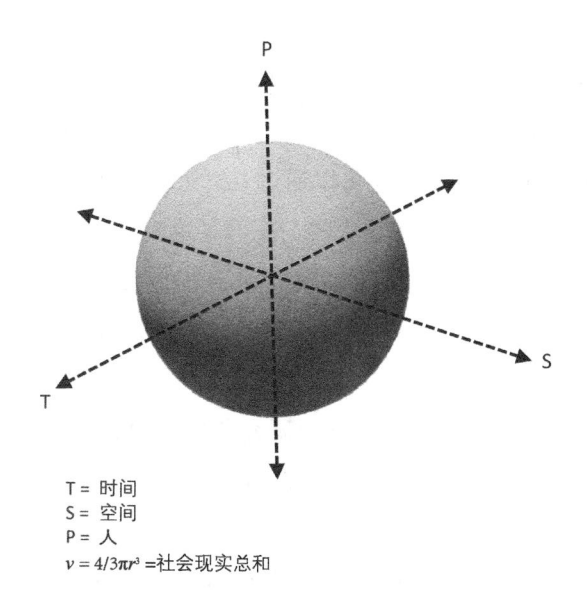

T = 时间
S = 空间
P = 人
$v = 4/3\pi r^3$ =社会现实总和

图 4.3　社会现实设计的球模型 1

*注：这个球模型是一个三维模型，只是限于纸面无法完整呈现。

聚焦三维球模型，时间、空间、人在球体中心的连线，在时间维度上代表"此刻（或现在）"，在空间维度上代表"这里（或在一个位置）"，在人维度上代表"一个人"，可以得出模型内的坐标。在球模型中（见图4.4），每个维度都有两个方向。在时间维度上，OA代表过去（历史方向），OB代表未来。

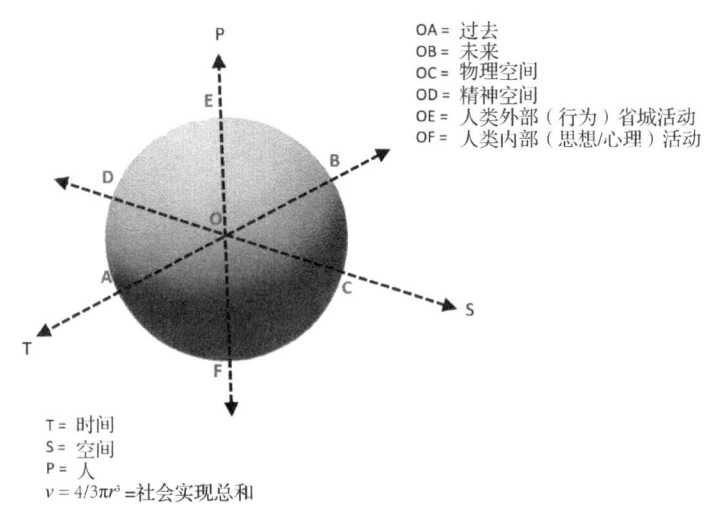

```
OA = 过去
OB = 未来
OC = 物理空间
OD = 精神空间
OE = 人类外部（行为）省城活动
OF = 人类内部（思想/心理）活动
```

```
T = 时间
S = 空间
P = 人
v = 4/3πr³ = 社会实现总和
```

图4.4 社会现实设计的球模型2

理论的发展，是基于过去的事件来预测未来的事件。对过去的研究多包含在历史中。对未来的研究可以被合并成一门新的学科，称为未来学，与宗教研究有关。在空间维度上，OC代表物理（或可见）空间，OD代表精神（或不可见）空间。在物质的、可见的空间中，人的活动可以通过五官感知。在精神的、无形的空间中，人的活动可以通过直觉来感知，这大多与宗教研究有关。在人的维度中，OE代表人的外部活动，OF代表人的内部活动。由于人的维度复杂性，存在不同的两维组合代表不同的两个方向。该模型提出的初始方向遵循相同的空间维度逻辑。通过感知而感觉到的人类活动是外在的，而看不见的精神和思想活动是内在的。

采用几何学的方法，将社会学科的研究范围形象化，那么，球体的体积V等于整个社会研究领域（见图4.5）。在时间维度中，以AO为中心的半球体V（AOCDEF）为历史、人类学和考古学研究的范围；V（BOCDEF）是与V（AOCDEF）相对的半球体，是未来研究的范围。在空间维度中，V（COABEF）等于经济学、政治学、社会学、地理学和商科研究的范围；对应的，V（DOABEF）是宗教学（或神学）研究的范围。在人的维度中，V（EOABCD）代表人口学、文化、语言学和教育学研究的范围；而V（FOABCD）代表了心理学、哲学、艺术和音乐研究的范围。本架构设计旨在透过三维球模型表示的研究范围，寻求社会研究之间的关联性。自从 2007 年开启对景德镇历史文化集群的研究以来，最近的研究围绕这一社会现象，从战略管理、经济地理、文化地理、人类学、考古学、历史学、经典文学、文化研究等几个维度进行了考察。社会科学的学科界限，阻碍了研究者之间潜在的合作以开发更有意义的发现或发展新的理论。这也意味着在数据收集和分析方面可能存在冗余而不承认其他学科的文献内容。

$V(AOCDEF)$ = 历史，人类学、考古学 = $2/3\pi r^3$
$V(BOCDEF)$ = 未来研究 = $2/3\pi r^3$
$V(COABEF)$ = 经济学、政治学、社会学、地理学、商科 = $2/3\pi r^3$
$V(DOABEF)$ = 宗教学（神学）= $2/3\pi r^3$
$V(EOABCD)$ = 人口学、文化、语言学、教育学 = $2/3\pi r^3$
$V(FOABCD)$ = 心理学、哲学、艺术、音乐 = $2/3\pi r^3$

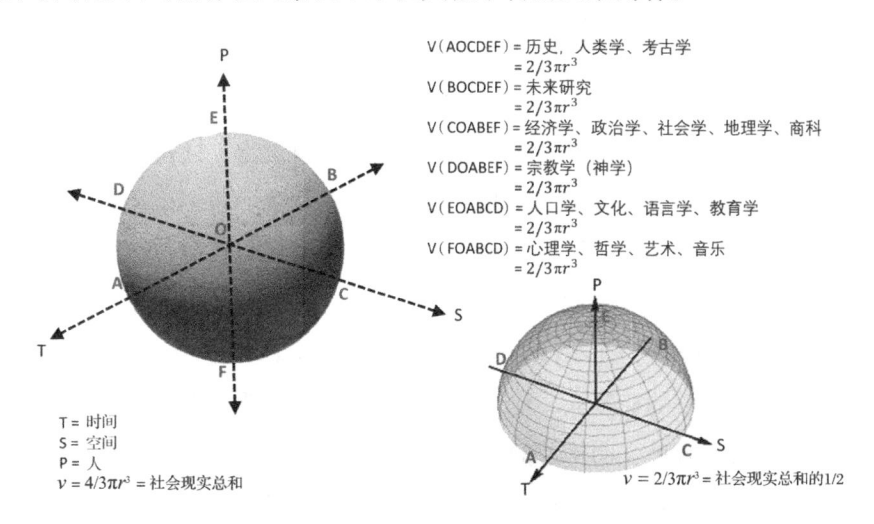

T = 时间
S = 空间
P = 人
$v = 4/3\pi r^3$ = 社会现实总和

$v = 2/3\pi r^3$ = 社会现实总和的 1/2

图 4.5　社会现实球模型和研究假设的学科范围

表 4.1 采用了一种更为机械的方法，将三维球模型与社会研究联系起来。对固定时间、空间和人的研究可以是人口研究，也可以是实质研究。如果是同一地点、同一批人，有时间变化，那么很可能是区域历史研究。如果空间随着固定的时间和人群而变化，则可以是迁移研究。如果在一个固定的时间和空间中出现了群体中的变化，就可能是文化比较研究。如果时空随固定的人群而变化，那么就可以是历史迁徙研究。如果只是时间固定，空间、人发生变化，就可能是全球研究。如果空间固定，时间、人发生变化，就可能是历史地理研究。如果这三个因素都变了，就可能是世界史研究。

这套可能的研究假设，与图 4.5 采取了相反的立场。图 4.5 是关于调查的现实范围。表 4.1 是关于研究者为理论抽样而采用的经验总体的一种方法。理论抽样，是格拉泽和施特劳斯（1967）描述数据收集过程的术语。在扎根理论方法论中，数据收集不是与数据分析相分离的过程，而是与数据分析相结合的过程。理论抽样是一个持续的活动，直到理论在相关的研究领域中逐渐成形。

表 4.1　三维模型和可能的研究假设类型

时间·空间·人·	时间→空间·人·	时间·空间→人·	时间·空间·人→	时间→空间→人·	时间·空间→人→	时间→空间·人→	时间→空间→人→
人口研究、实质研究	区域历史研究	迁移研究	文化比较研究	历史迁徙研究	全球研究	历史地理研究	世界史研究

* 符号意义："·"符号代表"固定"；"→"代表"变化"。

韦伯社会学的一个关键维度是历史维度。在时间维度上，通过对相同社会事件的调查，巩固社会关系的反思。经典的历史编纂法认为，每一个历史事件都是独特而不是重复的，而现代的历史编纂法认为历史事件可以重复，从而使历史理论在因果分析中得以实现。社会学起源于 19 世纪的历史主义，关注历史的模式和进步（Thomson，1969；Chalcraft，Howell，Menendez et al.，2008）。

韦伯是历史社会学的奠基人，他认为历史不是一个客观的普遍历史，而是由具有不同文化价值的多种文明构成的。这一看法有充分的证据，来自对社会载体（阶层、阶级和组织）的调查、对多变的行为强度的调查，对历史事件、技术、地理、权力、冲突和竞争的调查（Kalberg，1994）。

韦伯区分了历史因果关系和社会因果关系："历史因果关系，决定了导致一个事件发生的独有环境和背景。社会学因果关系假定两种现象之间一种规律关系的建立。"（Coser，1977，p.224—225）然而，经济学的价值，既包括历史维度的因果分析，也包括社会学维度的描述性关系分析（Whetten，1989）。一般来说，历史学家认为，经济学与历史学之间的和谐程度，高于历史学与社会学之间的和谐程度，后者对彼此的关系持有偏见（Thomson，1969，p.71—73）。

韦伯还积极致力于经济方面的研究，认为经济史"需要有经济学知识才能充分理解"（Marwick，1982，引用 Finberg（1962，p.17），p.117）。由于韦伯是根植于历史学的社会学奠基人，他的历史多重因果论开启了更多因果解释领域，记录当年所涉及主题的理想类型：法律、经济、政治和宗教，如地位圈子、普遍组织、统治、宗教、经济和法律社会领域等。他拒绝将它们按等级排序（Bottomore，1962，p.19；Kalberg，1994，p.55）。韦伯将多重因果关系作为一种历史比较方法，应用于更广阔的多学科视域，如社会学等。

4.1.2.2 社会现象理论化进程和社会现象理论化进程设计

在多重因果关系的观念下,社会现象理论化进程的比较模型(见图4.6)被发展出来,这是整个社会现象理论化进程建构的基础。对霍金这样的科学家来说,理论是可概括的、简单的、可预测的和有解释力的(这4个特征也可以在社会科学家对理论的定义中识别出来)。一个从硬科学中拆分出来的现实经典定义,与韦伯视角下的社会现实的复杂本质是对立的。韦伯所感知的现实是部分可概括的。如果理论化只是泛化(概括)现实,那就会导致对现实的偏见。泛化现实不应该成为社会科学对现实进行完全理解的目的。

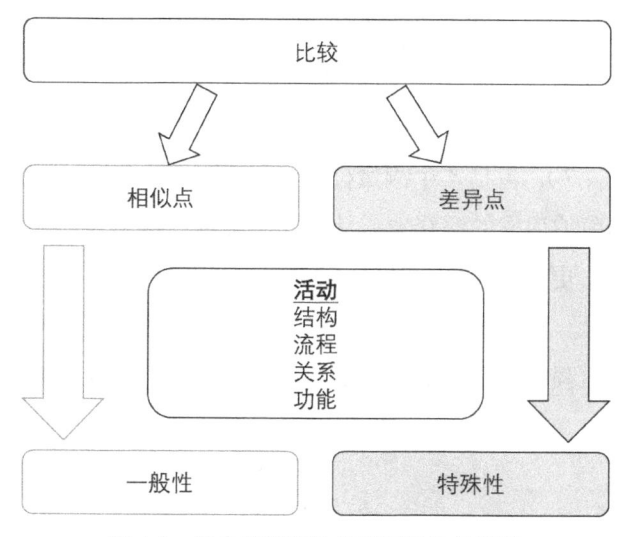

图4.6 社会现象理论化进程的比较模型

遗憾的是,包括格拉泽和施特劳斯在内的社会研究者,已经大力推动社会现象理论化进程的泛化维度。他们认为,从田野调查出现的理论应该对社会现实具有更普遍的解释力(Glaser and Strauss,1967,p.24;Chametzky,2013)。在韦伯看来,社会现象理论化进程不可能是"与情境无关"的。社会调查的任何发现,都不可能是"无价值"的。一个理论的根本特征是它的解释力。一个理论可以在一个非常狭窄的社会关系范围内具有很强的解释力,但在这个范围内所具有"概括的解释力",却不能泛化到更大的社会情境中。这里的假设超越了实质扎根理论,其被认为在田野出现时具有某种泛化的解释力。

通过社会现象理论化进程的比较模型,形式理论有两种可能的路径:一种是跨越时间、空间和人的维度,更具有概括性的方法;另一种是嵌入社会和文化背景，与特定时间框架、地域位置、文化群体等一个或多个因素结合的方法。这两种方法的区别就是实质理论和形式理论的区别。社会科学之美在于其多样性，而多样性是不能被简单泛化的、不能一概而论的。

理论之间既有相同之处，也有不同之处。相似的成分可以被概括，而差异在原语境中保留其解释力，具有潜在的概括能力。概括水平不同的理论，可将相关的情境化水平联系起来。在社会研究中，理论不能脱离价值观或情境。因此，识别这两种要素，可作为反身性的策略。这种方法涉及"情境丰富性"和"去情境化概括性/可转移性"之间的平衡。例如，在 IACMR2014 年研讨会上，有人提出了一个悖论：发展"中国式的管理学理论"（在中国语境中的情境化理论）还是"中国管理学理论"（理论化中国情境）（IACMR，2014）。

为了回应理论的一般假设，本研究进一步发展了社会现象理论化进程的一般假设量表（见图 4.7），包括 4 个测量标准：概括性、抽象性、可预测性，以及受霍金（1988）和韦伯启发的解释力。从实证主义观点得出的理论更具概括性、更简单、更可预测、更有解释力。从图 4.7 所示的模型来看，更多情境化的理论将具有更低的概括性、更低的抽象性、更窄的可预测范围并且解释更基于情境。相反，一个概括性更强的理论将更具有抽象性、具有更广泛的预测范围、在解释上脱离情境。

情境化	理论	一般化
低	概括性	高
低	抽象性	高
较窄范围	可预测性	较宽范围
根植于情景	解释力	去情景化

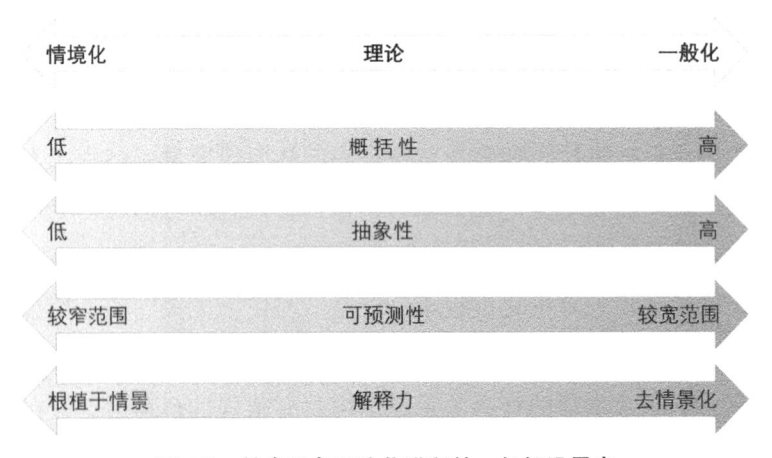

图 4.7 社会现象理论化进程的一般假设量表

Mjøset（2006）认为，实质理论的概括性应由其情境来定义。没有一种理论是与情境无关的，但可能某些理论只适用于特定的、有限的情境，因为人是具有价值取向的文化存在体。格拉泽和施特劳斯（1967）提出的实质扎根理论和形式扎根理论划分的方法，可以从理论的情境化和一般化两个维度进行理解。

实质扎根理论更基于情境，形式扎根理论更脱离情境，具有概括性和抽象性。本研究进一步发展基于图4.3的社会现实球模型，得到社会现象理论化进程的四层次模型，如图4.8所示。从较高的情境化程度，到较高的一般化程度排序，分别为点理论、线理论、面理论和体理论。社会现象理论化进程的四层次模型，是在几何概念的基础上发展起来的，与球模型相呼应。

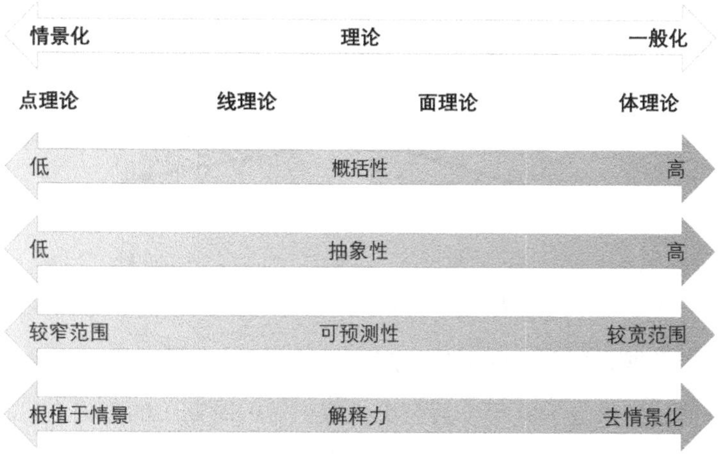

图 4.8 社会现象理论化进程的四层次模型

点理论是由固定时间、空间和人的纬度的单次研究发展而来的（在图4.9中，它表示为点A'，B'，C'，D'，E'，F'，G'）。点理论是基于情境的。它可能包含一定程度的可概括性成分，但有待于进一步的比较研究。线理论比点理论具有更高水平的概括性，是基于时间、空间或人的一个维度的比较研究。如果在时间维度上发生变化，则线理论可以表示为线$A'E'$，$B'O'$，$C'F'$，$D'G'$；如果在空间维度上发生变化，则线理论可以表示为线$A'D'$，$B'C'$，$O'F'$，$E'G'$；如果在人的维度上发生变化，则线理论可以表示为线$A'B'$，$C'D'$，$F'G'$，$O'E'$。一条线可以由多个点组成，例如历史研究可以用两个以上时期的证据来调查2000年的历史。如果时间是唯一的变量，那么多维度的比较研究只对线理论或基于情境的点理论有贡献。

在该设计中，每一条线理论根据变化的区域都有两个特定的情境。相比较而言，面理论只有一个特定的情境，由两个维度定义，比线理论具有更高的概括性水平。如果上下文是基于时间维度的，则表面可以表示为$A'B'C'D'$和$E'O'F'G'$；如果上下文是基于空间维度的，那么表面可以表示为$A'B'O'E'$和$D'C'F'G'$；如果上下文主要基于人的维度，则表面可以表示为$A'D'G'E'$和$B'C'F'O$。在两个可变维度中多个情况的比较仍将被算作面理论化。跨维度比较的时候应该进行精心设计，否则将会生成无意义的结论。例如，将1900年的中国人口与2016年的英国人口进行比较将是毫无意义。

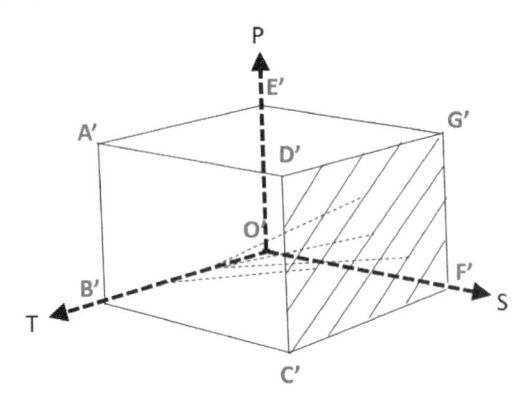

图 4.9　社会现实球模型下的社会现象理论化进程四层次模式

面理论的发展是建立在既定的线理论基础上的。例如，最近 100 年的中国人口中的线理论，与最近 100 年（甚至更长或更短的时期）的英国人口相比是可行的。最后，体理论是在面理论的基础上，在时间、空间和人的多个维度上得到验证的理论。它可以用图 4.9 中方块（$A'B'C'D'E'O'F'G'$）的整个体积来表示。体理论是一种接近实证主义理论意识形态的模式，它在社会现象理论化进程的所有 4 个层面上都具有最高程度的概括解释力，如资本主义涵盖了多个地点、多个文化群体和多个时间段。

社会现象理论化进程四层次模型的设计，是为了将社会现象理论化进程和理论化之间的关系与研究背景视觉化。该模型是简化版，并接受以下事实：在设计的 3 个维度内，存在多种方法，例如在人的维度上，具有各种人口统计、活动的目的和目标，活动的类型，参与活动的各种组成部分，或从一个群体到全球群体的规模不等。复杂的性质决定了在人的维度上可能的变化。社会现象理论化进程四层次模型的连接点通常存在于两种情境中：在个体研究领域，它提供本土研究或单个案例研究的建构，以促成多个案例的比较，从而创建研究领域的知识网络；从文献的角度来看，社会现象理论化进程的 4 个层次可以对已有的文献进行检视，并按照社会现象理论化进程的四层次模型进行分类，从而形成一个更广阔的社会知识网络，类似于不同维度的社会网络分析。

下一小节描述了基于新康德和韦伯思想的框架以及由社会现实组成的社会知识建构模型设计，该模型纳入了社会现象理论化进程的 4 个层次并与社会现实假设相一致。社会知识建构模型是围绕关键概念去引导社会调查的，并对这些要素进行整合，以实现社会现象理论化进程。

4.1.3 社会知识建构模型的设计

社会知识建构模型是反映社会调查的。四要素是理论与领域文献之间的比较领域，可以用图 4.10 显示，并关联图 4.4。在图 4.4 中，OE 和 OF 分别表示人的外部活动维度与内部活动维度。这 4 个元素来自图 4.6。球模型将可能的人的维度简化为外部和内部两个方向，然而，人的维度中数据的丰富性将导致基于运行经验的人类交互类别产生经验转变。社会调查的 4 个领域：关系、功能（角色）、流程和结构涵盖了微观和宏观层面的社会调查。目标人群在具有多种关系和关系动态的社会情境中可以扮演多种角色，他们可以专注于一个社会或商业过程，也可以专注于具有一定层次或功能结构的社会或商业过程。

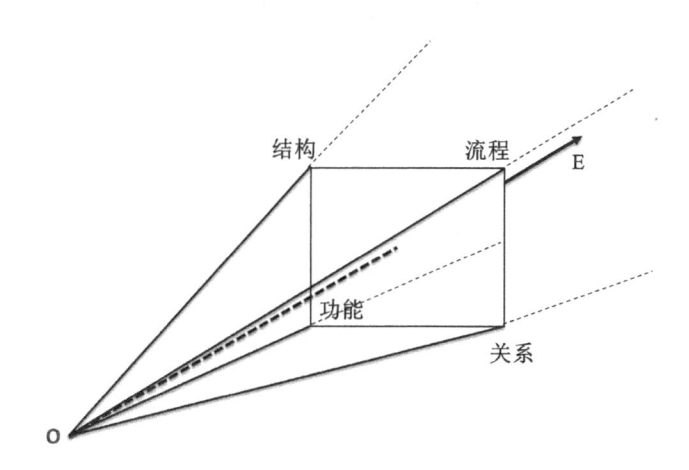

图 4.10 人的维度的转换模型：社会知识建构模型 1

从图 4.10 中可以看出，社会关系是由结构、流程和功能决定和约束的，即组织或团体的结构（如制造商）、事件或活动的流程（如制造）和个体的功能或角色（如生产经理）。关系作为组织结构的一部分，是从组织内部发展起来的，或者基于个人在某一事件中而发展起来。个体还会在过程中进行结构交互，发挥某些功能性作用。图 4.11 是图 4.10 的转换，在不同的功能、流程和结构中，关系被转换为一个必要的组成部分。检验和发现"关系"是社会研究的主要任务。

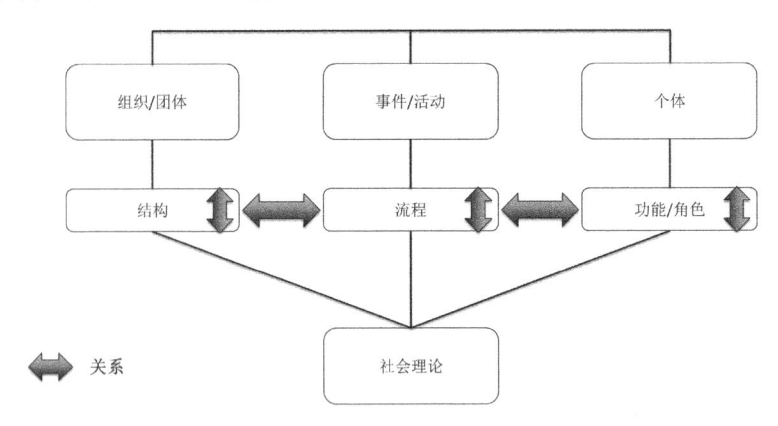

图 4.11　人的维度的运行转换模型：社会知识建构模型 2

图 4.12 展示了社会活动系统的理论化模型，并结合图 4.11 中的社会活动系统模型和社会现象理论化进程的四层次模型（图 4.8）。该模型说明，社会现象理论化进程的层次不一定涵盖整个社会事件系统，而是集中在社会事件系统的一个或几个组成部分。例如，从一个案例研究（实质／点理论）展开组织内部结构变化对管理效率影响的研究，并在涵盖整个组织生命周期的时间维度中加以概括（线理论）。案例研究可以与处于不同地理位置的公司（面理论）和不同部门的公司（体理论）进行进一步的比较。

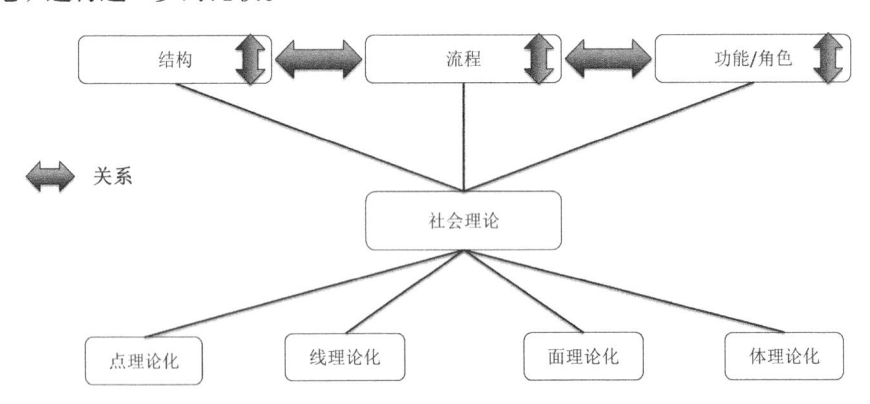

图 4.12　社会知识建构模型的理论化模型

本书的田野工作将采用此模式，从两个维度来指导社会调查：调查范围和各层次上的理论化潜力。通过同样的维度，社会事件系统的理论化模型同时提供了一个综合文献的框架，以识别研究的机会和差距。

本小节提供了几个社会框架，供研究者在社会现象理论化进程方面使用。

以新康德主义为基础的新康德和韦伯思想框架,使研究者的内在现实和外在(经验)现实的性质显性化,以增强整体的反身性。社会现实球模型的设计,在 3 个维度上界定了社会现实的边界;社会现象理论化进程的四层次模型使概括和情境化的层次得以实现。社会事件系统理论模型对社会调查中的社会关系进行了分类。本小节中的所有模型旨在为第 4 章接下来的扎根理论方法论设计提供一个概念基础。接下来将讨论实质扎根理论方法论设计,以呈现格拉泽流派的演变,并提供了庄育婷(2011)方法设计的快照,这与本书中形式扎根理论方法论的发展密切相关。

4.2 实质扎根理论方法论设计

本节讨论形式扎根理论方法论设计的一个基本组成部分,即实质扎根理论方法论设计,它基于庄育婷的方法设计(2011),旨在让读者更好地理解扎根理论方法论设计从实质到形式延续性中的逻辑。本节将使不熟悉格拉泽扎根理论方法论和格拉泽流派内方法发展的读者受益。本书中的形式扎根理论方法论模型侧重于实质性领域的交叉比较,实质扎根理论方法论为数据收集方法与扎根理论方法论的集成以及实质性领域持续性的内部比较。

4.2.1 Lehmann 和 Fernández 的实质扎根理论方法论设计

Lehmann 模型有五大程序,其中有 3 个关键组成部分(见图 4.13)。每一个数据进入扎根理论方法论数据分析程序都将进行开放编码以开发类别;当类别数量增加时,内部会进行理论编码并重新排序,以提高类别内和类别间的内部相关性。理论编码是从开放和选择性编码开始,然后将实质编码之间的关系概念化,从而产生理论的过程(Glaser,1978)。当一个额外的数据子集停止出现新的类别,并且类别变得更加稳定时,研究者应该利用他/她的理论敏感性来决定是否已经达到理论饱和。理论敏感性是扎根理论方法论的一个关键概念,描述了研究者从数据中生成扎根理论的能力,不需要预先确定方向并强迫数据收集和分析。如果继续生成新的类别,那么研究者就应该进行理论抽样,收集更多的数据;如果停止生成新的类别,并且范畴中的理论概念呈现致密化,则形成实质扎根理论。

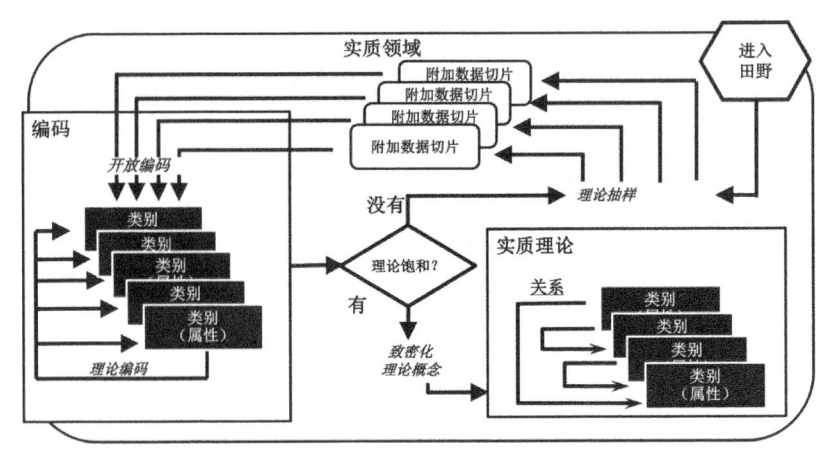

图 4.13　Lehmann 扎根理论的构建过程模型

资料来源：Lehmann（2001，p.291）。

Fernández（2004）进一步发展了这一模型，使备忘录库和现存文献与实质性领域内的数据分析过程进行外部互动（见图 4.14）。在 Lehmann 模型中，开放编码、范畴化和理论编码被排除在田野工作之外，而 Fernández 的编码过程被包括在田野工作之内。将这一变化作为实质扎根理论方法论设计，对于在实质领域的编码是明智的。此外，Fernández 还设计了如何进入田野并链接附加的数据片。

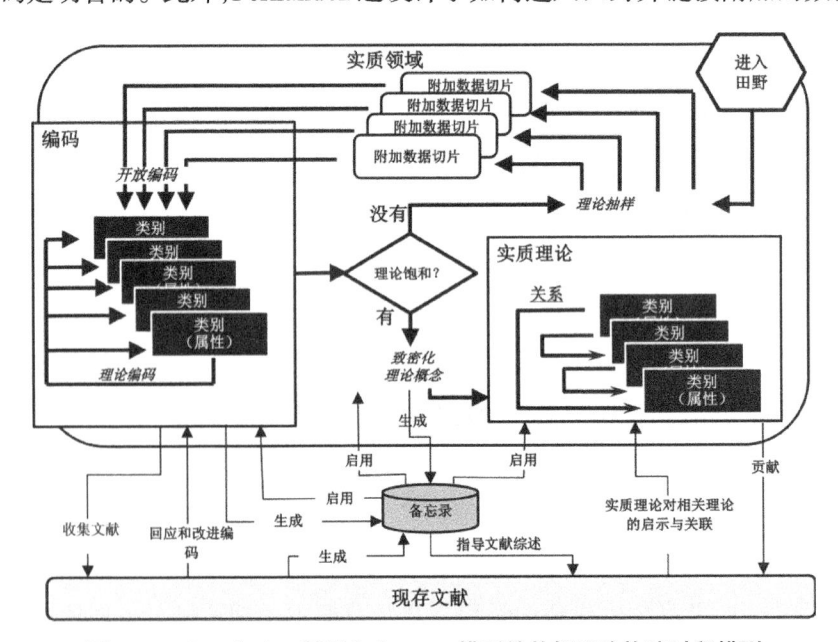

图 4.14　Fernández 基于 Lehmann 模型的扎根理论构建过程模型

资料来源：Fernández（2004，p.85）。

Fernández 模型的设计，主要涉及数据分析过程如何与理论记录和文献相互作用。备忘录中心设置在实质性数据分析和现存文献之间。在 Fernández 模型的设计中，实质扎根理论的编码过程与备忘录和文献保持着密切的联系。在编码过程中，编码生成备忘录并指导文献收集。备忘录中心支持质量编码和文献信息并细化编码。在对理论饱和度进行决策时会产生备忘录，备忘录可保证研究者具有做出决策的敏感度。当实质扎根理论在理论记录和通过现存文献所知的相关理论贡献下发展时，也在实质扎根理论的相关现存文献领域做出贡献。

4.2.2 "我"的实质扎根理论方法创新

Fernández 模型随后由我（Zhuang，2011）推进，使扎根理论方法论适用于那些时间和预算受限，且无法在经验田野同时进行数据收集和分析的研究者。新模型增加了一个数据库来存储所有相关数据以供分析，并在现存库和理论抽样之间建立了一个新的连接，以提供来自现存库的数据，并可纳入史学研究。史学是建立在历史研究基础上的方法论，具有多重含义和不同方向可采取的途径（Cheng，2012）。这种设计是为那些由于时间和预算压力而无法在收集到每一个新数据之后直接进行开放式编码的研究者创建的（见图 4.15）。我（Zhuang，2011）在景德镇的第一个项目期间，日程安排得相当紧凑。在采访北京某产业集群的研究者进行的试点研究中我发现同时收集和编码数据是不可能的，于是在 Fernández 模型中增加了一个数据图书馆设计。研究者收集了尽可能多的数据，以各种形式建立数据图书馆——田野观察笔记、备忘录、访谈、照片、视频和档案数据。需要注意的是，并不是充分利用数据图书馆就能达到理论饱和。如果数据图书馆耗尽而理论上还没有达到饱和，研究者应该做好进一步收集数据的准备（这是保留"进入田野"框的理由）。

另一个主要的设计创新，是在数据和类别之间有指示符。我（Zhuang，2011）认为，原始数据必须编码成指示符以形成合理的类别。在前两个版本中，指示符在编码过程中是隐含的。这一新要素反映了定性编码的一般做法。在我的实质扎根理论方法论设计中有几个小的设计。首先，增加了指示符与类别之间及类别与类别之间的不断比较；第二，范畴与决定理论饱和度之间存在着转译功能；第三，理论抽样有 3 条路线，首先回到数据图书馆，如果数据图书馆耗尽，就要从原来的田野收集新的数据。现存文献也有一条向数据图书馆贡献的途径，档案资料如文件、报告和传记可以作为原始资料，并有助于形成实质扎根理论（Strauss and Corbin，1990）。

我的扎根理论方法论设计遵循了格拉泽的做法。与 Lehmann 模型和 Fernández 模型相比，它更适合于两类研究者：一是数据收集和数据分析阶段分离，但在必要时能够灵活地进一步收集数据的研究者；二是，熟悉编码过程的定性研究者。我的设计是建立在 Lehmann 模型和 Fernández 模型的基础上，简化了格拉泽流派的方法，使其成为一个视觉模型，具有用户友好度。格拉泽、施特劳斯和科宾的工作，对我建立理论敏感性、理解扎根理论方法论以及如何应用扎根理论方法论发展实质扎根理论提供了巨大的帮助。

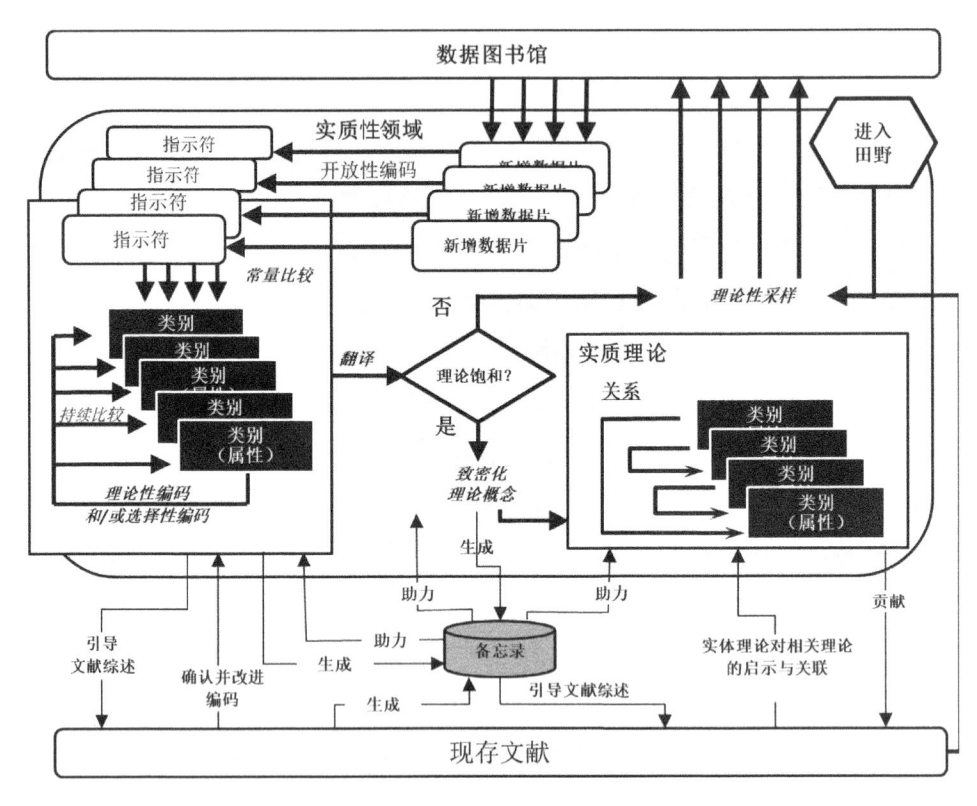

图 4.15 庄育婷基于 Lehmann 和 Fernández 模型的实质扎根理论方法论设计

资料来源：Zhuang（2011，p.70）。

图 4.16 体现了数据图书馆中具体数据内容——景德镇陶瓷产业集群在实际模型的数据分析路径（Zhuang，2011）。数据图书馆由北京访谈、景德镇访谈和观察/田野笔记 3 个主要数据集组成。现存的文献，包括通过史学收集的数据，都为可供数据分析的档案数据流做出贡献。从那时起，数据图书馆和现存库下的

信息不断扩展和增强。本书的第 4.4 节和第 5 章讨论了当前版本。

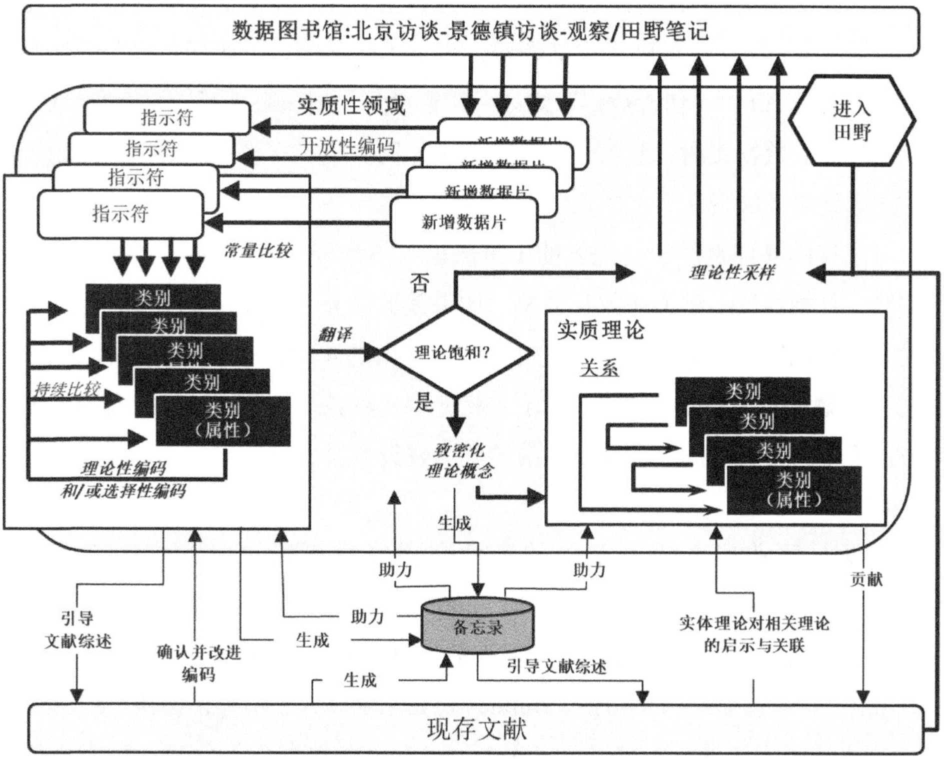

图 4.16　景德镇陶瓷产业集群研究实质扎根理论方法论设计

资料来源：Zhuang（2011，p.71）。

通过扎根理论方法论的构建过程，13 个核心范畴从数据分析和理论梳理中脱颖而出，产生 9 个实质理论。理论编码和理论性备忘录，以及理论排序相结合，可以实现概念的整合，达到理论饱和（Glaser，1978）。附录 Ⅱ 包含 Zhuang（2011，p.70—84）的第 5.1 节，并对实质理论进行了扩展讨论。实质理论为本书的形式理论化奠定了基础。本背景阅读将帮助读者在历史文化集群的大背景下，建立景德镇陶瓷产业集群中扎根理论方法论设计和经验田野的知识（zhuang，2011）。它解释了为什么景德镇对陶瓷产业集群中的社会现象理论化进程至关重要。下一节的形式扎根理论方法论设计，建立在社会现象理论化进程和实质扎根理论方法论设计的基础上，是第 4 章 "方法设计" 的核心组成部分。

4.2.3　纳入实质扎根理论方法论的数据收集方法

格拉泽（1998）认为，扎根理论方法论可以与任何数据一起工作来产生理论

（1998，p.41）。所有的数据都可以用两种方式来解读：一种是指数据内容，所有数据都可以为理论化做出贡献；另一种是指数据来源，任何形式的数据都有助于理论的建立。图4.1中的经验主义领域，表示了趋向于"一切皆数据"的经验主义世界的总体，以"一切皆数据"或"一切皆可是数据"来进行社会调查。然而，在比较不同的数据集时，相关性的程度各不相同。现实本身是综合的，知识可通过描述和解释反映现实。

对现实的解释是基于研究者的田野数据收集和分析。"一切皆数据"的另一种解释，是指通过各种方法收集数据，如果数据服务于研究兴趣和调查（定量和定性），则不论其形式如何，都是相关的。常用的4种数据收集方法包括访谈、观察、视觉人类学和在线数据。接下来将介绍每种数据收集方法。所有的数据收集方法都是为了在时间、空间和人的维度上收集数据而设计的。

4.2.3.1 访谈

访谈是商业研究中最常用的定性数据收集策略之一（Argenti，1998；Bourrier，2005；Bryman and Cassell，2006；Foster and Moody，1997），也被用于景德镇陶瓷产业集群实质扎根理论的发展。根据研究问题设计的访谈类型多种多样，具体包括结构化访谈（Bunney et al.，1999）、半结构化访谈（Rabionet，2011）和开放式访谈（Seidman，2013，p.15）。在本书项目中，3种类型的访谈都是根据信息类型来使用的，但结构化访谈的比例将保持在最低限度，仅用以捕捉人口统计学信息；半结构式访谈的设计涉及与地方集群周围现象有关的广泛问题，这引入更开放的访谈，从从业人员的角度提供深入的信息。作为一种数据收集方法，访谈与大多数定性数据分析相结合，包括民族志（方李莉，2002）、主题分析（Aronson，1995）、话语分析（Starks and Trinidad，2007）、内容分析（Allen，Poteet and Burroughs，1997）和扎根理论方法论（Chuang，2011）。

如果为发展实质扎根理论而进行的访谈更加深入和开放，则形式扎根理论将更加依赖于在实质性领域提出的问题，或对实质扎根理论中包括的关系有所反映，但也对田野研究中产生的新类别开放。虽然格拉泽（1998）不鼓励使用语音转写认为这是浪费时间的，但录音和录音转写提供了检验有效性和一致性的渠道。此外，语音转写的过程给了研究者第二次机会来思考谈话的背景和内容，并编写田野笔记和记录。

访谈数据收集在景德镇陶瓷产业集群（中文）、达尼丁遗产旅游集群（英文）和京都陶瓷产业集群（日文）进行。由于日语不是本人可用的语言，因此在日本京都有不止一名调查人员参与采访。另一位采访者 Kelly Hsieh 博士，是中国台湾研究创业的副教授，曾在日本生活了 20 年，并在日本取得博士学位。她具有进行文化背景访谈的理论性敏感度和专业的商业背景知识。Kelly Hsieh 博士进行的访谈将被转写成中文，这是两位调查人员交流时所使用的语言，也是为了更直接地与景德镇瓷器产业集群的数据进行比较。Kelly Hsieh 博士贡献的数据，可以同时实现研究者的三角测定，用于检验整个研究的信度。

4.2.3.2 观察

观察作为一种数据收集方法，为各学科领域的定性和混合方法研究所采用（Cooper, Schindler and Sun, 2013; Johnson and Turner, 2003; Polkinghorne, 2005; Ritchie, Lewis, Nicholls et al., 2013）。它是一种适合扎根理论方法论设计的方法，施特劳斯和科宾（1990），卡麦兹（2003，2014），Suddaby（2006）和 Locke（2001）均为其背书。通过观察收集的数据，可能受到研究者的世界观和哲学范式的影响。韦伯的方法，是以社会现实是多维的、多因果的、动态的、复杂的和演变的假设为前提，通过田野观察取得数据。研究者在观察中的定位，不是社会文化现象的贡献者，而是记录社会互动和关系的第三人称观察者。

观察笔记需要回答"研究中发生了什么"，是贯穿整个田野工作过程的数据类型之一。然而，观察作为一种定性的数据收集方法，也与所在的田野描述和备忘录相关。观察笔记是研究者通过个人生活经验和基于知识建构的视角所感知的对现实的反映。在采取韦伯观察立场时，研究者需要将社会行为与价值和文化因素分开，以描述、解释关系和因果。在历史文化集群的情境中，经济现象与社会文化现象的分离并不容易，即使是传统瓷器的生产过程，也与艺术文化密切相关。它还表明，涉及价值观和各种文化元素的多重因果关系常常出现。研究者在进行田野调查之前，首先应该对产业集群中的商业关系具有识别力。

4.2.3.3 视觉人类学

视觉人类学包括拍摄图像或视频在内的视觉数据的收集，被广泛应用于人类学领域（Taylor, 1994; Pink, 2006; Flick, 2018c）。视觉人类学是大多数社会研究的定性研究方法之一（Brighti, 2010; Hamilton, 2006a, 2006b, 2006c, 2006d; Knowles and Sweetman, 2004; Wright, 2008; Margolis and Pauwels,

2011）。视觉社会学和人类学"基于一种理念，即通过观察、分析和理论化人的行为和文化的物质产品的视觉表现，获得对社会有效的科学洞察力"（Margolis and Pauwels, 2011, p.3）。视觉社会学和人类学正在成为一个成熟的社会科学领域，可以通过系统分析形成理论。视觉数据可以作为田野访谈和观察的补充，提供了通过影像重新评估一个去情境化的可能性。

在其他数据源的基础上纳入可视化数据极其重要，因为有些环境不适合收集诸如访谈之类的交互式数据，研究者可能会担心观察笔记不完整或不容易理解。视觉数据与音频转写提供可分析的文本，并与田野笔记所反映的观察结果平行。可视化数据提供了对现实情境的真实记录，研究者可以随时访问以获取更多细节。当调查有时间压力时，研究者可通过访问可视化数据和对经验现实的反思，将田野笔记后置生成。保存和储存在大脑中的内容即使呈现在笔记中，其情境能提供的丰富性也会随着时间的推移而逐渐减少，而视觉数据是持久的证据，可以多次重新访问，从而保障情境的丰富性。本研究在田野工作期间收集视觉数据，以可行性和适宜性为原则进行了摄影和摄像。像瓷器生产这样的环境，可以以视频形式更好地记录生产线上不同分工之间的协作。

4.2.3.4 网络数据

网络数据已经成为主要的数据类型之一，特别是在人类行为研究中（Rhodes, Bowie and Hergenlaster, 2003；Luo, 2009）。网络数据的潜力在于可进行"大数据"分析，即通过计算机程序分析大规模数据以了解现象与行为（Chen, Chiang and Storey, 2012）。本研究采用网络数据收集的方式，收集定量和定性数据。在定量数据收集方面，采用网络调查可以更加方便研究者和参与者得到快速和安全的响应，在生态和经济上优于传统的纸质调查（Andrews, Nonnecke and Preece, 2003）。定性数据的网络数据收集可以分为两种类型：在线访谈（Chou, 2001）和目标受众在日常社会生活中产生的自衍生数据。这种数据的产生是自我驱动和自我激励的（Castaños and Piercy, 2010）。与网络访谈数据收集相比，通过网络收集定性数据的研究较少强调伦理问题（DeLorme, Sinkhan and French, 2001）。然而，目标受众的权利应得到保护，特别是涉及其个人信息和隐私的方面。

本书中的网络数据收集，是指通过社交媒体和通信应用程序（Apps）自然衍生的网络数据。目前，微信是中国B2B和B2C互动的主导商业渠道。商家通常会在微信朋友圈中推出新产品宣传的照片，客户则通过私聊进行预订。本书中采用的网络数据，尤其是来自微信的数据，基于发帖的频率、发帖的内容、商业内容和个人内容的比例，新产品开发频率等会被跟踪一段时间，以观察个体商家的发展模式。从一组自然衍生的数据集的对比中产生量化数据是有可能的。这同时符合韦伯方法的路径，即自然衍生的数据不是被迫从田野中出现的数据；个人发布的信息是由目标群体的意愿决定的，而不是由研究者引导的。

实质扎根理论方法论设计部分提供了框架设计，以使实质性的基础理论化，数据收集方法的讨论澄清了本书所包含的各种数据源的收集方式。社会现象理论化进程设计（第4.1节）和实质扎根理论方法论设计（第4.2节）为形式扎根理论方法论模型的开发做了准备。

4.3 形式扎根理论方法论设计

本书介绍的形式扎根理论方法论结构，是基于对理论构成的假设。理论可以更概括化或情境化，具有不同程度的抽象性、可预测性和可解释性。生成高度概括性的理论，是实证主义者的追求，它更适用于自然科学。然而，寻求概括性理论不应该是社会科学家的唯一天职。由于现实和理论假设的动态变化，形式扎根理论的追求也走上了不同的道路。它应与社会现象理论化进程的四层次模型相互联系，关注"点理论"向"线理论"的升级过程。

此外，正式的基础理论也应该建立在当前实质扎根理论方法论的结构之上。它应侧重于科学研究程序，以比较、编码、分类、总结并谨慎地通过有效性和可靠性的视角来审视，使过程透明且合理。形式扎根理论方法论的设计，基于源自历史研究领域的持续比较原则或比较方法（Glaser，1978，p.149；Bryant and Charmaz，2007）。

4.3.1 4种三角测定和形式扎根理论方法论设计

形式扎根理论的结构设计调用Denzin（2006）的4种三角测定方法作为其基本组成部分，具体包括理论三角测定、数据三角测定、研究者三角测定和方法三角测定。纳入三角测定是为提高形式理论的效度和信度。1970年，Denzin首次介绍了4种三角测定方法，目的是进行结果验证。然而，三角测定法的使用主要以区别混合方法为目的（Flick，2018a，p.123；Flick，2018b，p.2）。三角测定的重点从检验定性研究结果，转移到通过三角测定系统视角检验新的理论洞察（Flick，1992）。

Denzin 解释了 4 种三角测定的功能差异。首先，理论三角测定在一个案例的数据分析中使多视角分析成为可能；它意味着多元理论视角，正如 Walsh（2015）所提供的多元扎根理论方法论的示例。理论三角测定还包括理论构建中的元三角测定策略，以融合多种范式（Lewis and Grimes，1999）。数据三角测定是在田野工作中采用不同的数据采集策略对数据进行三角测定，如访谈数据、观察田野笔记、可视化数据或日记。研究者三角测定是指让一个以上的人参与数据收集，以达到自反性检验。然而，研究者三角测定也可以在数据分析过程中进行，如格拉泽和施特劳斯的《临终意识》（1965，1971）和《状态通道》。方法三角测定可以采取两种途径：方法内和方法间。方法内是指方法相同但途径不同，如不同的访谈技巧；方法间则为使用多种方法对数据进行三角测定。方法可以是数据收集或分析方法。在一个研究项目中应用一种以上的三角测定称为多重三角测定或综合三角测定策略（Flick，2018a，2018b）。三角测定可以被引入形式扎根理论方法论结构的开发，以提高模型的效度和信度。

Denzin（2006）指出在一项研究中应用所有 4 种三角测定是有难度的。即使三角测定被作为实证研究的一个主要组成部分来应用，但围绕三角测定还没有一个系统的衡量标准（Yin，2015）。然而，Flick（2018a，2018b，p.18）认为，在"三角测定 3.0"（三角测定发展的第三个阶段）中，系统的三角测定是必要的。在形式扎根理论方法论设计中，4 种三角测定已经被用来指导数据收集和数据分析。本书并没有提供测量三角测定质量的方法，而是提供了基于 Denzin（2006）的框架来指示三角测定发生的节点。

图 4.17 给出了涉及两个实质性区域的第一个模型，它有可能产生两个实质扎根理论（或点理论）。从实质扎根理论方法论的角度来看，数据源 1、2、3 表示从田野工作中收集的不同数据源。数据源内的比较是内部比较，数据源之间的比较是数据三角测定。在一个实质性领域内，涉及不同理论视角的内部和外部比较是理论三角测定。如果数据比较涉及一个以上的研究者，那么就有可能进行研究者三角测定。在数据收集或分析中采用一种以上的方法，会导致方法上的三角测定（可以是方法内的，也可以是方法间的）。

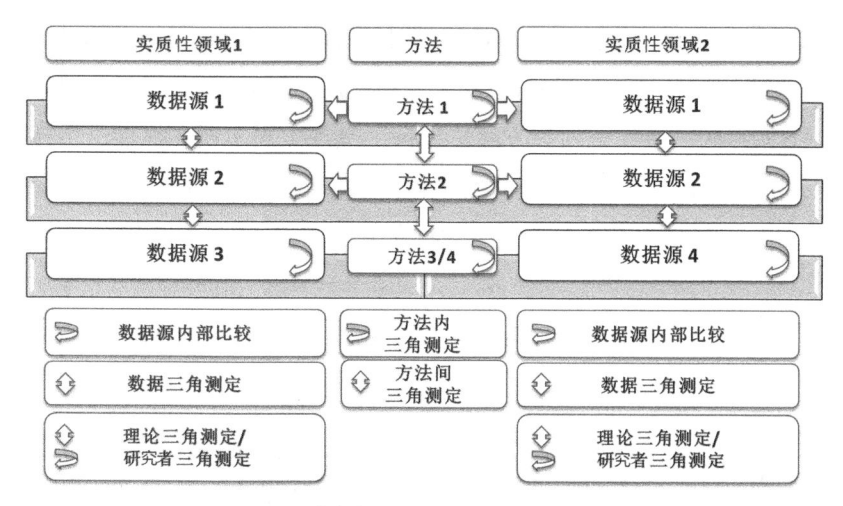

图 4.17 形式扎根理论方法论之三角测定模型

从形式扎根理论方法论角度来看，采用相同方法的多个数据集比较，是外部比较的基础。如果采用不同方法比较多个数据集，则存在方法三角测定；如果比较在相同的数据源内和不同的数据源之间采用的不同理论观点，那么就进行理论三角测定。该模型将在第 5 章和第 6 章应用于每个数据集中的三角测定过程。

4.3.2 形式扎根理论方法论设计的演变

本节呈现形式扎根理论方法论设计的演变过程，旨在将第 4.2 节中的实质扎根理论方法论设计与第 4.3.3 节中将要开发的形式扎根理论方法论设计连接起来。设计的重点在于观察核心类别和理论层面两个实质性领域之间的交叉比较循环的顺序，以此作为设计的指示符。形式化的扎根理论方法论模型能够在时间、空间和人的维度上，进行形式化的理论化。

为了形式扎根理论方法论的结构发展，基于 Lehmann（2001）和 Fernández（2004）的扎根理论构建过程，笔者构建了一个实质扎根理论方法论演化发展的修正模型（Zhuang, 2011, p.70）。图 4.18 简化了理论编码和理论分类（类别）扎根理论方法论系统，但保留了 5 个阶段：开放性编码（表示指示符/编码内的内部比较）、持续比较（以便在类别内转移指示符/代码）、理论性/选择性编码（现有类别内的内部比较）、转化成理论性饱和度（如果核心类别未被从数据库检索到的数据饱和）、致密化理论概念和关系构建（在饱和类别内理论化）。

简化视觉模型并不一定意味着简化扎根理论方法论设计的过程。图 4.18 中的简化模型提高了图 4.19 中两个比较区域之间的比较清晰度。图 4.19 说明了最初的正式理论化包括两个实质性理论化的循环和两个实质性领域之间交叉比较的路径。假设实质性领域 1 为第一个示例，因此要生成实质扎根理论，过程由方框 1 到方框 5（遵从实质扎根理论方法论设计）呈现。当实质扎根理论出现饱和理论性时，与实质性领域 2 实施同样的过程，从方框 6 到方框 10 开始创建另一个实质扎根理论，然后在两个示例之间进行交叉比较。

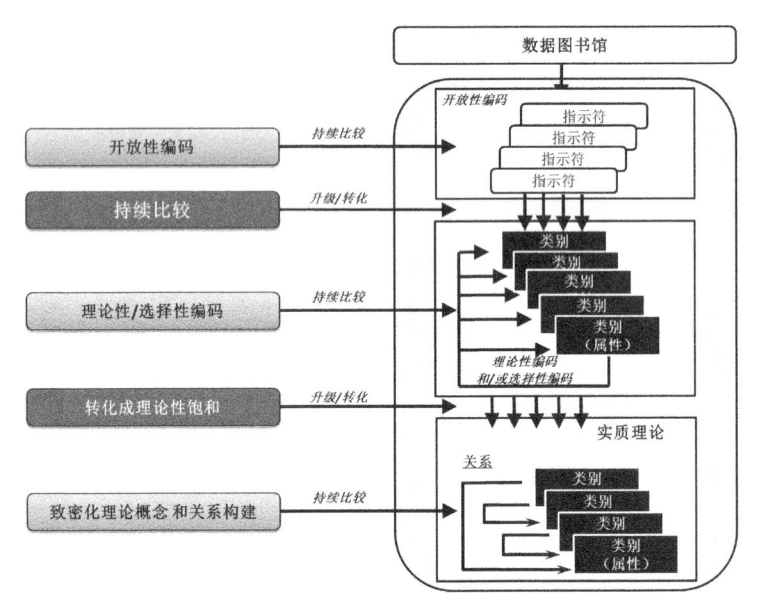

图 4.18 实质扎根理论方法论模型简化版

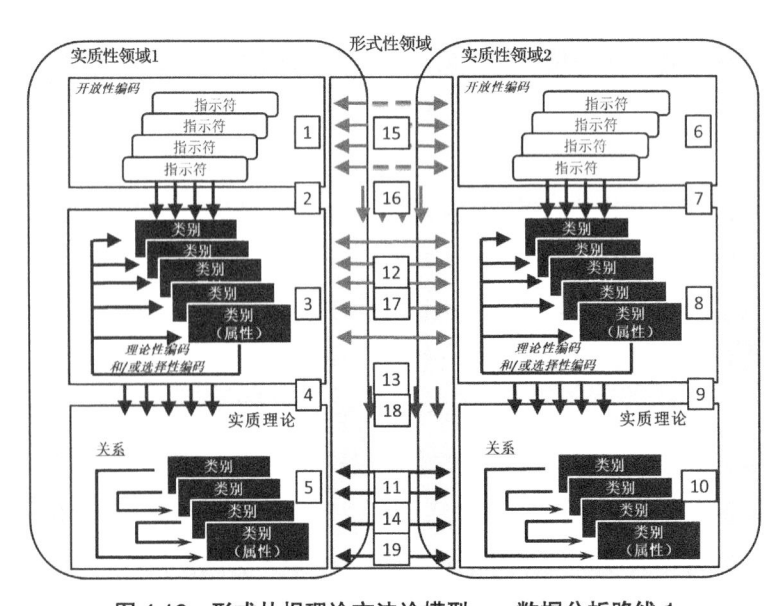

图 4.19 形式扎根理论方法论模型——数据分析路线 1

第 4 章 研究设计

比较异同如方框 11 所示。如果在理论层没有足够的有意义的发现，那么返回上一个步骤来比较类别层，并从方框 12 到方框 14 的路径类别层面出发寻找有意义的发现。如果仍然缺乏重要的发现，那么就再退一步，比较指示符层，从方框 15 到方框 19 逐层检验。

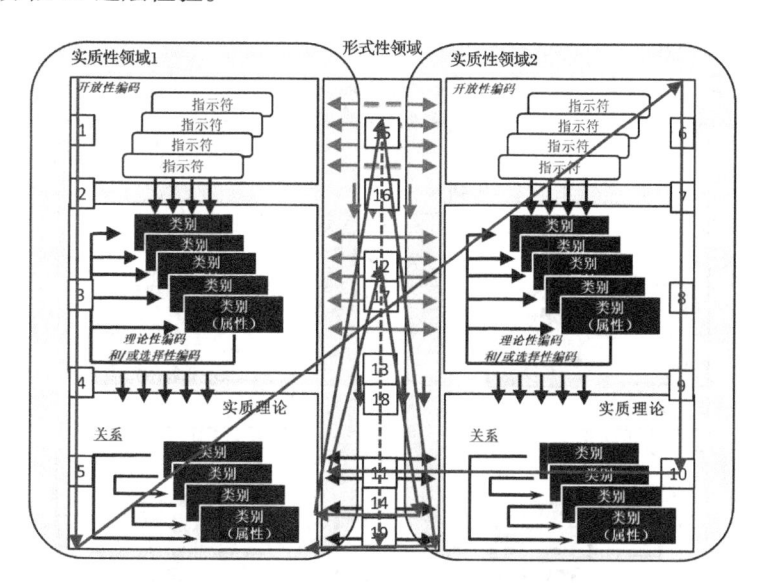

图 4.20　形式扎根理论方法论模型——数据分析路线 2

图 4.20 反映了形式扎根理论方法论模型的数据分析路线，这些路线遵循图 4.19 中方框的编号，目的是使形式扎根理论方法论设计更加简单化。图 4.20 显示了首先在理论层面，然后是核心类别层面，最后是指示符层面的 3 个交叉比较循环。图 4.19 中的形式理论化路径指示了编码周期的 3 个三角形。图 4.21 进一步加强了这一点，强调了两个实质性领域之间交叉比较的可能性。图 4.21 是形式扎根理论方法论设计演变过程中，数据分析路线的最后一个图示。正式的理论化过程从实质扎根理论方法论模型中分离出来，两个数据集之间的交叉比较的顺序根据图 4.20 得到加强。

将本节中的形式扎根理论方法论模型与第 4.3.1 节中的 4 种三角测定（见图 4.17）相关联是有价值的。本书的目的，是在数据收集过程中实现数据、研究者和方法的三角测定。数据三角测定，是通过第 4.2.3 节讨论的数据收集中的方法间三角测定来实现的。如果数据收集由多个研究员完成，形式扎根理论方法论设计最好遵循 3 个三角形循环。如果研究者将两个案例进行比较，可能已经对模型中第一个和第二个三角形循环内出现形式扎根理论具有敏感性。当然，这也取决于数据的复杂性和来自两个不同实质性领域的数据性质。理论和方法上的三角测定，超越了数据抽样和数据分析的相关性。数据分析过程涉及理论三角测定，涉及相关领域的不同理论视角，包括经济地理、陶艺和生产。在第 4.4.2 节中讨论的相关理想类型，使社会研究的各个领域能够进行有效的对话。形式扎根理论方法论设计的最终模型将在下一小节中展示。

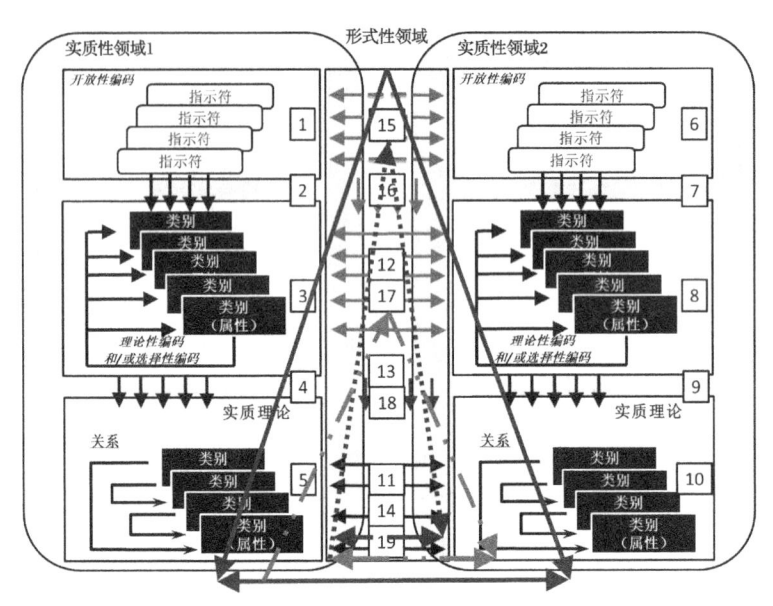

图 4.21　形式扎根理论方法论模型——数据分析路线 3

4.3.3　形式扎根理论方法论设计

图 4.22 中的三重三角模型是形式扎根理论方法论设计的最终简化版本，用于在 3 个阶段中比较两个实质性领域。传统的扎根理论方法论设计比较复杂，而三角测定模型是一个简单的设计，旨在说明两个实质性领域之间分析路线的 3 个，该模型不能独立于第 4.2 节中的实质扎根理论方法论设计。上述形式扎根理论方法论演变的图示，提供了实质和形式理论化设计的细节，以便能够在实质性领域进行比较。

图 4.18 中的数据库被认为是形式扎根理论方法论设计的一个重要元素，但在图 4.19 图 4.21 中却没有展示，它包含在核心形式扎根理论方法论设计中。图 4.22 中的三重三角形的表示也不同于图 4.21。最大的三角形连接两个实质性领域的实质性理论化，交叉比较发生在理论层面。第二个和第三个三角形与图 4.21 相比是颠倒的，表示比较的级别。第二个三角形在核心类别一级比较两个实质性领域，

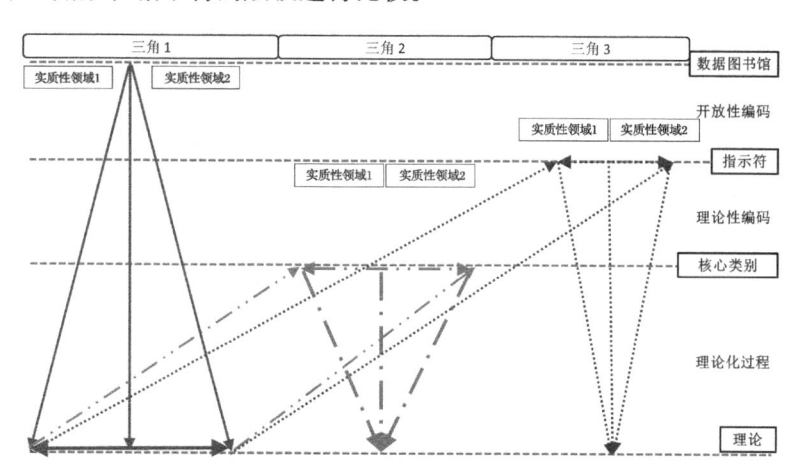

最后一个三角形在指示符的层级进行比较。

图 4.22　三重三角模型

在图 4.15 中，理论饱和度用于检验理论的出现。如果对额外数据片分析没有产生有助于产生相关类别的新发现，那么数据就饱和了。理论饱和度是扎根理论方法论成功理论化的重要指标。从实质扎根理论方法论的角度来看，理论饱和意味着数据分析的闭环。然而，从形式理论化的角度来看，所有的理论饱和都应该是暂时饱和。如果饱和是完全的、全面的，那么理论就没有必要进一步发展到更高的水平。对于成功生成实质扎根理论，研究者可能将注意力集中在少数几个核心类别上，而较少关注证据不够丰富的"有趣发现"。图 4.19～图 4.21 提供了形式扎根理论方法论设计的演化过程，最终演化设计简化为图 4.22 中的三重三角模型。

形式扎根理论方法论设计适用于两个实质性领域的比较，以产生对两个实质性领域具有通用性的线理论，同时保留嵌入每个实质性领域内独特背景的实质性理论。线理论出现后，两个相关的实体领域成为一个在时间、空间或人的维度上具有概括性的领域。三重三角模型可以应用到另一个不具有概括性的实质性领域，以产生面理论。同样的原理也适用于体理论。

社会现象理论化进程并不是所有社会科学的兴趣所在，例如人类学、古典文学、语言学和历史学。这些领域侧重于社会文化现象的情境化解释，培养社会科学家在研究中对文化和价值的敏感度。社会现象理论化进程的发展不可能独立存在于一门社会科学，如商业研究。对社会现实的多视角解读，使社会现象理论化进程的发展呈现出 4 个层次，如图 4.8 所示。

4.3.4 现有形式扎根理论方法论与韦伯（新康德）流派的系统比较

表 4.2 给出了在第 3.3 节中讨论的形式扎根理论方法论的系统比较：格拉泽，施特劳斯和科宾以及卡麦兹的经典形式扎根理论方法论；Kearney、Walsh 和 Wallis 的新兴形式扎根理论方法论；以及采用新设计的韦伯（新康德）形式扎根理论方法论。韦伯（新康德）形式扎根理论方法论建立在经典（格拉泽）实质扎根理论方法论的基础上，涉及新康德的心态框架、韦伯的认识论和对社会知识的贡献。

本小节旨在回答新发展的韦伯形式扎根理论方法论与其他形式扎根理论方法论的异同。本小节也可能适合放在第 3.3.2 节中讨论形式扎根理论方法论路径之后。

表 4.2 形式扎根理论方法论主要派系比较

	古典形式扎根理论	新兴形式扎根理论	韦伯形式扎根理论
相关文献	Glaser and Strauss（1967, pp.79—99）；Glaser in Bryant and Charmaz（2007）；Glaser（2006）；Strauss（1987）	Kearney（1998a, 1998b, 1999, 2001a, 2001b, 2001c, 2007）；Walsh（2015）；Holton and Walsh（2016）；Wallis（2014）	Zhuang（2018）
哲学范式	格拉塞 实证主义 （Glaser and Strauss, 1967；Strauss and Corbin, 1990, 1998；Charmaz, 2000, 2014；Hallier and Forbes, 2004；Popper, 1963, 1972） 哥伦比亚大学实证主义 （Charmaz, 2006, p.8） 客观主义 （Glaser, 1978, 1992, 1998, 2001, 2003, 2009；Charmaz, 2014, pp.235—236） 施特劳斯 诠释主义 （Strauss and Corbin, 1990） 实用主义 （Strauss, 1987；卡麦兹, 2000, 2006, 2014；Strauss and Corbin, 1990） 芝加哥大学符号互动主义 （Charmaz, 2006, p.11；2014, p.9）	Kearney 施特劳斯/后现代主义 Kearney（2001b, p.235, 241, 242） 施特劳斯的产生形式扎根理论的黄金法则 "rules of thumb"（1987, pp.241–242）体现出与实质扎根理论形成本质的相似性并没有消除后功能主义的顾虑（Kearney, 1998, p.183）. Walsh 古典/格拉塞/实用主义 （Walsh, 2015；Holton and Walsh, 2016；Walsh et al., 2015），采用混合方法，定量结合定性 Wallis 实证主义 （Wallis, 2010, p.73；Wallis, 2014, p.9）使用科学性、严谨性等概念	Zhuang 新康德主义 韦伯式和墨家 （Zhuang, 2018, pp.19—58）

续表

	古典形式扎根理论	新兴形式扎根理论	韦伯形式扎根理论
形式扎根理论的定义	形式扎根理论是独立扎根理论核心类别的普遍性应用，广泛使用其他数据和相同或者相关领域文献（Glaser，2007，p.99）	形式扎根理论是根植于独立区域定性研究的中层理论。格拉塞和施特劳斯（1967）构想的形式扎根理论描述一种可在不同情境与情境中反复验证的离散的人类经验（Kearney，2001b，p.227）	（形式扎根理论）是在独立扎根理论概念层面上寻求更高的普遍性（Zhuang，2018，p.xxiii）
形式扎根理论的特征	四大特征 1. 抽象化 （Mjøset and Clausen, 2007; Wallis, 2014; Apprey, 2005; Apprey, 2007; Glaser and Strauss, 1967, pp.92, 98; Glaser, 2007, p.100; Charmaz, 2006, p.187） 2. 概括性 （Chametzky, 2013; Bakir and Bakir, 2006; Mjøset and Clausen, 2007, p.16; Bales and Gee, 2012; Stebbins, 2006; Parker and Roffey, 1997; Glaser and Strauss, 1967, pp.92, 93, 98; Glaser, 2006, 2007, p.100; Charmaz, 2006, p.187） 3. 可预测性 （Glaser & Strauss, 1967, p.98） 4. 解释力 （Glaser & Strauss, 1967, p.98; Glaser 节选自 Bryant & Charmaz (Eds.), 2007, p.100; Charmaz, 2006, p.187）	四大特征 1. 抽象化 （Wallis, 2014, p.12—13, 17; Holton and Walsh, 2016; Kearney, 2001b, p.230） 2&3. 概括性和可预测性 （Kearney, 2001b, p.228; Wallis, 2014, p.10; Holton and Walsh, 2016） 4. 解释力 （Wallis, 2014, p.10, p.10; Kearney, 1998a, p.180）	四大特征 1. 抽象化 消除不相关的元素，仅保留一部分基本元素（Zhuang, 2018, p.xxiii） 2. 概括性 发现的概念或者理论能够描述或解释大部分的社会现象（Zhuang, 2018, p.xxiii） 3. 可预测性 有能力确切地预测未来观察的结果（Zhuang, 2018, p.xxiv） 4. 解释力 有能力准确描述或者解释大部分的社会现象（Zhuang, 2018, p.xxiii）
形式扎根理论的类别	1. 单领域形式扎根理论 （Glaser and Strauss, 1967, p.82） 2. 多领域形式扎根理论 （Glaser and Strauss, 1967, p.82） 3. 直接（从数据中）形成的形式扎根理论 （Glaser and Strauss, 1967, p.90）	1. 从新收集的原始数据中形成的形式扎根理论（Kearney, 1998a, p.181） 2. 从独立扎根理论基础上形成的形式扎根理论（Kearney, 1998a, p.181）	1. 点理论（独立理论）（Zhuang, 2018, p.xxiv） 2. 线理论（正式理论）（Zhuang, 2018, p.xxiii） 3. 面理论（正式理论）（Zhuang, 2018, p.xxiv） 4. 体理论（正式理论）（Zhuang, 2018, p.xxiv）

续表

	古典形式扎根理论	新兴形式扎根理论	韦伯形式扎根理论
形式扎根理论方法论设计	格拉塞和施特劳斯在形成形式扎根理论的手段上非常相似 1.与独立扎根理论相同的分析流程（Strauss，1987，pp.241–242；Glaser，2007，p.100；Strauss，1987，pp.241—242） 2.比较分析法（Glaser，1968，p.7；Glaser，1992；Mjøset and Clausen，2007；Clarke，2008） 3.理论性采样（Strauss，1987，pp.241–242；Glaser，2007，p.100） 4.核心类别的概念化（Strauss，1987，pp.241–242；Glaser，2007，p.100）	Kearney 1.建构独立和形式扎根理论的基础步骤相同（Kearney，1998a，p.181；1998b）including：笔记、编码与饱和采用施特劳斯的黄金法则（1987，pp.241–242） 2.持续性比较分析（Kearney，1998a，p.181） 3.理论性采样（Kearney，1998a，p.181） —— Walsh Walsh（2015）使用逻辑步骤结合扎根理论方法论设计和定量数据分析法，形成探索性形式扎根理论架，以合破裂理论（概念和主张）为中心分析定性、定量数据和文献综述。Walsh使用了理论三角测定法（Denzin，2006），由Glaser的古典扎根理论和"一切皆数据"的原则引导，结合了扎根理论的3个主要派系：格拉塞，施特劳斯，卡麦兹，形成一个元（后设）理论发展系统 Wallis Wallis（2014）的形式扎根理论引进跨学科视角集合学科内外的理论。 1.柔性方法—直观整合法：指定、甄选、直观 2.严谨方法（形式扎根理论），反思维度分析，综合命题分析，形式扎根理论架构使用卡麦兹派系（2006）	Zhuang 1.形式扎根理论方法论设计区别于独立扎根理论方法论设计，有别于传统和新兴形式扎根理论方法论设计（Zhuang，2018，pp.132—142） 2.社会现象理论化进程化设计（包括比较的原则） 3.独立扎根理论方法论设计（理论性采样是设计的部分） 4.形式扎根理论方法论设计［三重三角模型在理论层面整理核心类别并使用Denzin（2006）的四重三角测定法］

续表

	古典形式扎根理论	新兴形式扎根理论	韦伯形式扎根理论
形式扎根理论案例	《临终意识》(Glaser and Strauss, 1965),《局外人》(Becker, 1963),《组织生涯》(1968),《状态通道》(Glaser and Strauss, 1971) 和《警示控制的发现》(Gibson, 1997; Glaser, 1992, p.99; Glaser, 2007b, p.3; Bryant and Charmaz, 2007, pp.98—100)	妇女的家庭暴力经历(Kearney, 2001); 妇女脱瘾研究 (Kearney, 1998b)	形式扎根理论, 线理论的形成(Zhuang, 2018)

表4.2展示了新兴的形式扎根理论方法论学者对扎根理论方法论流派的偏好，Kearney紧随施特劳斯流派，Walsh紧随格拉泽流派，而Wallis则遵循基于卡麦兹（2006）的方法论流程。前面在第4.1.2.2节中讨论的形式扎根理论方法论的特征，在这3种方法中是共享的。Kearney的形式理论类型学在很大程度上依赖于格拉泽和施特劳斯（1967）的分类；而韦伯形式扎根理论方法论则是基于时间、空间和人的三维模型。在形式扎根理论方法论设计方面，经典扎根理论方法论流派在实质和形式扎根理论方法论设计中的流程是相同的，但没有对如何达到更高普遍性进行解释。

在新兴的方法中，Kearney的形式扎根理论方法论设计遵循经典的形式扎根理论方法论设计，她是最早提出建立形式扎根理论方法论框架的方法论学者。Walsh和Wallis都将扎根理论方法论整合为元理论建构的一部分。Walsh的元理论试图在格拉泽、施特劳斯和卡麦兹的扎根理论方法论之间实现理论三角测定；这是个体研究者不可能实现的。Wallis和Walsh一样，把扎根理论方法论作为元理论建构的一种严格的方法论，而没有对如何实现形式扎根理论方法论做出太多贡献。除了Kearney之外，Walsh和Wallis都采取外部方法设计来控制形式扎根理论的产生。他们持有与研究者相似的假设：形式扎根理论与其他中层理论的差异，应该在与实质层面发展的理论比较时有较多的相似之处。经典扎根理论方法论在形式扎根理论方法论指南中的局限性，为其他扎根理论方法论研究者提供了对形式扎根理论方法论做出贡献的机会。

4.4 在扎根理论方法设计中的文献使用

与其他定性方法相比,在扎根理论方法论设计中使用文献资料的方式是独特的。这里的悖论是,经典扎根理论方法论拒绝在数据收集之前进行领域文献回顾,而采用扎根理论方法论的研究者,应该是研究领域的专家和有经验的质性研究者,然而,对文献的讨论大多停留在实质层面,对从实质扎根理论到形式扎根理论的产生中对文献使用的探讨不够。本部分提出了静止锋效果设计,探讨了运用文献资料在4个层面上的社会现象理论化进程建构,并进一步讨论了韦伯的理想类型概念的潜在贡献。

4.4.1 静止锋效应设计

静止锋效应的天气条件可能带来雨雪及冷暖空气之间的物理作用。这可以应用于扎根理论,当分析在理论上饱和,并准备与领域文献互动时。图4.23展示了一个被称为静止锋效应的设计,作为来自田野工作和领域文献的扎根理论之间相互作用的模型。

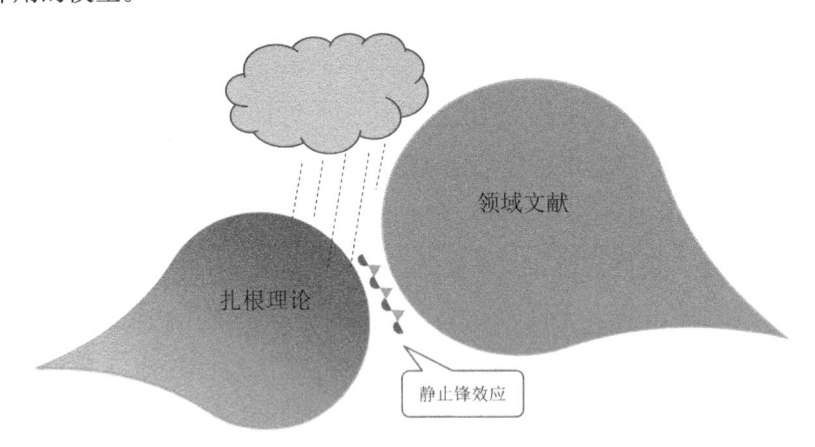

图 4.23　静止锋效应概念模型

4.4.1.1　社会现象理论化进程的四层次模型与静止锋效应

扎根理论与田野笔记相遇时,扎根理论方法论设计中静止锋效应的假设是:第一,总体系内,经验现实独立于知识体系,反之亦然(知识体系用于解释现实中现象,但排除现实的独立建构体);第二,扎根理论认为先前观察和调查所产生的知识同样重要;第三,它们是相互依存的,扎根理论无法脱离现有的知识体系,而领域知识则需要在扎根理论中重新焕发活力。

图 4.24 是一个将社会现象理论化进程的四层次模型与静止锋效应相结合的详细图解。从格拉泽和施特劳斯（1967）开始，扎根理论方法论设计包括两类：实质扎根理论方法论和形式扎根理论方法论。图 4.8 基于这两个类别，发展了社会现象理论化进程的四层次模型。点理论采用了格拉泽和施特劳斯的实质扎根理论方法论建构和设计，形式理论则根据概括程度分为线理论、面理论和体理论三大类。

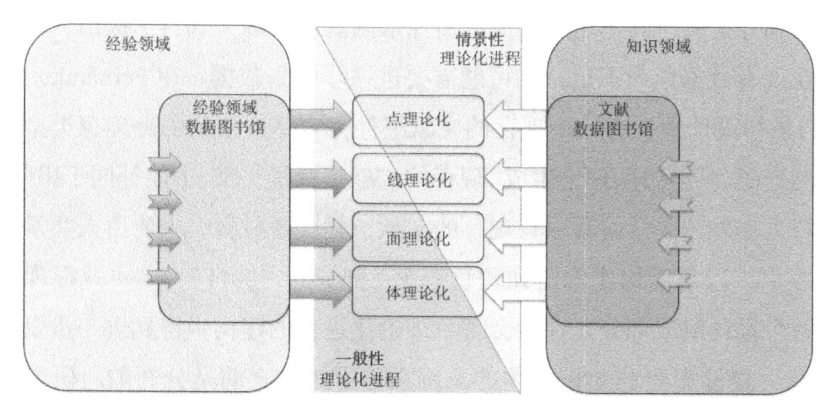

图 4.24　社会现象理论化进程四层次模型与静止锋效应模型

这个模型也受到图 4.2 中 E2E 模型的启发，将前三层（存在、数据、信息）与其他三层（知识、智慧、启示）分开。在新康德式假定下，社会现实是一个"世界整体"。经验田野表示经验实在的"世界整体"，知识场表示关于经验实在的知识"世界整体"。经验田野的资料库和文献资料库收集的是研究者的实证数据和文献。中间部分是社会现象理论化进程的四层次，它连接着对经验原始数据的处理过程到理论和从知识领域得到文献的检验。从存在到数据，从数据到信息，代表着社会研究者的经验性工作。从信息到知识是理论化的过程，社会研究旨在产生知识，较难达到智慧或启示层。

施特劳斯和科宾（1990）认为文献综述可以先于田野调查，而格拉泽则坚持认为文献综述必须后于田野调查。以下设计中，文献综述（或阅读）将分为几个阶段，因为文献提供了术语、分类、关系、功能、过程和结构，以便与田野数据发现进行比较，从而能够识别田野知识对实证研究的重大影响。

根据研究经验和理论专长，研究者可以涉猎背景文献，为田野研究做准备。文献阅读应与田野工作保持距离，使数据收集和数据分析不受文献的影响。经验较少的研究者可能更强烈地受到领域文献的影响，田野工作与文献阅读两个阶段在时间上的间隔应该更长。在该领域有专业知识基础的、更有经验的研究者，将较少依赖于田野笔记，因此田野工作之前的文献笔记是不必要的。

图4.24是基于图4.23所示静止锋效应的模型，详细说明了当理论遇到文献时，静止锋效应是如何发生的。基于Chuang（2011，p.61）的实质扎根理论方法论设计建立一个数据图书馆，去储存所有未处理的、但研究者认为有足够的核心类别达到"暂时"饱和大小的初级数据。建立数据图书馆的最初目的，在于克服田野数据收集和分析的时间不足所造成的研究限制。Zhuang（2011）提出，如果理论饱和度在现有数据集内不足，则可能需要进一步收集数据。在Fernández（2004，p.85）的最初设计中，有一个现存的文献组件，它是连接到田野理想类型、术语和概念的来源，可以协助理论生成。现存的文献是背景文献，不能等同于田野笔记。

田野工作外的史学编纂取自现存的文献，是次要材料，主要由人类学家和历史学家收集，以帮助构建术语和理解概念（zhuang，2011）。实质扎根理论方法论的这两个设计组成部分，在社会现象理论化进程的建构中得到进一步发展。在图4.24中，经验田野和知识主体的范围在田野工作之前是分开的。研究者应该发展理论敏感性，以区分数据与领域知识。作为反身性的第一步，研究者可选择性地按文章和文章中的成分来阅读文献。

阅读该领域文献的主要目的，是掌握该领域的概念和类型学。当研究者遇到包含指导关系和领域发现的材料文献时，应该跳过并放在文献数据库中供以后比较。此外，从所有数据源田野收集的每一条原始数据，都贡献于经验领域数据图书馆。扎根理论的发展是从经验领域数据图书馆中的数据分析开始的，在实质和形式扎根理论方法论的应用中寻求反身性，并通过与文献数据图书馆中的领域文献进行比较。当这两个领域的数据库内容都更丰富时，就有可能通过时间、空间或人的概括来发展更高层次的理论。经验知识和领域知识可以相平衡，因为没有理论是独立存在的。一个好的理论通过与该领域的其他理论比较、验证而产生有效性。

4.4.1.2　理论性笔记和静止锋效应

在Fernández（2004）的实质扎根理论方法论设计中，理论性笔记中心遵循了格拉泽流派的传统：在编码时保留能打动研究者的想法（Glaser，1978，p.83）。保持理论性笔记不应局限于编码过程。研究者应该养成在研究的每一个阶段写田野笔记的习惯，特别是在社会现象理论化进程中（见图4.25）。

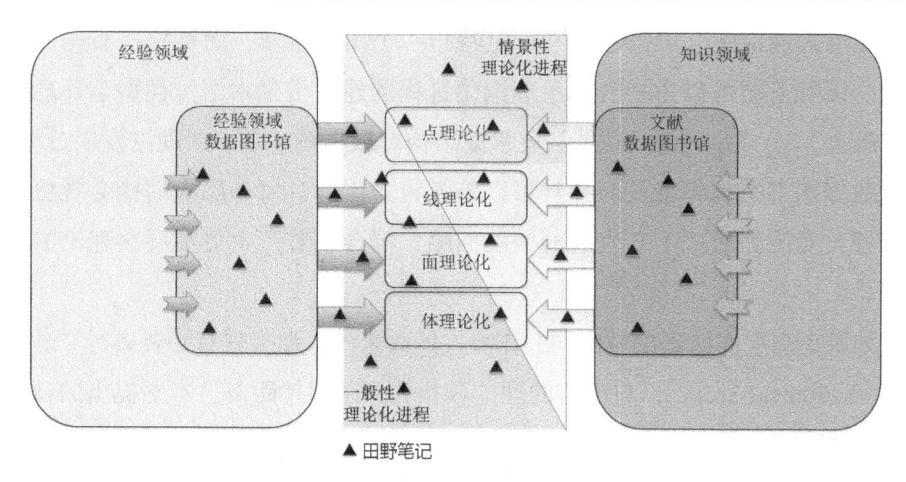

图 4.25　田野笔记与静止锋效应模型

形式理论是复杂的，通常是纵向的。如果在阅读和收集数据时没有有效的笔记和系统的分类，理论化将是极其困难的。因为理论化是一个持续的过程，它是围绕目标的每一项活动逐步发展的，尤其是围绕宏观社会现象开展的调查。在图4.8中，假设实质理论（点理论）与理论情境更一致，具有可能被概括的潜在成分，理论化活动则可以被分为情境性理论化和一般性理论化。

4.4.1.3　静止锋效应理论与文献的相互作用

图 4.26 区别于图 4.24 和 4.25，随着实质层面理论的出现和基于社会现象理论化进程四层次模型中的形式扎根理论的出现，为扎根理论与相关领域文献之间的互动提供了基础（见图 4.9）。

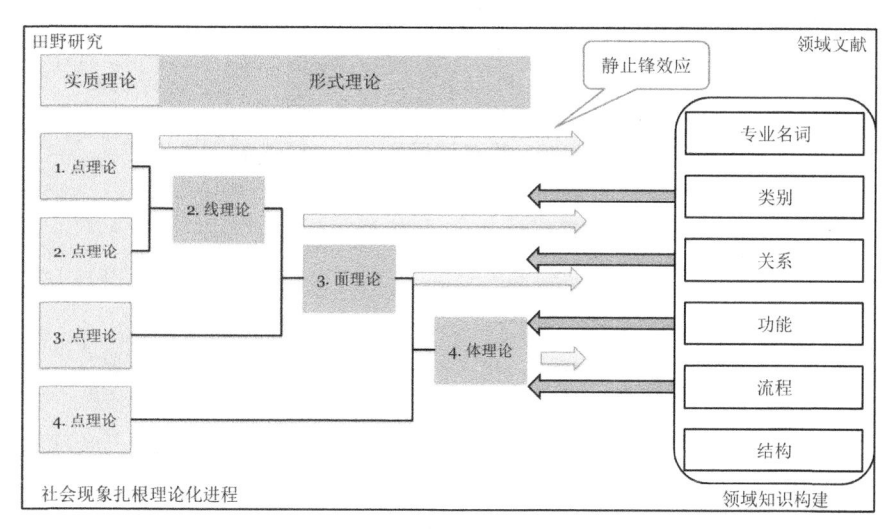

图 4.26　静止锋效应模型：理论与领域文献互动设计

在形式理论中，田野笔记不一定特指一个田野领域，而是指所有相关田野领域。田野笔记可以为社会现象理论化进程的建立贡献术语（类型学、理想类型、概念）、分类、关系、功能、过程或结构。根据图4.25，在理论发展过程中，两个数据图书馆都将增长，并且可以跨学科。因此，每一层次的社会现象理论化进程（实质到形式）产生后的文献回顾，都会朝着产生更高层次理论的方向发展。

如果更高层次的理论是由同一作者发展而来的，那么就有必要进行"理论断裂"（theoretical break），与已有的理论和相关文献保持距离。本书提出的社会现象理论化进程化设计不是单一的，而是双环理论化：在形式理论构建过程中，一般性理论化和情境性理论化同时生成。"理论断裂"的持续时间因调查范围和研究问题设计的不同而不同，因此当研究者回到一个可以将经验世界与相关文献分开的状态时，他们就做好了踏上下一段旅程的准备。研究者的敏感度由格拉泽（1978）在《理论敏感性》一书中进行了广泛的讨论。

本书包括访谈笔录、观察笔记、视觉数据和历史数据在内的不同数据源的编码，以庄育婷在2011年的研究为基础，根据Flick的建议，提供数据、理论和方法三角测定（2018a，p.126）。部分可视化网络数据，从阅读、理解和可视化在线数据的分析中提取理论性笔记。文本的网络数据处理等同于田野文本数据。

图4.27展示了基于图4.24和4.25的数据收集结构。该结构明确了经验领域和知识领域的数据来源。图4.27可以指导本研究中的数据收集准备工作。

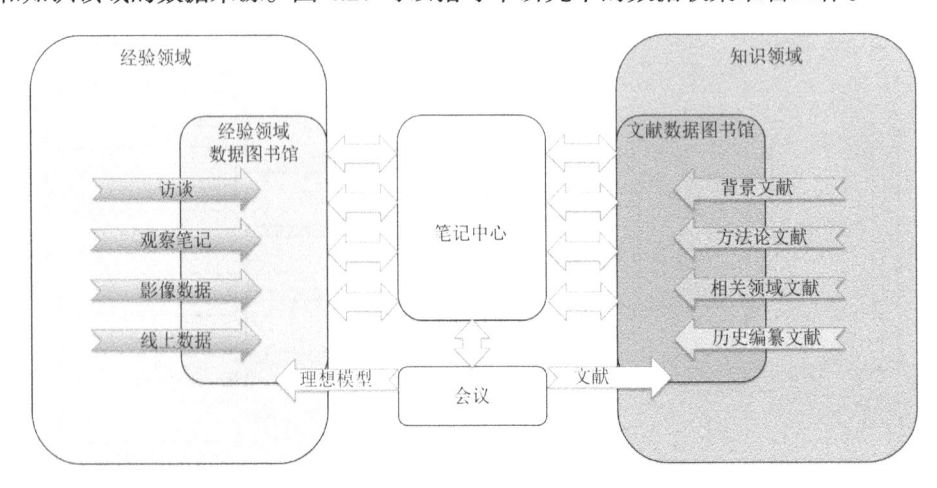

图 4.27 　静止锋效应模型：数据收集结构

4.4.2 静止锋效应模型中的理想类型

继第 3.4.2 节关于理想类型在社会研究中的讨论之后,本小节将进一步讨论与本研究项目相关的理想类型。对相关领域的理想类型或术语的讨论,旨在勾勒研究的商业和社会背景。由于研究的多学科属性,不同社会背景的研究者对集群这一概念的理解不尽相同,研究者很难对概念提供多元视角的诠释。因此,展开相关理想类型的探讨,对探究历史文化集群相关的社会现象十分必要。

社会研究中的数据分析,是对社会行为和社会关系的分析。社会行为是有意义的,可分为 4 种类型:手段目的理性行为(或称工具理性行为)、价值理性行为、情绪化行为、传统行为(Holton and Turner,1989,pp.24—26)。手段目的理性行为是将辅助的或替代的手段及其后果考虑在内的行为。这 4 种社会行为类型是韦伯方法论个人主义论述的核心(Kalberg,1994,p.24—25)。

4.4.2.1 集群的理想类型

"集群"是波特(1990,1998)创造的一个术语,用来描述工业区中的一种现象。如今,集群研究已经成为一个跨学科的领域,来自经济地理学、经济学和战略学的研究者均有所建树。集群的研究基于亚当·斯密的"劳动分工"和马歇尔的"工业区"(Krugman,1990;Zhuang,2011)。而"集群"(clustes)的概念为多个学科所共有,包括计算、遗传学、生物技术、天体物理学、音乐、建筑、医学和统计学,这些学科对集群的定义中包含相互关联(相互引力)、分组、连接、大小、相似性、(空间)接近、专业化和弹性等特征(Zhuang,2011,pp.5—6)。各个学科领域对集群的传统理解在一定程度上反映了产业集群的特征。集群是一个合适的名称,用来描述一个区域和一个国家内具有空间邻近性的企业的集聚,这些企业在相互竞争中提升了竞争力(Porter,1990)。

集群的理想类型是基于本人在 2015 年参加的 3 次研讨会(GCEG 研讨会、RSA 中国研讨会和 TCI 全球研讨会)的演讲与会议手册提出的。将 3 次研讨会的术语进行比较之后,本人依照自己的专业,从战略管理的角度给出了一些简要的定义。对 GCEG,RSA 和 TCI 的标题和摘要中使用的术语进行仔细的调查是有必要的。GCEG 产生的术语将不再用于 RSA,除非它们与 GCEG 产生的术语不同;同样的原则也适用于 TCI。GCEG 和 RSA 的演讲人重叠,虽然 GCEG 更关注全面,但 RSA 中国研讨会与其地域背景更为相关,因此,GCEG 使用的术语比 RSA 更全面。然而,RSA 中国研讨会特别关注新兴经济体,这些术语与研究背景密切相关，如城市化、现代化和市场化。这些理想类型与中国的经济政策高度相关。TCI 中使用的术语更符合波特的集群理论，也更接近于庄育婷（2011）提出的实质扎根理论。GECG 和 RSA 更接近于新经济地理学和 Krugman（1990）的研究，只有很少一部分研究者将集群研究完全建立在波特的理论基础上。

从研讨会手册上来看，文化经济地理学和创意经济在产业集群研究中是相当独立的，通常被归为不同的类别。历史文化集群这一术语符合多种经济地理学家群体的偏好。然而，文化经济地理学与集群研究的志趣却大不相同。文化经济地理学的利基市场、新的创意经济乃至提到的一些历史区域，都不是从产业角度分析的，更多的是从可持续性角度分析的。

对产业集群的研究，一般更多地关注后工业化时代和集群的发展现状，而不是从历史的角度分析其生命周期和历史因果关系。演化经济地理学源于演化经济学、达尔文进化论和马克思主义，它似乎与产业集群的历史维度更相关，但演化理论关注的是竞争，并将此视为演化进步（Sheppard and Barnes，2003，pp.169—170）。为了谨慎使用这些术语，每一个都应该从其在相关领域的应用进行考察，本文对这些术语在数据分析中的有效性和恰当性给出了评论。理想类型分析见附录Ⅷ_1，它的词汇云分析在附录Ⅷ_2 中可检索。

经济地理学中的理想类型和术语必须谨慎使用，因为大多数术语已经与特定的理论相关联。例如，演化经济地理学、产业演化、动态演化等都与演化经济学和进化论有关。这组围绕着演化经济学的术语有着深受马克思主义影响的社会假定，这可能会与韦伯的研究方法相违背。本书为谨慎起见，与演化经济学或经济地理学相关的或源自演化经济学或经济地理学的术语，将保持在最低限度，或在使用之前重新定义和修改。这样做并不代表要否定那些进化论者所做研究的价值；相反，不同的研究方法可以从不同的哲学立场相互补充。

在附录Ⅷ_2 中，理想类型的大小表示相关性，理想类型的颜色较深是提醒使用术语时要谨慎。简短的文献综述用来澄清理想类型，但这一综述仅服务于理想类型的定义。与理想类型相关的理论，或从附录Ⅷ_2 中提到的理想类型产生的理论，没有达到直接分析的规范水平。因此，在理想类型之外所作的评论并不全面，而是用来判断如何使用这些术语来准确地描述和分类社会现象、行为和关系，使之成为合理的代码和类别。

根据附录Ⅷ_2，圆圈反映了 4 个层次的相关性。前两个层次（较大的圆圈）

与前两个项目中的理想类型都表示数据分析过程中的"不加小心的应用"（Zhuang and Everett，2008；Zhuang，2011）。对于与波特的产业集群研究流有关的理想类型，它们更有可能出自 TCI 研讨会中使用的术语集。该图使用 Tableau 软件制作而成，使读者和数据之间有了互动体验，当鼠标移动到理想类型时，会弹出一条注释，解释其与项目的相关性（见附录Ⅷ_3）。

在附录Ⅷ_2 的基础上，附录Ⅷ_4 对按相关性排序的理想类型进行了理论排序。较深的颜色表示"谨慎使用"，与附录Ⅷ_2 和附录Ⅷ_3 看齐。从柱形图来来看，来自 3 个研讨会的第一层理想类型如下：手工技能和工艺知识、集群生命周期、共同创造、创意韧性、嵌入性、产业共居、网络、持久性和变化、接近性、韧性。这 10 种理想类型与研究情境高度相关，通过对其应用条件的一般考察，可用于数据分析过程中。第二层理想类型包括：集群生态系统*、集群政策、集群化、协作动态、竞争力、复杂演化系统*、创意产业、交叉集群、创业生态系统*、地缘经济学、全球合作*、全球创新网络*、工业化、创造就业机会、地方——全球关系、市场化、现代化、非地理距离、生产空间*、空间迁移、可持续竞争力、三螺旋、城市化和价值创造。在这 24 种理想类型中，由于内在复杂性问题，标有 * 的 6 种理想类型在数据分析过程中需谨慎使用。

相关理想类型的内容和定义在历史中不断演变，因此，对关联程度的判断是暂时的，这取决于对当前相关经验和文献的理论敏感程度，而且一旦处理和分析了额外的数据，相关程度就会随之改变。判断是基于研究者感知的 5 个数据集的特征，再次强调，一旦撤回数据集或在经验库中添加了新的数据集，相关性就会发生变化。

第二层中被确定为"谨慎使用"的每一种理想类型都是重要的，相关文献将利用该领域涌现的理论来描述静止锋效应。被排除的理想类型大多是成熟的研究和领域产生的理论。与集群生态系统、复杂演化系统、创业生态系统、全球合作、全球创新网络和生产空间等研究进行比较分析，可以为历史文化集群理论化提供一个新的视角。

4.4.2.2　瓷器生产的理想类型

理想类型及其含义随着时间的推移而变化，英国工业革命时期的瓷器制造与清代的中国瓷器制造相比，由于技术在行业中的地位不同，因此使用了不同的理想类型来描述瓷器的生产过程。瓷器生产技术是在 18 世纪从中国传入欧洲的（方李莉，2000，p.7）。英国陶瓷生产中使用的术语是受欧洲传教士带回来的技术笔记和图纸的启发而产生的。由于工业革命，英国和欧洲其他地区开始使用蒸汽机驱动的机械，并广泛应用于陶瓷生产。

随着时间的推移，技术有所更新，但是行业创造术语仍然适用于现代陶瓷生产。随后，这些术语连同1949年以来投入生产的陶瓷机械术语一起被传回中国。术语翻译的准确性，之于生产技术、流程和分工的英汉匹配，对了解两国陶瓷工业的发展十分重要。瓷器生产的理想类型，分别集中在斯托克和景德镇。瓷器工业中使用的专业术语在附录Ⅷ_5（基于斯托克陶瓷群的英译汉）和附录Ⅷ_6（基于明清两代瓷器工艺图的英译汉）中呈现。

如果翻译人员不熟悉陶瓷行业或在翻译程序中使用了不正确的技术术语，或者原语言中的术语在技术上是正确的，但译文与来自可比历史时期的其他语言的技术术语不一致，就会产生重大歧义。如果没有在英国进行田野考察，不了解两国瓷器的整个生产过程，研究者就无法在英汉瓷器术语之间进行匹配。在构建理想类型的过程中，研究者发现，有些专业术语的解释，在两种语言的词典中都无法找到。这是因为这些专业术语的含义在现代英汉两种语言中发生了很大的变化，以至于它们在现代英汉两种语言中的含义是不一样的。提高该领域技术术语的准确性，除了有利于在集群背景下进行理论研究之外，还能使实践者理解运用，也能让局外人了解该领域的知识。

陶瓷行业的理想类型，集中在景德镇陶瓷产业集群和英国斯托克陶瓷集群可对比历史时期的最后360年，此历史时期之前应用的古代术语将被排除在外。英语中的理想类型，是基于对斯托克的产业访问，并翻译成附录Ⅷ_5中景德镇使用的专业术语。这些专业术语基于经验田野数据库、斯托克可视化数据集（重点关注Spode和Wedgwood工业博物馆材料）以及与Spode博物馆信托基金密切合作的Transferware收藏者俱乐部（2016）。在这3个主要来源的基础上，本书从图像标签中提取了一些技术术语，并与两个最著名的中国瓷器生产技术记录进行比较：一是《天工开物》；二是景德镇古窑民俗博物馆收藏的，以瓷盘展示的《景德镇古代瓷器生产图》（见附录Ⅷ_6）。

《天工开物》中介绍的瓷器生产工艺，是明代科学家宋应星收集整理的。"共计一坯之力，过手七十二，方克成器"的制陶技艺始于御窑。瓷器制作的这72个步骤，在2012—2013年前后，被景德镇艺术家唐德贵制作成了36个瓷盘，命名为"陶序图"（慈都晚报，2013；中国工艺美术协会，2016）。唐德贵设计的瓷盘呈现在附录Ⅸ（新浪江西频道，2014）。

除了理想类型的集群现象和瓷器生产的历史维度，可能需要第三种理想类型来理解瓷器生产的背景与历史术语及在相关的政治、经济和社会文化背景中的应用。附录Ⅷ_7提供了历史研究的理想类型列表。除了第2章和第3章讨论中使用的术语外，其他术语是从韦伯的著作中产生的，以便进行比较分析。对这些理想类型的历史研究，建立了笔者的词汇和经验敏感性。

4.4.3 静止锋效应中的文献数据图书馆

本书将采用第4.2.3节所述的数据收集方法。在知识领域中，将检索4个主要类别的文献：背景文献、方法文献、相关领域文献和知识领域中历史文献，以此作为数据分析的检验。文献资料的收集工作贯穿从项目开始到项目结束，分为多个阶段进行。文献数据收集主要发生在田野工作之前和理论产生之后。

本书的背景文献是哲学和方法论文献。从形式理论化的角度来看，多学科领域的文献可以根据概括性和关联性分批收集。例如，陶艺、经济地理学、人类学被认为是实质性的背景文献，它们与形式扎根理论方法论进程更为相关。哲学文献提供了本体论假设，在认识论和方法论原则的基础上对比了东西方哲学范式，并在田野调查和文献回顾中建立研究者的哲学和理论敏感性。由于社会调查是在历史文化语境中进行的，世界哲学背景文献有助于研究者将个人的哲学立场和生活经历从社会调查中分离出来，尽量减少具有主观臆断的数据收集和分析。

方法论和背景文献综述在第2章和第3章展示。之所以将方法论文献作为数据库的一部分，是因为在不同概括层次发展形式理论的过程中，对方法论指导的持续需求各不相同。实质性层面涉及的方法论文献主要集中在格拉泽和施特劳斯开发的扎根理论方法论及一些相关的数据收集方法。庄育婷（2011）采用的实质性方法文献主要集中在格拉泽流派的扎根理论方法论，Lehmann（2001）和Fernández（2004）所发展的结构上。然而，形式扎根理论方法论开发的贡献者与实质性领域的贡献者不同，其区别可参考第4.3.4节。

形式扎根理论方法论设计的发展还处于初始阶段，并有赖于其他元理论方法构建。社会现象理论化进程作为一个研究领域，有着比扎根理论方法论建设更悠久的历史，扎根理论方法论与形式理论的发展有着高度的相关性。形式理论的贡献者分布在哲学、社会学和其他社会科学领域。韦伯（新康德）流派倾向作为所选择的哲学范式之一，也提供了广泛的方法论原则以指导社会现象理论化进程建设的项目。马克斯·韦伯的研究涉及社会学、历史学、经济学、哲学、宗教学等多个学科，其方法学文献的性质是多学科的。任何文献都可以增加研究结构的发展价值，影响田野工作，值得成为文献数据库的一部分。

相关领域文献可分为商业情境文献和社会文化情境文献。与集群直接相关的田野笔记包括产业研究、集群研究、区域研究、经济地理学、国际商业、组织研究、公共管理、城市研究、战略、区域经济学、革命的经济学、宏观经济学、创业、家庭研究和竞争力研究的文献。有助于分析传统陶瓷集群的社会文化文献包括陶瓷艺术、经济地理学和人类学。历史文化（传统）集群的相关文献，一般来说，更广泛地包括了与陶瓷集群的空间维度比较，并在人的维度中包括文化集群，目的是在人的维度方面，能与新西兰达尼丁的遗产旅游项目进行比较。因此，相关文献包括新西兰达尼丁当地历史、苏格兰研究、英国历史、文化旅游、野生旅游、世界遗产（教科文组织）和植物学。

历史编纂法不是商业研究者常用的方法，然而，档案纪录片往往涉及纵向个案研究（O'Brien，Remenyi and Keaney，2004）。历史编纂法是研究企业和产业生命周期的一种恰当方法，并有潜力帮助当代企业和管理层发展战略和解决问题（Goodman and Kruger，1988；Fleischman，Kalbers and Parker，1996）。对于与社会现象理论化进程4个层面相关的社会现实球模型，历史编纂法是一种重要的资料收集方法，为文化集群的历史发展提供数据支撑。文化现象与其历史语境高度相关，不考察文化现象的历史，就不可能理解文化如何与社会、经济、政治现象相互作用。也就是说，传统瓷器生产与历史文化集群不无关联。

历史编纂法作为存储在所述文献数据图书馆中的文献流，以应对缺少饱和度的原始数据。该数据流没有对实质扎根理论的形成做出贡献，因此，它将作为景德镇陶瓷产业集群编年史的一部分被收录。历史资料可以提供某地区或某行业的经济发展数据。使用历史编纂法得到的数据将被添加到数据图书馆中，与庄育婷（2011）收集的数据和在项目中收集的新数据形成历史对比。时间维度的比较，可以产生形式理论，为演化经济学和产业研究做出贡献。

4.4.4 静止锋效应中的田野笔记库

田野笔记库用于存储田野笔记，即从最初的项目提案到项目完成的每个阶段，研究者所记录的关于理论的笔记。它作为一种持续的资源库，在整个社会现象理论化进程中不断扩充。

田野笔记库旨在保存整个研究过程中持续的记录，包括与来自文献数据库互动的田野笔记和记录、来自经验田野数据库的田野笔记，以及研讨会期间生成的记录。田野笔记库的功能与庄育婷（2011）在扎根理论构建过程的模型中设计的理论备忘录相同，后者是在 Fernández 的基础上修改的，后续将在第 5 章介绍。在最初的设计中，理论记录库只在数据分析和生成实质扎根理论期间生效，而田野笔记库服务于数据分析之外，与论文写作和研究的每个组成部分都相关。生成的田野笔记（备忘录）有两种主要类型：个人笔记和与导师共享的笔记。个人笔记的形式有单词、短语、图表、音频、照片、直接复制、直接引用、注释书目等。正如格拉泽所评论的，理论性笔记是"远未准备好向他人展示"的文本（Glaser, 1998, p.178）。与导师的交流包含个人笔记中的重要想法。相关笔记以电子邮件的形式留存。

个人笔记有 3 种形式：笔记本（硬拷贝）、数字笔记和 LiveScribe+ 笔记（包括纸质和电子版）。LiveScribe+ 是一款扫描笔，能够将纸上的手写笔记上传到移动电脑应用程序中，可以轻松地将手写笔记转移成数码文本。个人笔记的书写取决于笔记书写的环境和条件，以及技术的可获得性。研究者必须养成记笔记的习惯，随时随地记下与项目相关的灵感和思考。笔记的形式没有限制，但要保存和分类到田野库中。

4.4.5 静止锋效应的研讨会

图 4.27 显示了通过研讨会收集的数据流，这些研讨会为田野工作和形式扎根理论的产生提供了理想类型，同时为文献领域提供了最新研究或指导，以指导相关领域文献数据的进一步收集。

出席研讨会是一项通常不包括在研究过程中的活动，但对研究项目有潜在贡献。出席多学科研讨会的首要目标是：通过学科讨论，建立理想类型理论敏感性；熟悉研究兴趣和研究方法；厘清如何在各个学科中对项目进行定位以引起兴趣和关注。研讨会提供了 3 个数据来源：第一，研讨会方案提供了主题领域的知识结构，并提供了历史文化集群有关领域所采用的术语和理想类型清单；第二，专题介绍和文章，将有助于获取相关领域的文献，与期刊文章相比，这些文献将更具有时效性；第三，本人在每次研讨会期间生成的田野笔记。

4.5 小结

本章采用与第 3 章平行的结构。围绕社会现象理论化进程、实质扎根理论方法论、形式扎根理论方法论和扎根理论方法论中的文献使用进行设计，该设计是建立在相应研究方法的文献回顾基础之上的。本章提出了几个关键模型。关于社会现象理论化进程设计有 4 个模型。首先是受新康德/韦伯方法启发的新康德和韦伯思想框架设计。这个建构结合了围绕新康德本体论的 5 个不同的框架，这些本体论将研究者的先验知识与外在的经验现实相分离。研究者的知识成分与个人素质和经验框架，并与 Creswell（2007）的 5 个基本哲学领域模型相联系。经验现实成分与多种类型的实在模型，与 Faucher（2010）构建的 E2E 知识认知系统相联系。

在社会现象理论化进程设计中，本书提出了社会现实球模型，以时间、空间和人 3 个维度来表示社会调查的总体。假设"0"意味着现在的时间（现在）、现在的位置和一个人，那么时间维度就有两个走向——过去和未来，空间维度可分为物理（有形）空间和精神（无形）空间，人维度可分为人的外在活动和内在活动。基于这些假设，提出了研究结构的球模型和学科范围。对球模型体积比例进行分析，有助于对研究范围提出一些假设。为了更好地理解球模型，表 4.1 给出了三维模型和可能的研究假设类型，以提供理解球模型的独特视角。

本书还提出了一个社会现象理论化进程的比较模型，笔者认为，在所研究的社会现象中，具有较高概括性的理论可能会遗漏细节。实质理论和形式理论具有不同的解释力范围，一个更宽泛，另一个更深入。在情境化和丰富性与去情境化概括性与可转移性之间，两者应该有一个平衡。

基于比较模型，社会现象理论化进程的一般假设是以 4 个变量来衡量的：较弱或较强的概括性、较低或较高的抽象性、较窄或较宽的可预见性范围和基于或不基于上下文的解释能力。一般假设是本书提出形式扎根理论方法论模型的基础。它由 4 个层次的社会现象理论化进程模型导出：点、线、面和体理论，以及在时间、空间和人的维度上具有不同程度灵活性的现实球模型（见图 4.9）。

针对社会现实设计，本书提出了在人的维度上，以转化模式对社会知识创建功能、关系、流程和结构 4 个维度的社会系统模型。最初的社会事件系统模型是在社会现实球模型基础上进一步发展起来的，以配合社会现象理论化进程。由于发现和检验社会关系是社会现象理论化进程的基本活动，新模式的关系发生在结构、流程和功能/角色内部或之间。该结构展示了各种形式的组织和团体之间的关系，流程表示社会互动（包括生产）中的事件/活动，功能/角色是指人们具有不同的社会角色。这是一个社会事件系统综合模型，将点、线、面和体层次上的社会现象理论化进程活动联系起来。该模式被社会环境所包围，处于特定的社会语境之中。

实质扎根理论方法论设计部分提供了拟议的扎根理论方法论模型，该模型首先由 Lehmann（2001）设计，然后由 Fernández（2004）开发。庄育婷（2011）利用之前的两个模型，开发了一个新模型，适合于经验田野，尤其是时间和预算有限的扎根理论方法论研究者。新模型通过引入数据库来存储所有数据，以便在实质层面进行分析。新设计的指标对有编码经验的定性研究者是有用的。该模型随后进一步发展，以适应该领域收集的数据类别以及现存的文献，其中包括历史编纂法，支持实质扎根理论方法论设计中的理论化过程。在实质性领域的数据收集采用了 4 种数据收集方法，包括访谈、观察、视觉人类学和在线数据。这 4 种方法可用于以实质扎根理论方法论设计的一部分数据收集，也可以应用于项目的实证研究。

形式扎根理论方法论设计结合了 Denzin 的 4 种三角测定：数据三角测定、方法三角测定、理论三角测定和研究者三角测定。Denzin 的三角测定模型，与经典扎根理论方法论中的内部常数比较设计元素一起工作，以提高数据收集和数据分析的整体效度。

该三角测定模型与基于庄育婷（2011）的简化实质扎根理论方法论模型结合，形成了两个实质性区域之间的基本比较模型。本章给出了扎根理论方法论的初步形式化设计，并给出了数据分析路线。通过对数据分析路线的跟踪，进一步简化了实质性区域之间的数据分析流程。将该模型转化为形式扎根理论方法论三重三角模型，数据分析分为开放性编码、理论性编码和理论化。在这两个实质性领域之间，本书提出了三重三角模型，以便在理论层面、核心类别层面和指标层面进行比较，从而实现正式的理论化。

文献的使用有 5 个主要部分：静止锋效应设计、相关理想类型的讨论、文献数据库、田野笔记库和来自研讨会的贡献。静止锋效应描述的是一种天气状况，但它同样适合用来描述扎根理论如何引用领域文献。在概念设计下，受"扩展的知识管理金字塔"的启发，本书引入了一个具有社会现象理论化进程四层模型的静止锋效应结构，其中经验田野代表整个经验现实，知识场代表整个经验现实的知识。4个层次的社会现象理论化进程被置于情境化/概括性理论领域的中心。经验田野和知识领域是由两个方面构成的，即从经验田野收集的数据存储在经验田野数据库中，从知识领域获得的相关文献保留在文献数据库中。这两个数据库是开放的系统，使领域和图书馆之间的动态流动相协调，并有助于社会现象理论化进程的出现。另外本章进一步发展了与社会现象理论化进程四层次模型相结合的静止锋效应，使之与田野笔记相配合。图4.25展示了田野笔记的位置。4个层次的社会现象理论化进程与领域文献之间的详细互动见图4.26，该模型给出了静止锋效应发生的时间。

基于图4.27中的数据收集，本项目使用预期数据源对静止锋效应模型做了可视化处理。第一，讨论相关的理想类型和术语，以使读者了解社会调查的两个封闭领域，即集群和瓷器生产；第二，探索文献数据库，涵盖图4.27中的所有数据源；第三，讲解田野笔记库，讨论田野笔记的内容及其在扎根理论方法论设计中的作用；第四，讨论研讨会的效用，包括对经验田野数据库、文献数据库和田野笔记库的潜在贡献。扎根理论方法论设计中文献的使用，不仅是为数据收集和分析做准备，也有助于建立研究者的理论敏感性。

第5章 数据收集与分析

在第 4 章展示研究设计后,本章呈现数据收集和数据分析两个部分。数据收集的范围规划是为了实现社会现象理论化进程四层次模型设计。数据分析部分阐释了景德镇陶瓷产业集群在时间维度(线理论)上的形式理论。

5.1 数据收集

数据收集被设计成一个动态的开放系统,收集一直持续到从田野中产生足够的形式理论,并且被相关文献验证为止。数据收集有助于建立经验田野数据库和文献数据库。

本项目相关研究者亲自参与了以下地点的所有数据收集活动:景德镇(2008),京都(2014),景德镇(2014),达尼丁(2014),斯托克(2015),景德镇(2015),利川(2015)。André Everett 博士于 2007 年为资料库贡献了摄像视觉资料和史学资料,这是景德镇陶瓷产业集群田野工作之前自然发生的资料。Kelly Hsieh 博士与研究者一起从 2014 年的日本经验数据集中收集了访谈记录。研究者在语言支持下设计了半结构化的研究问题。其他研究者收集的两个数据集,旨在实现研究者三角测定。这两个数据集在本书中不做分析,但在数据收集阶段有助于四个层次的社会现象理论化进程四层次模型的发展。在正式理论中,受个人时间和精力的限制,来自一个以上的研究者的贡献是可能的,也是必要的。两位从事数据收集的学者在数据收集中提供了研究者三角测定。但是,该研究的数据分析部分没有使用他们的数据集。

5.1.1 数据收集:经验田野数据库

经验田野数据库储存了从不同国家经验田野所收集的数据。在单一国家开展的活动，通常包括数据收集和研讨会。尽管该项目是由本人和多个国家的合著者提交的，但本数据收集部分侧重于笔者在 2013—2016 年期间访问的国家：中国、日本、新西兰、英国和韩国。

5.1.1.1　中国

2013—2016 年，笔者在景德镇进行了两次数据收集（2014 年和 2015 年），并在管理学、陶瓷人类学、陶瓷研究（包括历史、考古和博物馆研究）和区域研究领域的 4 次研讨会上介绍了该项目。2008 年，笔者在景德镇停留了一个月，收集了 24 份景德镇访谈（附有音频文件）和 11 份田野笔记（Zhuang,2011,p.63）。

笔者在景德镇的数据收集工作是在著名陶瓷人类学家方李莉教授的帮助下进行的。方教授与北京中国艺术研究院的安丽哲研究员和两名研究生一起进行了田野调查。2014 年和 2015 年收集的数据基于前一个项目实质扎根理论的核心类别，旨在涵盖以往研究的大部分数据类别，并包括作为纵向研究在 6 年期间出现的新群体和新类别。

以 2008 年之前收集的数据为基础，2014 年和 2015 年的数据收集完成时间要短得多，尤其是访谈数据收集。通过商业合作关系，笔者参观了一个国营工厂和一个私营工厂，并对其生产过程进行了录像；访问了主要的新兴市场并用视频记录下来，例如高端购物中心和独立艺术家的创作工作室。2008 年以来，景德镇瓷器经济规模扩大，产品种类和比例发生转移，茶器多，装饰瓷艺术品少。

表 5.1 按信息类型列出 2007 年和 2015 年景德镇收集的所有数据，还列出了 2008 年访问的 9 个市场在内，2014 年的数据收集者访问了 35 个市场，进行了 71 次访问，共产生了 160791 个字符的数据。

表 5.1　景德镇市 2007 年、2008 年、2014 年、2015 年数据收集情况

	景德镇 2007 年	景德镇 2008 年	景德镇 2014 年	景德镇 2015 年
调查员	André Everett	庄育婷	庄育婷	庄育婷
访谈	无	24 份（转写 95139 字）	71 份（转写 160791 字）	无
观察笔记	无	11 份（5873 字）	电子笔记 5 份（2760 字）；14 页手写笔记	2013—2015 年，约 20 份田野访谈笔记（23361 字）
影像材料	照片：770	照片：816	照片：1522；视频：14	视频：47

续表

	景德镇 2007 年	景德镇 2008 年	景德镇 2014 年	景德镇 2015 年
网络数据	无	无	网页：24	追踪景德镇瓷器 3 年 8 个商务账号的微信朋友圈（2013—2015 年）（673 个档案）

2015 年的数据集包含了一些受访者的微信账号，以跟踪他们 2013—2015 年的微信朋友圈和公众号上的发帖情况，了解他们的业务发展和产品创新活动，其中包括景德镇市政府为瓷业设立的一个公众号。把 2007—2008 年和 2014—2015 年的数据集（不包括收集的史料数据）比较来看，有可能在有限的时间尺度上生成形式扎根理论。这两个数据集比其他学科研究者所收集和撰写的史料数据有更多的相似之处，在第 6 章中将进行比较。Everett 博士收集的可视化数据不是本项目分析的目标数据集。收集的关于景德镇的其余数据保留在经验田野数据库中。

5.1.1.2 日本

在日本的访谈主要是由一位通日语的商科学者遵循笔者设计的问题进行的。因此，研究者收集的资料更多地指向日本陶瓷集群的文化情境，以此产生观察笔记和视觉资料。日本以工匠精神著称，访谈特别注重细节，资料收集比较具体。

从京都收集的数据摘要如表 5.2 所示。京都陶瓷集群为皇室服务，皇室家族保持其高端利基市场的地位，仅有不到 100 家机构在清水寺附近经营。壹壹壹展（One-One-One exhibition）会长山田（Yamada）先生用英语接受了采访。他有欧洲艺术学校的海外教育背景。还有两位古董收藏家接受了邀请；但由于他们英语能力有限，对话不够流畅，无法作为记录的一部分。

表 5.2　2014 年京都数据收集

	京都 2014 年	京都 2014 年
调查员	庄育婷	Kelly Hsieh
访谈	1 份（英文转写 2784 字）	27 份（转写 16527 字，日文转为中文）
观察笔记	9 份文字笔记（12312 字）；18 份音频笔记	无
影像材料	照片：1082 张；视频：6	无
网络数据	2 份文件	无

在收集资料之前，Hsieh 博士和研究员就产业集群的背景和扎根理论方法论进行了密切的交流，并在收集资料期间保持了频繁的联系。中文记录能够有效地比较同一种语言的日文数据集和中文数据集。但是繁体中文（来自中国台湾）和简体中文（来自中国大陆）在语法和术语上还是有差异的，这是应该考虑的。本书并不是为了分析 Hsieh 博士所收集的访谈资料，而是为了达到社会现象理论化进程和研究者三角测定的 4 个层次，因此本书没有对日本数据集进行分析。

5.1.1.3 新西兰

新西兰的数据收集是在达尼丁遗产旅游集群中进行的。本书共收集了 24 份来自博物馆、园林、野生动物保护区、旅游商店、教堂等机构管理者及相关政府部门官员的访谈。关于达尼丁数据库的资料如表 5.3 所示。

表 5.3　2014 年达尼丁数据收集情况

达尼丁 2014 年	
调查员	庄育婷
访谈	24 份（笔录 41186 字）
观察笔记	5 份（7820 字）
影像材料	照片：2234
网络数据	6 份文件

与日本一样，所有受访者都签署了研究同意书，因为参与者担心自己的隐私及信息会如何用于研究和论文中，特别是来自政府相关机构的担忧。一些私营机构投诉旅游业中私营机构与政府资助的机构之间存在不公平竞争，政府官员因此做出过一些回应。因此，本书的数据分析不涉及达尼丁数据集。

5.1.1.4 英国

英国的数据库没有建立。原因如下：第一，来自 3 个国家的访谈足以在方法内部进行三角测定；第二，英国资料以历史编纂法和国家、地方博物馆瓷器古董为主，可与景德镇史料进行对比；第三，由于旅行预算有限，在英国停留的时间不够长，无法在工业网络中建立连接和完成数据收集。在 5 天的时间里，笔者在伦敦和斯托克拍摄了 7956 张照片（见表 5.4）。

表 5.4　2015 年斯托克的数据收集情况

斯托克 2015 年	
调查员	庄育婷
访谈	无
观察笔记	5 份（5064 个字符）

续表

	斯托克 2015 年
影像材料	照片： 大英博物馆 2101； 维多利亚和阿尔伯特博物馆 1392； 华莱士收藏馆：635； 伦敦 68； 斯托克：3760 共计：7956
网络数据	2 份文件

视觉人类学的观察方法适用于英国博物馆资源。大英博物馆、维多利亚和阿尔伯特博物馆、华莱士收藏馆都提供了陶瓷技术和设计的世界地图。斯托克市的工业博物馆再现了工业革命时期该地区的繁荣景象。韦奇伍德博物馆展出的瓷器是按照历史脉络整理的，层次清晰，来自一个非常值得研究的独立家族企业。还有一些遗产"活化石"，比如米德尔波特陶瓷，大批现代艺术家在这里生产和研究瓷器。本研究应用了一种"扫描"策略，快速移动，捕捉所有相关信息和艺术品。然而，在数据分析部分，英国数据集不是分析的目标。

5.1.1.5 韩国

在利川的田野工作也受到很大的时间压力和语言障碍的限制，仅从田野中获取了 2 份观察笔记和 951 张照片（见表 5.5）。

表 5.5　2015 年利川数据收集情况

	利川 2015
调查员	庄育婷
访谈	无
观察笔记	2 份（2111 字）
影像材料	照片：951

利川是一个生产泡菜缸的传统陶瓷产区，当地仍有许多专门出售这类产品的商店。而韩国陶瓷与景德镇和京都这两处保留大量传统工艺和设计的地方不同，走了一条截然不同的道路。利川陶瓷集群是现代或后现代的，强调技术和艺术创新，深受西方当代艺术的影响。这里的博物馆集中展览后现代艺术品和一些代表抽象主义的雕塑。韩国数据集不是分析的目标数据集。

5.1.2 数据收集：文献数据库中的历史编纂法

相比之下，在本项目的整个社会调查过程中，文献资料的收集是一个较长的过程，为一项持续进行的活动做准备。文献资料来自文献数据库、历史编纂法、研讨会、讨论和田野笔记库。历史编纂法是形式理论化资料分析的一部分，侧重于景德镇瓷器集群的整体历史比较，这方面的资料相对于线理论化层面的比较而言更为充分。

史学资料收集集中在景德镇瓷器集群和英国斯托克陶瓷集群（见附录Ⅶ）。这两个地区的史学资料分三类。第一类是历史纪录片，另有《景德镇陶瓷产业集群史志》有18种、55个条目，以及12本关于斯塔福德郡陶瓷集群历史的书籍，其中收集了大公司的独立历史（关于纪录片的内容资料，见附录Ⅶ_1）。纪录片所涵盖的历史时期年表如图5.1所示。

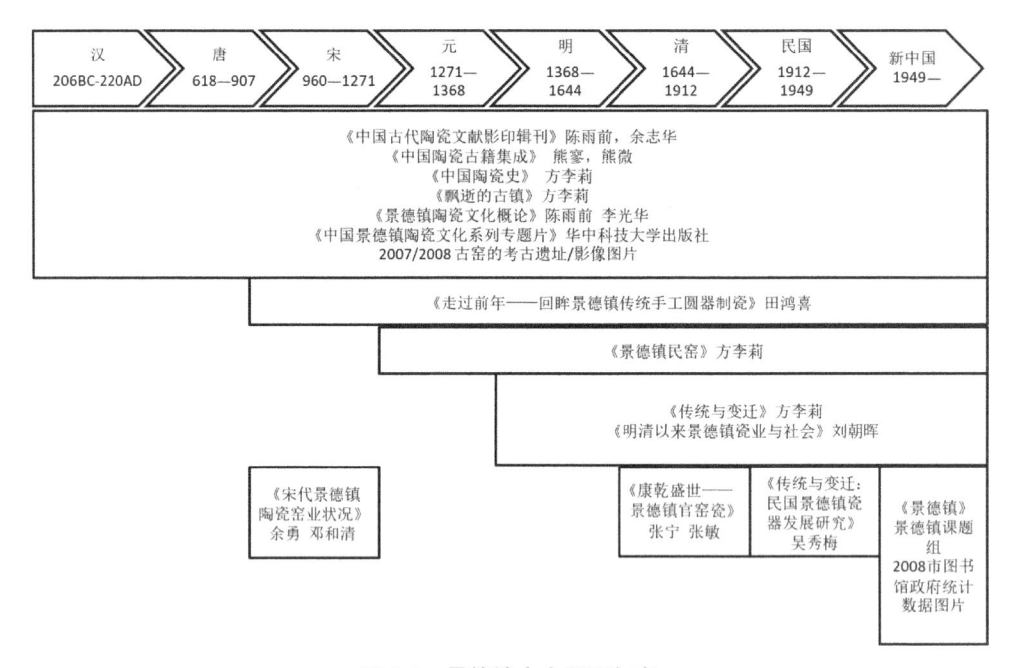

汉 206BC-220AD	唐 618—907	宋 960—1271	元 1271—1368	明 1368—1644	清 1644—1912	民国 1912—1949	新中国 1949—

《中国古代陶瓷文献影印辑刊》陈雨前，余志华
《中国陶瓷古籍集成》熊寥，熊微
《中国陶瓷史》方李莉
《飘逝的古镇》方李莉
《景德镇陶瓷文化概论》陈雨前 李光华
《中国景德镇陶瓷文化系列专题片》华中科技大学出版社
2007/2008 古窑的考古遗址/影像图片

《走过前年——回眸景德镇传统手工圆器制瓷》田鸿喜

《景德镇民窑》方李莉

《传统与变迁》方李莉
《明清以来景德镇瓷业与社会》刘朝晖

《宋代景德镇陶瓷窑业状况》余勇 邓和清

《康乾盛世——景德镇官窑瓷》张宁 张敏

《传统与变迁：民国景德镇瓷器发展研究》吴秀梅

《景德镇》景德镇课题组 2008市图书馆政府统计数据图片

图 5.1 景德镇史志纪实年表

景德镇与斯塔福德郡的比较分析，应该建立在一个相当的历史时期基础上。斯塔福德郡当地的陶瓷业始于1656年，也就是中国清朝时期。可比较的时期约为360年，有29份史料可供比较。第二类是在中国和英国收集的当地博物馆的视觉资料。准备进行比对的视觉数据，包括在中国收集的3108张照片和61段视频及在英国收集的7956张照片。在伦敦博物馆拍摄的照片主要是关于中国瓷器

的，也有一定比例的照片是泛陶瓷类属。第三类是史学资料，以两次关于景德镇瓷器的研讨会资料为依据。这两次研讨会的资料由历史学家、考古学家、人类学家、博物馆研究者和瓷器艺术家收集和分析，代表了瓷器集群的发展现状，还有考古工作中的发现——主要来自沉船。

古文史学资料的翻译和释义是一个难点。比如，研究者将汉代《淮南子》的一小段译成现代汉语花了一个多星期的时间（见附录Ⅶ_2）。又如，研究者试图翻译《中国古代陶瓷文献影印辑刊》中收录的一小段关于景德镇瓷器生产的文献资料。这本史志集是从古代文献中影印出来的，其中的人物是以图像形式出现的。确定它的引用出处非常耗时，既没有明确的目录，也没有适当的参考文献。由于这是一部涵盖景德镇陶瓷历史的长篇文献，因此，研究者尝试了各种可能的方法来寻找合适的翻译，甚至向中国文学学者求教。通过两次关于景德镇瓷器的研讨会，本人得到了该地区专家的意见，认为如果一批文献没有经过仔细的整理和史学家的重新分类，就没有太大的价值。因此，相关资料将不做比较之用，而留做与古典文学专家共同研究之用。

该项目的文献收集始于2005年，第一个项目在克赖斯特彻奇制药产业集群，开始于围绕波特（1990）关于国家竞争优势的文献。在随后的10年间，随着越来越多的文献被添加到数据集，文献收集工作需要重构，文献分类需遵循扎根理论方法论。文献大多有两个来源：第一，基于个人的理论敏感性，根据各种研究需要进行数据库检索；第二，通过与该领域学者的交流，选择基于他们的理论敏感性所推荐的文献。在文献收集过程中，有一个研究者三角测定。学术数据库中的文章大多是通过关键词搜索的，而这些关键词中的一部分，通常是图书馆中文献已有的类别。由其他学者提供的文献是根据讨论的主要主题分类的。当数据库的规模急剧扩大时，越来越多的文献必须由多个类别共享。目前有4个级别的类别：核心文献（2298份档案）、相关领域文献（8154份档案）、与研究相关的文献（5469份档案）、商业数据库（254824份档案）。

核心文献中收集了以下文件：集群（323份文件）、批评性文章（50份文件）、经济地理（33份文件）、经济学（82份文件）、扎根理论方法论（253份文件）、历史（28份文件）、方法（178份文件）、研究哲学（205份文件）、理论化（362份文件）和韦伯（372份文件）。相关关键词包括商业伦理、中国、集群、儒学、其他国家、教育、创业、金融、全球化、历史和文化、创新、国际金融、知识管理、市场营销、新西兰产业、组织心理学、战略、技术、旅游和三螺旋。与研究相关的文献分为 3 个核心领域：语言（885 份文件）、方法（2847 份文件）和工具（1737 份文件）。商业数据库主要由澳大利亚商业院长理事会（ABDC）列表中的相关期刊文章组成。该数据库是笔者开发的本地期刊数据库，有 1330 种期刊。

5.1.3　数据收集：田野笔记库

从项目开始收集的田野笔记库主要来自 3 方面：笔者博士项目期间与导师的谈话（134377 字）、手写笔记本（10 本）和极少量的数码田野笔记（大多包括在经验田野数据库的观察笔记中）。与导师（主要是与主导师 André Everett）的对话是对田野笔记库的最大贡献。截至 2016 年 7 月 6 日，Everett 教授和笔者之间的电子邮件对话在 10 年间共有 10015 封邮件，主要讨论集群研究。与导师的对话围绕 7 个关键领域，分为 51 类：博士管理、出版和学术生涯、论文章节内容、来自田野经验观察的田野笔记、研讨会的田野笔记、技术，语言。

围绕韦伯、哲学和社会学，共产生了 12704 字的田野笔记，与第 2 章相关。此外，围绕社会现象理论化进程、三维模型、形式扎根理论方法论结构和扎根理论方法论生成了 25384 字的田野笔记，这些都包括在第 3 章。手写笔记的主题与导师对话的主题一致。田野观察的笔记和研讨会田野笔记，与经验田野数据库中所包括的田野笔记部分重叠。研究者三角测定发生在本人和导师之间的访谈田野笔记中，在社会现象理论化进程和形式扎根理论方法论结构的发展中起着至关重要的作用，用以纠正、建议、评论、启发和鼓励本人朝着追求真理和知识的方向前进。田野笔记的数量将在研究完成后不断增加，并将成为个人思想发展和在博士期间所获支持的证据。

5.1.4　数据收集：研讨会

本研究项目的覆盖范围涉及多国及多地区，通过各个城市和国家的研讨会收集的数据量各不相同。在数据收集和研讨会方面的国际路线，与来自多学科和多文化背景的研究者群体一起提供了本项目价值的保证。

表 5.6 按时间顺序列出了本项目的数据收集时间表，其中包括数据收集地点和研讨会地点。除了本人参加的中国、新西兰、日本、英国和韩国的研讨会外，其余研讨会地点均由合作调查者 André Everett 教授参加（表 5.6 中以 * 标记）。研讨会有助于相关领域知识的发展，进而有助于讨论经验工作中的理想类型（第

4.4.2 节）及文献数据库中的文献。

表 5.6　数据收集和研讨会的地理分布

年份	城市	国家	目的	主题区域
2008	景德镇	中国	数据收集	聚类研究
2008	达尼丁	新西兰	麦吉尔国际创业研讨会	创业精神
2009	深圳	中国	*泛太平洋研讨会*	业务
2011	厦门	中国	国际华人管理研究协会（IACMR）	管理
2011	大田	韩国	*泛太平洋研讨会*	业务
2011	波士顿	美国	决策科学学会年会*	多个
2012	厦门	中国	国际商业学院区域研讨会	国际商务
2013	塔斯马尼亚	塔斯马尼亚	*澳大利亚和新西兰管理学院*	管理
2014	京都	日本	数据收集	聚类研究
2014	大阪	日本	泛太平洋研讨会	业务
2014	景德镇	中国	数据收集	聚类研究
2014	北京	中国	国际华人管理研究协会（IACMR）	管理
2014	悉尼	澳大利亚	*澳大利亚和新西兰管理学院*	管理
2015	牛津	英国	全球经济地理学研讨会	经济地理学
2015	斯托克	英国	数据收集	聚类研究
2015	北京	中国	景德镇传统瓷器工艺研究学术论坛	人类学
2015	景德镇	中国	景德镇陶瓷国际研讨会	陶瓷
2015	杭州	中国	中国区域研究学会研讨会	地理
2015	大邱	韩国	集群网络全球研讨会	集群
2015	伊切翁	韩国	数据收集	聚类研究
2015	皇后镇	新西兰	澳大利亚和新西兰管理学会	管理

*André Everett 作为合作调查者出席的研讨会。

在中国的研讨会笔记，来自 4 个研讨会：IACMR（北京）、景德镇国际论坛（北京）、景德镇学术论坛（景德镇）和区域研究学会（RSA）中国研讨会（杭州）。笔者在泛太平洋研讨会上做了演讲（大阪），并出席了在英国牛津举行的全球经济地理学研讨会，在韩国大邱举办的 TCI 网络全球大会。研讨会笔记的详细情况见附录Ⅵ（研讨会田野笔记 1 至 4）。

从 5 个国家收集的实证数据可以概括景德镇陶瓷产业集群的时间（整个历史）、空间（多地点）和人（历史文化集群）的维度。图 4.17 描述了文献数据库、田野笔记库和研讨会收集的数据。由于历史文化集群是一个宏观现象，因此接下来的数据分析侧重于线理论。

5.2 数据整理与分析

数据分析包括数据准备和实际分析两部分。数据分析的准备阶段会将收集的数据与扎根理论方法论设计连接起来，以提高数据分析的总体透明度。准备工作包括：准备 Zhuang（2011）的景德镇陶瓷产业集群研究的实质扎根理论；根据历史文化集群的时间、空间、人维度的数据收集，构建社会现象理论化进程四层次模型；基于 2007/2008 年和 2014/2015 年收集的数据集间比较，准备形式扎根理论方法论。

数据分析时，在第二实质领域涌现点理论的情况下，线理论进程可应用三重三角模型最终生成线理论。三重三角模型可解构成 3 个单独的三角形，以进行理论层面的比较，扎根在 2014 年和 2015 年收集的实证调查和史学文献中。接下来，将来自景德镇 2007/08 数据集的实质扎根理论核心类别，与来自景德镇 2014/15 数据集的实质扎根理论进行比较，以确认核心类别的比较是否可以导出线理论。如果没有足够的证据从核心类别层面生成线理论，则进行指标层面的第三个三角比较。数据分析并不完全覆盖经验田野数据库中的所有数据，而是根据适宜性和效率进行选择，以得出论证所提出的社会现象理论化进程四层次模型和形式扎根理论方法论模型的分析结论。

5.2.1 社会现象理论化进程四阶层次模型的准备工作

虽然生成社会现象理论化进程四层次模型并不是本书的目标，但以围绕历史文化集群收集的 5 个数据集为例，探讨如何实现这一目标是值得的。数据分析将在多大程度上遵循理论化路线，取决于方法测试和理论贡献的质量，还取决于研究者的理论敏感性，以确定数据集的质量和数量，从而决定如何对数据进行分析。

基于以上数据的收集，数据集可用于比较和构建社会现象理论化进程四层次模型。社会现象理论化进程四层次模型的一般假设是：在时间、空间和人上均固定的点理论，固定在时间、空间和人的两个方面的线理论，固定在时间、空间或人的一个方面的面理论，一个在时间、空间和人各方面都有充分体现的体理论。为了从点理论到体理论进行有效的比较，每一个比较都应该产生一个更高层次的理论，并且应该有4组跨案例的比较，以实现体理论的理论化。

在同一个历史时间点上，数据可以在空间和人的维度上进行比较，不应跨历史时期进行比较。例如，2007年和2008年景德镇数据（景德镇07/08）与2014年达尼丁遗产旅游数据（DHT14）不适合做比较。在这些假设下，从2014年和2015年期间的景德镇陶瓷集群（景德镇14/15）中的数据收集至少可以产生5种可能的点理论，其他4个集群是2014年的京都陶瓷集群（KC14），2014年达尼丁遗产旅游集群（DHT14），2015年斯托克陶瓷集群（SOT15），2015年的利川陶瓷集群（IC15）。这5个集群的数据收集都受到了时间和空间的限制。

图5.2展示了一个可能的编码图，用于指导5个历史文化集群之间的比较。其中，有一个理想的路线将4组比较减少为3组，用实线突出显示。

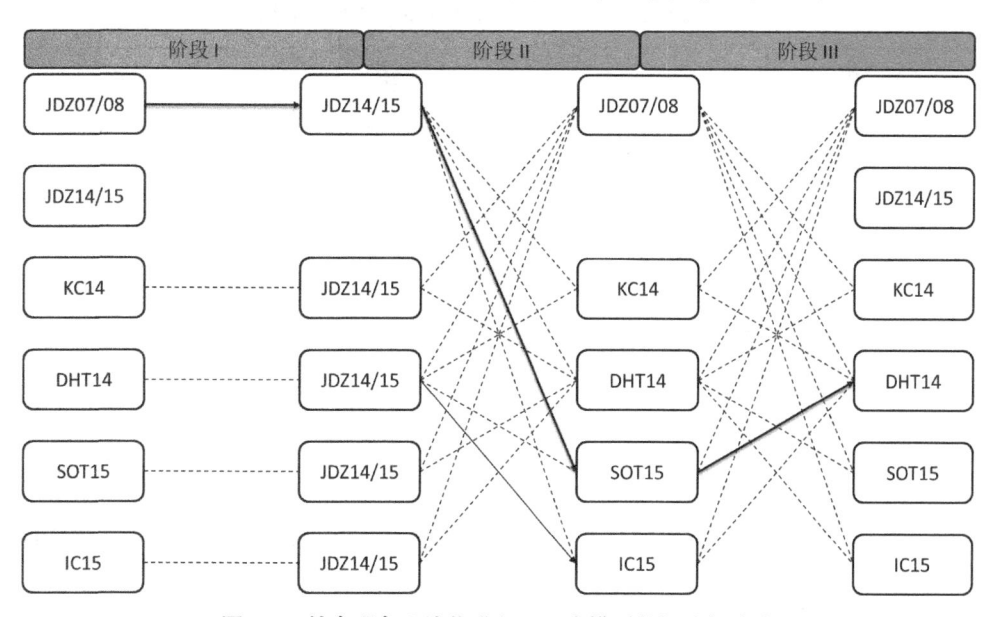

图 5.2　社会现象理论化进程四层次模型数据分析路线

景德镇07/08和景德镇14/15之间的比较，与其他数据集相比是同质程度最高的，可以比较包括访谈、田野笔记、视觉数据和史料数据在内的多种数据。根据景德镇和斯托克数据集的史学数据和聚类规模的相似性，对景德镇和斯托克数据集进行了第二次比较。人维度中的第三个数据集取自工业维度，用于与遗产文化集群（如达尼丁遗产旅游集群）进行比较。第三次比较也是经过精心设计的，因为达尼丁和斯托克比其他两个数据集拥有更多的文化相似性，而景德镇和斯托克比京都和利川拥有更强的工业背景。

社会现象理论化进程四层次模型的准备工作提供了使点、线、面和体理论化的框架。本书关注图5.2中的第一阶段，比较2014年和2015年景德镇数据集及相关史料与庄育婷2011年的实质性理论。接下来将为两个实质性领域之间的交叉数据比较做准备：景德镇07/08与景德镇14/15（历史编纂法角度）。

5.2.2 正式理论化的数据准备：景德镇07/08

为了更好地理解景德镇07/08中的实质扎根理论，以及实质扎根理论的9个图表（见附录Ⅱ）和相关的13个核心类别，表5.7提供了景德镇07/08中实质扎根理论的数据组。在解构景德镇07/08中的实质扎根理论的基础上，通过景德镇陶瓷产业集群，以13种不同的视角，来考察历史文化集群。

表5.7 景德镇07/08实质扎根理论的解构：数据组列表

数据组	类别
子市场	樊家井，中国瓷城，锦绣昌南，新都，金昌里，国贸，雕塑瓷厂，连社北路，老厂
买方组	游客，瓷器店，展览，拍卖行，古玩市场，瓷器收藏家
分销渠道	瓷器市场，私人作坊，私人窑，其他陶瓷集群，从批发商、古董市场购买
外部环境	竞争对手（国内，国际），政府，客户，寻求机会者，教育和学术支持
工业指标	成本控制，生产质量，生产规模，盈利能力，博览会，创新，家族企业
关键问题	市场搬迁，市场规划，房地产/租赁，与公众沟通，国有企业，版权
配套工业和生产工艺	陶土，住宿，瓷器运输，包装，窑烧，化工原料，彩绘—刻花—釉料供应商
访谈人群	大学毕业生，青壮年，村民，失业，转岗
国营工厂	建国瓷厂，艺术瓷厂，人民瓷厂，红光瓷厂，光明瓷厂，红旗瓷厂，红星瓷厂，宇宙瓷厂，景兴瓷厂，东风瓷厂

续表

数据组	类别
艺术技术专业	粉彩，刻花，青花，花鸟，韩式，图案，人物
历史发展	现代化，工业化，资本化的历史趋势
嵌入式市场与计划市场	历史机遇，地理邻近，国际商业活动，本地创业精神，政府干预，全球化，交通，地理位置
相关研究领域（来自数据的证据）	中小企业中，竞争力，创业精神，财务管理，生产管理，工业化和升级，创新，品牌策略（城市形象），外部商业环境，地理邻近和分工，集群中的政府职能，集群内部业务网络，行业劳动力特征，买方营销网络，市场划分，未来发展方向，中国集群研究与经典集群研究，景德镇传统集群的特色，传统文化，集群孵化

资料来源：Zhuang（2011）。

在考察子市场时，可以根据其专业化程度对其进行分组，如樊家井、筲箕坞是仿古瓷市场，中国瓷器城、锦绣昌南是旅游瓷器市场，新都、雕塑瓷厂、老厂为旧瓷厂所在地，而金昌里和国贸则是日用瓷批发市场。买家包括游客、瓷器店老板（来自其他城市或其他国家）、跑展销的买手、拍卖行、古玩市场和瓷器收藏家等。

买方群体到达景德镇时去往相关市场，与子市场有密切的关联性。13组数据以不同的系统方法，呈现2007年和2008年景德镇陶瓷产业集群的实证。景德镇陶瓷产业集群或历史文化集群整体生态系统的研究，包括所有数据群及更多数据群。为了更全面地了解集群系统的整体情况，有必要对每个数据组进行微观分析。

集群治理（Governance of Clusters）来自庄育婷（2011）发表在 *Journal of Public Affairs*（Zhuang and Everett，2017）上的研究。有大量数据证实，政府在景德镇陶瓷集群发展中的干预和企业及民众的普遍利益之间有激烈的冲突。历史文化群组治理的点理论，将以围绕群组治理田野中出现的核心类别为基础，表5.7对此做了简要讨论，并辅以表5.8所列的13个核心类别及9个实质扎根理论。理论分类最后阶段的详细指标和类别见附录X。

表 5.8　景德镇 07/08：核心类别及实质扎根理论

编号	景德镇 0708 景德镇 0708 核心类别
1	景德镇集群的重要经营理念
2	景德镇瓷器市场的划分
3	外部商业环境
4	买方营销网络
5	地理邻近和分工
6	集群孵化繁殖
7	景德镇内部商业网络
8	产业人口特征
9	政府职能
10	景德镇瓷器的发展方向
11	景德镇传统文化集群的特色
12	传统文化
13	中国集群研究的特点与经典集群研究
编号	景德镇 07/08 景德镇 07/08 中的实质扎根理论
1	全球经济中的景德镇瓷器
2	买方行为的转变：角色，地点和采购渠道
3	外部商业环境对瓷业的影响
4	政府干预与公众期望
5	景德镇陶瓷产业集群内部网络
6	陶瓷产业集群群体
7	陶瓷工艺专业的传统划分
8	当代瓷器产业集群孵化时间线
9	地方嵌入式市场与政府计划市场的比较

资料来源：Zhuang（2011）。

5.2.3　形式理论化的数据准备：景德镇 14/15 和历史编纂法

在实证田野数据库的数据集中，本书选取了 2014 年的访谈笔录和方李莉（2002）撰写的《景德镇民窑》作为理论抽样的主要数据集。第一，2014 年的访谈记录汇编了单一最丰富的数据集，共有 81 名受访者。第二，从景德镇 07/08 中得出的实质扎根理论主要是基于对访谈笔录的分析。因此，选择相同的数据源进行比较，与上下文的连续性更好，并且由于数据收集方法和数据分析途径的相似性更高，更有可能引发有效的交叉比较。第三，2014 年的数据收集有针对性地重新考察了景德镇 07/08 的数据产生的细分市场，并跟踪了类似的人口群体，如国有十大瓷厂的下岗人口、大学毕业生、企业家等。这种连续性还包括诸如政府政策和政治以及分工等议题。因此，在同一数据源的访谈笔录之间设计一条线理论化，是超越了"理论抽样"精神的。

除了两个访谈记录数据集之外，本书还借鉴了方李莉（2002）的系统分析方法。在本书附录Ⅶ_1 中的 18 篇相关史学文献中，选取了方李莉（2002）的分析角度——管治的适宜性。这是一部在 2000 年拍摄的纵向民族志项目的人类学纪录片，是方教授研究的成果。方李莉（2002）选择从民窑的角度来看待瓷业的发展。纵观历史，官窑首先是为帝王世家服务，其次服务于外交目的，一小部分产品供应海外市场揭示了强烈的政治目的。因此，官窑瓷器生产更多反映的是政府干预和政府政策，而不能成为地方经济的指标。

方李莉（2002）收录了历史分析，作为陈玉（2012）《中国古代陶瓷文献影印辑刊》的一部分，与景德镇瓷器生产相关。笔者发现，翻译这篇古典文献有很大的困难，并在附录Ⅶ_1 中做了介绍。方李莉出生于景德镇，她写作的内容远远超出了人类学的范畴，除了具有瓷器生产和瓷器艺术方面的专业知识外，她对经济状况和经济关系有着特殊的敏感性，这为分析提供了合适的材料。她的《景德镇民窑》涵盖了景德镇瓷业近 2000 年来的历史演化（据清代乾隆四十八年《浮梁县志》记载："新平冶陶，始于汉世。"），提供了景德镇瓷器集群的快照，并曾在其他 17 个历史记录文献中被讨论。接下来介绍形式扎根理论的方法论的准备工作，对第 4 章中的形式扎根理论方法论设计的数据源进行可视化处理。

5.2.4　形式扎根理论方法准备

基于社会现象理论化进程化设计的形式扎根理论方法论设计，侧重于景德镇

07/08 和景德镇 14/15 之间的线理论化，第一阶段如图 5.2 所示。形式扎根理论方法论设计由一个形式扎根理论方法论三角模型（见图 4.17）和第 4 章的三重三角模型（见图 4.22）组成。

图 5.3 反映了使用形式扎根理论方法论三角测定模型（见图 4.17）在景德镇收集的实际数据。本章所选 3 个集群的数据收集包括在线数据，但在线数据量十分有限，无法进行有效比对。因此，在线数据被排除在形式扎根理论方法论三角测定模型之外，该模型更多地集中于访谈笔录、观察笔记、视觉数据和历史资料。

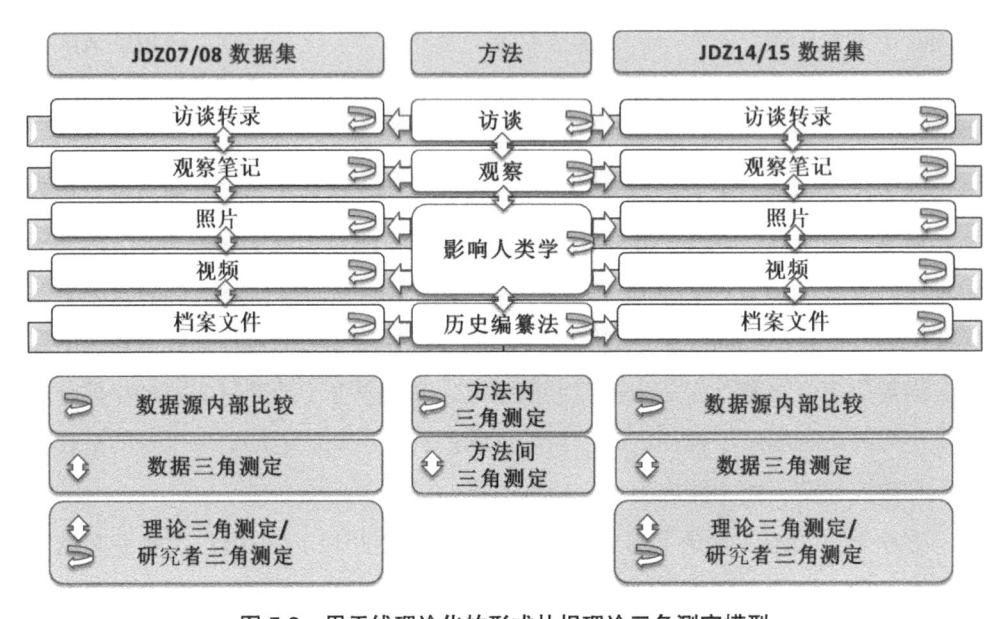

图 5.3　用于线理论化的形式扎根理论三角测定模型

在图 5.3 中，基于 Denzin（2006）的三角测定有 4 个可能的变形。2007 年的视觉数据和史学资料是 André Everett 在田野考察中提供的，与 2008 年研究者收集的视觉数据和史学资料相结合，从而实现研究者的三角测定。因此，景德镇 07/08 数据集包括内部研究者的三角测定。来自景德镇 07/08 数据集的实质扎根理论运用数据三角测定来比较访谈记录、观察田野笔记和史料（Zhuang，2011，pp.209—255）。视觉人类学有 5 种不同的数据收集方法和 2 种数据来源，因此存在方法内和方法间的三角测定。从景德镇 07/08 的实质扎根理论中，有证据表明在 13 个相关的学术领域内存在多个理论透镜，根据 13 个核心类别产生了 9 项实质扎根理论（Zhuang，2011，pp.269—284）。

Denzin（2006，p.472）评论说："在同一调查中，多种方法、数据来源、观察者和理论的结合，被称为多重三角测定。虽然任何单一的调查都很难做到完全结合。"多重三角测定设计已经被证明是可能的，甚至存在于理论的实质性阶段。因此，数据分析不会进一步测试三角测定完全结合的可能性，而是将重点放在如何在形式理论化过程中去检验三重三角模型。提出一个三角测定模型的目的，是在三角测定中验证研究设计和分析的有效性、可靠性和透明性。庄育婷（2011）的初始实质扎根理论为形式扎根理论创造了比较的基础，提供了具有上述类别的初始数据组。基于数据源比较或表5.7所示的数据组，应用形式扎根理论方法论三重三角模型是可行的。

形式扎根理论方法论比较可以基于方法内比较或方法间比较，例如遵循三重三角模型在景德镇07/08和景德镇14/15之间比较的访谈笔录，或者在不同的数据源之间进行比较，以获得继庄育婷（2011）之后出现的理论。可以围绕生产链、分销渠道、周边环境、配套产业和相关研究领域的13个关键领域数据组进行重点分析。资料来源包括访谈、观察笔记、照片、视频、档案文献。

从第一个实质性领域发展起来的实质扎根理论，指导第二个实质性领域的实质扎根理论发展，但与第一个实质扎根理论保持距离，并允许新的实质扎根理论涌现。集群治理是一种宏观经济现象，并不局限于地方政府的治理。就景德镇而言，它存在严重误导性的集群相关政策以及自治机制（见附录Ⅱ图13和图18）。Zhuang和Everett（2017）关注政府治理，然而实质理论显示景德镇陶瓷集群反映出高度的自治：能够自行分工合作，在地理临近地产生分销网络。通过景德镇07/08发现的"自"机制在实质层面揭示了一个自给自足的集群生态系统。从第一个实质扎根理论形成开始的比较，将发现更多关键理想类型，如集群生态系统、嵌入性、集群政策、政府干预和治理。为了准备线理论化，相关的核心类别列于表5.8，理论分类列于附录X。

指标是直接编码的，有助于核心分类，如果没有足够的材料在经验田野数据库中生成"临时"直线理论，可能需要查看所有编码备忘录或进行进一步的数据收集，以实现图4.22中的第三个三角比较。第一个实质扎根理论的编码具有多样性和探索性；景德镇07/08的编码和出现的实质扎根理论不是研究集群治理的唯一兴趣。因此，景德镇14/15和景德镇07/08之间的比较，可以围绕集群治理的关系，去应用选择性的编码策略。第二个和第三个三角形比较，可以采用理论编码，来巩固线理论。

景德镇 07/08 比较了 3 个数据来源，包括访谈记录（2008 年）、观察田野笔记和少量史料，以检验"理论饱和度"。最后一套具有实质性理论饱和度的理论排序见附录 X。13 个核心类别包括 28 个子类别（含子市场），同时提出相关指标，采用三重三角模型进行形式扎根理论的比较。核心类别排名前三位的是重要的商业概念（包括 8 个关键概念），包括景德镇瓷器市场的划分和外部商业环境（见表 5.8）。来自景德镇 07/08 数据集的景德镇瓷器群的 9 个实质扎根理论也列在表 5.8 中，附录 Ⅱ 描述了这些实质扎根理论。

5.2.5　数据分析：景德镇 14/15 的实质（点）理论化

实质理论化遵循三重三角模型（图 4.22）和 3 个周期的分析。第一步是将 2014 年和 2015 年收集的数据作为实质领域进行分析，包括按照图 4.15 中的实质扎根理论方法论设计的历史编纂法，借此开展景德镇 07/08 的数据分析。第二步是在 2014 年和 2015 年收集的所有数据类型中，分析访谈和史料。这两个新的数据集将被分别进行分析，然后与来自庄育婷（2011）的实质扎根理论进行线理论比较。第三步是对景德镇 14/15 访谈笔录和 Fang（2002）中的理论抽样，如果数据不是"暂时"饱和的话，并不会限制对来自其他数据源或其他史料纪录片的进一步数据分析。当分析中的指标开始重复时，这是抵达实质性层级的部分和"暂时"饱和的信号。原始数据的原始来源会被编码排序，以便对分析进行三角测定。

5.2.5.1　数据分析：经验田野数据库

景德镇 14/15 的资料分析与附录 Ⅺ_1 的历史编纂法分开进行。这些指标以"景德镇 14/15_DATE_NO."编号，表示在特定数据集中进行的访谈次数，以便透明地验证指标。"市场"一栏表示接受采访的子市场的名称，或表示对特定市场的评论。指标会被按照类别进行编码，并标识清楚指标的内容，以显示是关于讨论经济现象、与经济有关的现象，还是图 3.5 所讨论的受经济制约的现象（Swedberg，1998，p.194）。人口统计信息也是从访谈中获取的，并放在一个单独的栏目中。

通过对景德镇 14/15 访谈笔录的数据分析，开放性编码生成 216 个指标。在附录 Ⅺ_2 中对最初的理论类别进行了理论分类，通过选择性/理论性编码将类别进一步发展为核心类别，并从编码过程中明确相关指标。通过理论上的重新分类，出现了 21 个核心类别，如表 5.9 所示。

表5.9 景德镇14/15访谈：核心类别

CC14/15	来自访谈笔录景德镇 14/15 的类别	相关指标数量
1	自治—工匠技能的划分	38
2	自治—大学生创业	30
3	自治—配送	22
4	自治—市场价格	22
5	自治—配送网络	18
6	位置邻近性	13
7	经济状况	8
8	自治—营销策略	8
9	自治—民营孵化器	8
10	自治—生产	7
11	自主创新	6
12	自治—生产风险管理	6
13	自治—商业伦理	5
14	治理—政府政策	4
15	政治条件	4
16	自治—版权问题	4
17	自治—支持型产业	4
18	自治—人员分工	3
19	自治—生产分工	2
20	自治—教育	2
21	自治—传家宝	2

表5.9 中列出了与核心类别相关的指标数量。前 5 个核心类别是：自治—工匠技能的划分（38 个指标），自治—大学生创业（30 个指标），自治—配送（22 个指标），自治—市场价格（22 个指标），和自治—配送网络（18 个指标）。从理论的角度来看，所有 21 个核心类别无论含有的相关指标多或少，都是同等重要的。它们对产业集群"治理"的贡献及对当前文献的贡献都是一致的。

5.2.5.2 **数据分析：历史编纂法**

根据景德镇 14/15 访谈记录生成了核心类别后，历史记录就被编码在附录 XI _3 中。指示器用"jdz_h_author_year_pageno_no."编号，以允许跟踪到原始源。类别是通过开放性编码发展起来的，来自基于韦伯的文化现象学说。景德镇 14/15 访谈笔录的开放性编码见附录Ⅺ_1。对方李莉（2002）的历史文献的分析，共产生了 86 个指标；在附录Ⅺ_4 中对类别进行了理论上的重新排序，通过选择性/理论性编码产生了 9 个核心类别。排名前五位的核心类别是：自治—生产分工（26 个指标），经济状况（25 项指标），治理—生产（13 个指标），自治—配送（9 个指标）和政治条件（4 项指标）（见表 5.10）。

表 5.10　景德镇历史编纂法：核心类别

CCH	历史编纂法产出类别（景德镇）	相关指标数量
1	自治—生产分工	26
2	经济状况	25
3	治理—生产	13
4	自治—配送	9
5	政治条件	4
6	自治—生产到配送	3
7	自治—城市规划	3
8	嵌入性	2
9	自治—支持型产业	1

5.2.5.3　数据分析：实证田野数据库和历史编纂法之间的联合分类

在景德镇 14/15 访谈笔录与景德镇史料产生核心类别后，将核心类别通过比较整合为一套。史料核心类别提出了 4 个新的核心类别，并与景德镇 14/15 访谈笔录核心类别合并了 5 个。因此，25 个核心类别从两个数据集合并而来（见表 5.11）。

表 5.11　景德镇 14/15 和景德镇历史编纂法：理论编码 1

编号	核心类别来自景德镇 14/15/ 访谈笔录与历史编纂法	相关指标数量
1	自治—工匠技能的划分*	38
2	自治—大学生创业	30
3	自治—配送	31
4	自治—市场价格	22
5	自治—配送网络*	18
6	位置邻近性	13
7	经济状况	33

续表

编号	核心类别来自景德镇 14/15/ 访谈笔录与历史编纂法	相关指标数量
8	自治—营销策略	8
9	自主管理—民营孵化器	8
10	自治—生产	7
11	自治—创新	6
12	自治—生产风险管理	6
13	自治—商业伦理*	5
14	自治—政府政策	4
15	政治条件*	8
16	自治—版权问题	4
17	自治—支持型产业	5
18	自治—人员分工	3
19	自治—生产分工	28
20	自治—教育*	2
21	自治—传家宝*	2
22	自治—生产*	13
23	自治—生产到配送*	3
24	自治—城市规划*	3
25	嵌入性	2

*历史编纂法贡献的核心类别。

前 5 个核心类别是：自治—工匠技能的划分（38 个指标）；经济状况（33 项指标）；自治—分配（31 个指标）；自治—大学生创业（30 个指标）；自治—生产分工（28 个指标）。两个数据集的联合分类如表 5.12 所示。

表 5.12　景德镇 14/15 和景德镇历史编纂法：理论编码 2

编号	来自景德镇 14/15/ 访谈笔录与历史编纂法的核心类别	相关指标数量
1	自治—工匠技能的划分	38
2	经济状况	33
3	自治—配送	31

续表

编号	来自景德镇14/15/访谈笔录与历史编纂法的核心类别	相关指标数量
4	自治—大学生创业	30
5	自治—生产分工	28
6	自治—市场价格	22
7	自治—配送网络	18
8	位置邻近性	13
9	治理—生产	13
10	自治—营销策略	8
11	自治—民营孵化器	8
12	政治条件	8
13	自治—生产	7
14	自治—创新	6
15	自治—生产风险管理	6
16	自治—商业伦理	5
17	自治—支持型产业	5
18	治理—政府政策	4
19	自治—版权问题	4
20	自治—分工	3
21	自治—生产到配送	3
22	自治—城市规划	3
23	自治—教育	2
24	自治—传家宝	2
25	嵌入性	2

笔者对表5.12中的核心类别和相关指标进行回顾，从联合数据集中开发出景德镇陶瓷产业集群实质扎根理论的21个区域，如表5.13所示。3个关键领域分别是：韦伯文化现象与景德镇陶瓷产业集群（编号1），自治和政府干预及政策（皇家/国有）（编号2），什么会破坏自治（编号21）。从景德镇14/15访谈笔录和史学数据分析中，得到21个实质扎根理论区域与景德镇07/08（Zhuang, 2011）的实质扎根理论，并做进一步比较。

表 5.13　景德镇 14/15 的 21 个实质扎根理论

编号	来自景德镇 14/15 方案笔录的实质扎根理论领域
1	韦伯文化现象与景德镇陶瓷产业集群
2	自治和政府干预及政策（皇家/国有）
3	瓷器各行业市场价格的决定因素
4	自治和配送网络
5	自治与配套产业
6	瓷器各板块的工艺分工
7	自治与信任
8	自决定因素和当地邻近性
9	自治与创新
10	大学生创业—配送
11	大学生创业—生产
12	自治和分工
13	经济条件与"名人名作"生产与分销
14	大学生创业—发展过程
15	抄袭和工匠技巧
16	等级系统与瓷器各板块的关系
17	自治与传家宝
18	自治与市场竞争
19	历史上的自治与需求条件
20	景德镇瓷业集群中的垄断
21	什么会破坏自治

5.2.6　景德镇瓷器产业集群团形式化（线）理论

景德镇 07/08 到景德镇 14/15 之间的线理论，并不局限于 2007—2008 年和 2014—2015 年间出现的数据集之间的纵向比较，还审查了这两个时期收集的其他历史数据。在上述实质性的理论建构中，采用了历史编纂法，为景德镇瓷业在其当代发展之前的情况提供了证据，并在第 4.1.2 节中提出的社会现实球模型的时间维度上，形成了更广泛的概括。

5.2.6.1　三重三角模型：三角形 1

三重三角模型（见图 4.22）的 3 个三角比较过程，被分离为实质性领域之间的 3 个比较过程。第一个三角模型如图 5.4 所示。第一个三角模型的比较，发生在两个实体领域分别出现实质理论之后。通过开放性编码、理论性编码和实体扎根理论方法论设计的理论化过程，对第一个三角模型的比较集中出现在两个实质性领域的理论之间。

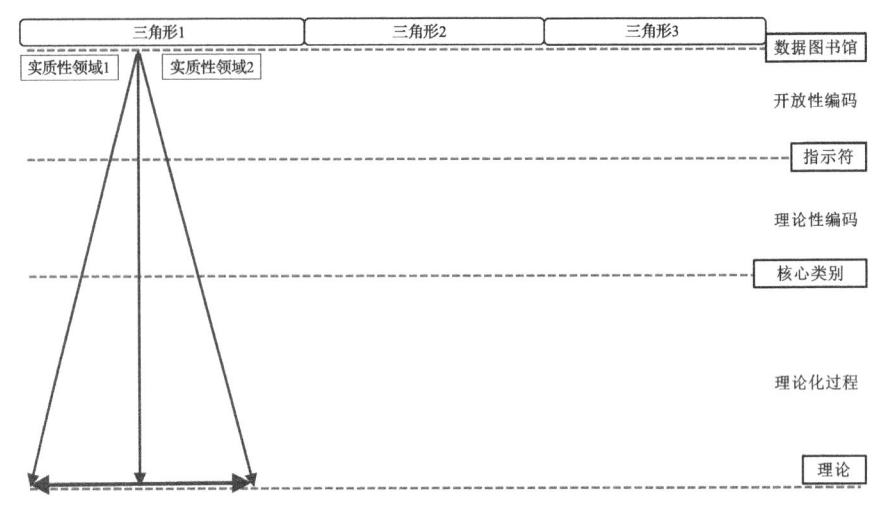

图 5.4 三重三角模型：三角形 1

通过第一个三角在实质层面上的比较，景德镇 14/15 的 15 个实质扎根理论区域与景德镇 07/08 的 9 个实质扎根理论区域相关。本书根据第 5.2.5 节中的实质性理论，开发了 21 个实质扎根理论。表 5.14 按主题介绍了景德镇 07/08 和景德镇 14/15 所提供的两个实质性领域是如何相互作用的。景德镇 14/15 数据集的 21 个实质扎根理论中，有 6 个是新出现的实质扎根理论，另外 15 个实质扎根理论由两个实质性领域共用。

表 5.14 景德镇 07/08 和景德镇 14/15 在实质扎根理论级别上的比较

编号	景德镇 14/15 访谈笔录与历史编纂法生成的实质扎根理论	实质扎根理论景德镇 07/08 的相关数据（见表 5.2）
1	韦伯文化现象与景德镇陶瓷产业集群	3，83，8
2	自治和政府干预及政策（皇家/国有）	4，94，9
3	瓷器各板块市场价格的决定因素	
4	自治和配送物流网络	1.21.2
5	自治与配套产业	5
6	瓷器各板块工艺分工	7
7	自治与信任	
8	自决定因素和当地邻近性	9
9	自治与创新	

续表

编号	景德镇 14/15 访谈笔录与历史编纂法生成的实质扎根理论	实质扎根理论景德镇 07/08 的相关数据（见表 5.2）
10	大学生创业分配	1
11	大学生创业生产	7
12	自治和分工	7
13	经济条件与"名人名作"生产与流通	7，87，8
14	大学生创业发展过程	
15	抄袭和工匠技巧	
16	等级制度与瓷器各板块的关系	
17	自治与传家宝	6
18	自治与市场竞争	3
19	历史上的自治与需求条件	8
20	景德镇瓷业集群中的垄断与垄断	6
21	什么会破坏自治	3，83，8

5.2.6.2　三重三角模型：三角形 2

线理论无法基于实质扎根理论内部一致性在第一个三角形的比较中得到充分发展，因此有必要开启形式扎根理论方法论设计的第二个三角模型。第二个三角形基于已出现的实质理论的两个领域，按照图 5.5 中的模型，在核心类别层面上比较实质理论，以查明在核心类别层面上是否足以发展线理论。如果核心类别层面的信息不充分，那么就必须引入第三个三角模型进行比较。

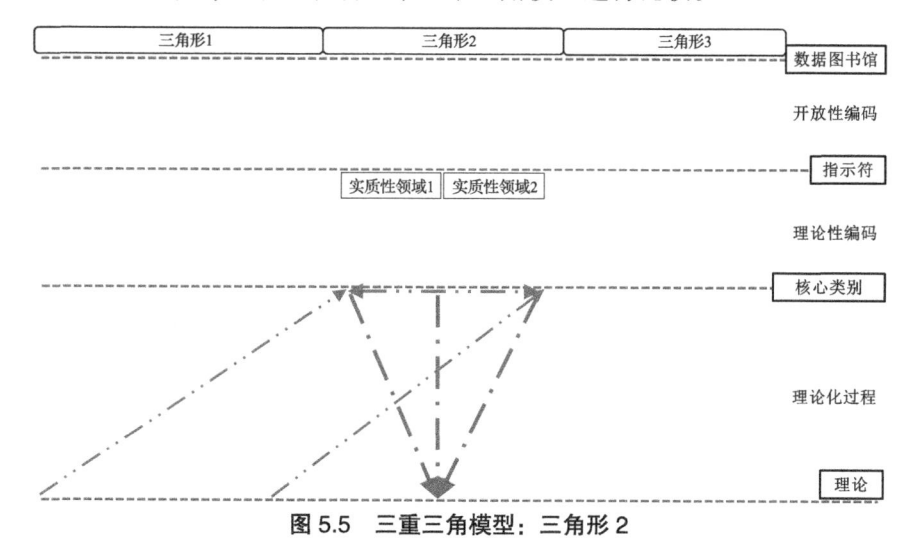

图 5.5　三重三角模型：三角形 2

第二个三角模型用于核心范畴层面的比较,核心范畴层面是在理论编码后浮现出来的。为了对两个实质性领域的核心类别进行比较,表5.8中的核心类别和实质扎根理论在表5.15中重新排列。9个实质扎根理论是以13个核心类别为基础的。然而,当实质理论出现时,它们与一个或多个核心范畴产生关联,以实现内在的连贯性。每个实质扎根理论在字段中包含多个关键关系。此外,为了便于相互比较,笔者在9个实质扎根理论旁边也做了评论。

表5.13中景德镇14/15的实质扎根理论与表5.9中访谈数据集和表5.10中史学数据集的核心类别以及表5.11和表5.12中访谈和史学数据集之间的理论编码联合、分类相结合。表5.16以表5.13为基础,列出了景德镇14/15的相关核心类别和实质扎根理论的总体情况。相关核心类别编号列于相关关键实质扎根理论数字旁边。为了便于交叉比较,21个实质扎根理论旁边也添加了评论,这些评论是从核心类别的相互联系中发展出来的。

表5.15　景德镇07/08的核心类别和实质扎根理论

编号	来自景德镇0708访谈笔录分析的九个实质扎根理论	相关核心类别的数目	备注
1	全球经济中的景德镇瓷器	2	物流配送
2	买方行为的转变:角色,地点和采购渠道	4	物流配送网络
3	外部商业环境对瓷业的影响	3	经济相关现象与产业反应
4	政府干预与公众期望	9	政府干预和政策
5	景德镇陶瓷产业集群内部网络	7	配套产业
6	陶瓷产业集群	8	人口学
7	陶瓷工艺专业的传统划分	5, 11, 125, 11, 12	工匠技能分工和生产分工
8	当代瓷器产业集群孵化时间线	1, 3, 61, 3, 6	经济状况
9	地方嵌入型市场与政府计划型市场的比较	9, 139, 13	政府干预与自治

表 5.16 景德镇 14/15 产生的核心类别和实质扎根理论

编号	景德镇 14/15 访谈笔录与历史编纂法生成的实质扎根理论	相关核心类别编号
1	韦伯文化现象与景德镇陶瓷产业集群	1，251，25
2	自治和政府干预及政策（皇家/国有）	9，12，18
3	瓷器业各板块市场价格的决定因素	2，4，62，4，6
4	自治和物流配送网络	3，7，213，7，21
5	自治与配套产业	17，2317，23
6	瓷器各板块工艺分工	1，41，4
7	自治与信任	16
8	自决定因素和当地邻近性	8，22，258，22，25
9	自治与创新	14
10	大学生创业—物流配送	3，4，7，213，4，7，21
11	大学生创业—生产	1，4，211，4，21
12	自治和分工	5，13，15，20，21
13	经济条件与"名人名作"生产与物流配送	2，5，7，102，5，7，10
14	大学生创业——发展过程	4，114，11
15	抄袭和工匠技巧	1，191，19
16	等级制度与瓷器各行业的关系	1，41，4
17	自治与传家宝	4，244，24
18	自治与市场竞争	2，62，6
19	历史上的自治与需求条件	2
20	景德镇瓷业集群中的垄断	2，42，4
21	什么会破坏自治	2

通过第二个三角形的比较模型产生核心类别和实质扎根理论（见图 5.5）。表 5.17 列出了表 5.16 中景德镇 14/15 中相关核心类别的 21 个实质扎根理论与景德镇 07/08 中的 9 个实质扎根理论和相关 13 个核心类别的比较结果。

表 5.17 景德镇 07/08 和景德镇 14/15 在核心类别一级的比较

编号	景德镇 14/15 的实质扎根理论	景德镇 14/15 相关核心类别	景德镇 07/08 相关实质扎根理论	景德镇 07/08 相关核心类别
1	韦伯文化现象与景德镇陶瓷产业集群	1–25	3，8	
2	自治与政府干预和政策（皇家/国家拥有）	9，12,18	4，9	
3	瓷器各板块市场价格的决定因素	2，4，6		3
4	自治和物流配送网络	3，7，21	1.2	
5	自治与配套产业	17，23	5	
6	瓷器各板块工艺分工	1，4	7	
7	自治与信任	16		4
8	自决定因素和当地邻近性	8，22，25	9	
9	自治与创新	14		1，3，11，12
10	大学生创业—物流配送	3，4，7，21	1	
11	大学生创业—生产	1，4，21	7	
12	自治和分工	5，13，15，20，21	7	
13	经济条件与名家名品的生产与流通	2，5，7，10	7，8	
14	大学生创业—发展过程	4，11		11
15	抄袭和工匠技巧	1，19		3
16	等级制度与瓷器各板块的关系	1，4		
17	自治与传家宝	4，24	6	
18	自治与市场竞争	2，6	3	
19	历史上的自治与需求条件	2	8	
20	景德镇瓷业集群中的垄断	2，4	6	
21	什么会破坏自治	2	3,8	

根据覆盖范围的异同，对这 4 组核心类别和理论进行了评估。表 5.17 表明，来自景德镇 07/08 和景德镇 14/15 的实质扎根理论之间的核心类别级别比较不是很有效。景德镇 07/08 的核心类别仅涉及景德镇 14/15 的 5 个实质扎根理论；然而，在第一个三角模型比较中，来自景德镇 07/08 的 15 个实质扎根理论，与来自景德镇 14/15 的 21 个实质扎根理论相关。

核心类别层面的错位，受到景德镇 14/15 中背景文献范围的影响，后者远比景德镇 07/08 更广泛。这影响了笔者在数据分析中的理论敏感性、对相关类别中额外数据的看法及对开放性编码中各项指标的看法。因为三角形 1 和三角形 2 的比较不足以支持直线理论化和形式理论的出现，因此，来自三重三角模型的最终三角形是必要的。由于需要进行大量比较，指标级的比较非常具有挑战性。然而，由于指标更接近原始数据，涉及较少的理论敏感性，因此它将更加准确。理论敏感性在时间维度上演化，导致不一致的数据分析。因此，在纵向研究或群体研究中，有必要将三个三角模型全部进行比较，以提高形式理论化的质量。

5.2.6.3 三重三角模型：三角形 3

在将景德镇 07/08 和景德镇 14/15 的实质扎根理论核心范畴与理论和核心范畴层面的信息进行比较时，没有直接出现理论。因此，这个过程将被应用到基于图 5.6 的第三个三角模型中。第三个三角形的比较，是根据景德镇瓷器群的原始数据所制定的质量指标而进行的。通过开放性编码，指标是反映经验田野社会现实的敏感码。

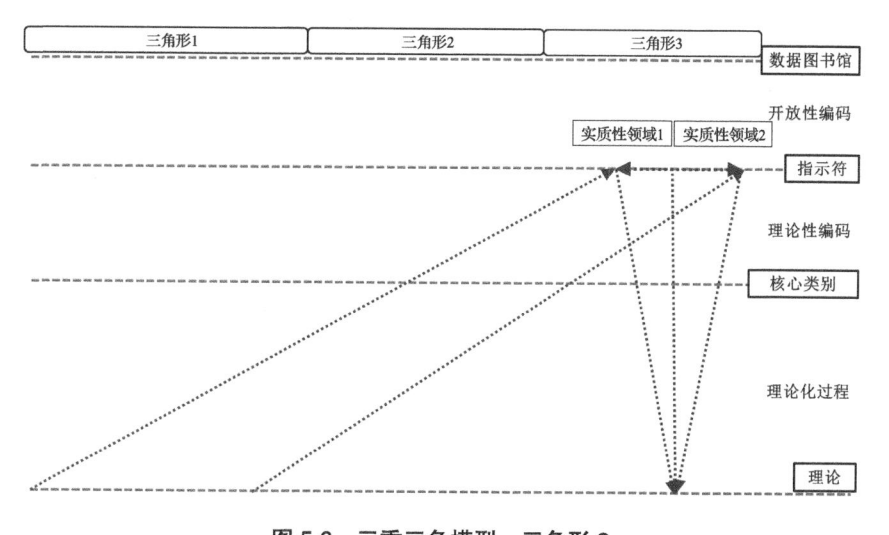

图 5.6　三重三角模型：三角形 3

在表 5.17 中，来自景德镇 14/15 的 21 个实质扎根理论，与来自景德镇 07/08 的所有实质扎根理论相关。为了提高线路理论化的质量，首次对景德镇 07/08 和景德镇 14/15 的指标，按照景德镇 14/15 的 25 个核心类别进行了理论排序，增加了一个新的核心类别，称为"额外"，目的是包括 25 个核心类别中的所有潜在指标。根据现在的 26 个核心类别，增加了景德镇 07/08、景德镇 14/15 和史料的指标，并在附录Ⅻ_1至附录Ⅻ_26中作为第一种理论分类提出。在理论备忘录的协助下，理论分类对于实质扎根理论和形式扎根理论的出现至关重要（Glaser，1992）。附录Ⅻ中的数据集结合了庄育婷（2011）的数据分析和景德镇14/15的实质性理论与历史编纂法。从理论上对庄育婷（2011）的景德镇07/08指标进行了排序，并包含3个关键要素：指标、类别和核心类别。景德镇14/15访谈数据集包括指标、市场、类别、韦伯的社会经济现象范围（见图3.5）以及原始序列号。景德镇14/15历史编纂法包含指标、韦伯的社会经济现象范围和原始序号。

在26个核心类别中，线理论的关键关系在附录XIII中作为第二个理论分类提出。对这些关键关系，基于来自景德镇07/08和景德镇14/15的3个关键数据集所贡献的指标进行排序。关键关系的识别，有利于提高形式理论化的准确性。通过对指标的认真分析，确定了129个关键关系（见表5.18）。

表5.18 景德镇数据集核心类别的关键关系

编号	核心类别	关键关系
1	自治—工匠技能的划分	14
2	经济状况	13
3	自治—配送物流	12
4	自治—大学生创业	9
5	自治—生产分工	14
6	自治—市场价格	3
7	自治—配送网络	11
8	位置邻近性	5
9	治理—生产	7
10	自治—营销策略	4
11	自主管理—民营孵化器	3
12	政治条件	3
13	自治—生产	4
14	自主—创新	4
15	自治—生产风险管理	3
16	自治—商业伦理	2
17	自治—支持型产业	1
18	治理—政府政策	3
19	自治—版权问题	1
20	自治—分工	3
21	自治—生产到配送	4
22	自治—城市规划	1

续表

编号	核心类别	关键关系
23	自治教育	1
24	自治—传家宝	3
25	嵌入性	1
26	额外	0
总和		129

5.2.6.4　形式理论化：二维类别矩阵设计与含义

为了在两个实质性领域对核心类别进行第三次理论排序，一个二维类别矩阵被设计出来。这一矩阵的设计，是为了应对 26 个核心类别和 129 个关键关系重新分类的规模，这些类别和关系是建立在景德镇 14/15 的实质扎根理论基础上的，它无法与景德镇 07/08 提供的指标完全保持一致。该设计出现在形式扎根理论方法论排序过程中，以三重三角模型中第三个三角模型的构造为指导。因此，在第 4 章中，它被排除在形式扎根理论方法论设计之外。在重新整理或重新分类时，人工进行的定性编码将有助于减少不匹配的机会，并提高重新分类的整体质量，也有助于对复杂的宏观现象进行层次比较。

1. 二维类别矩阵的设计

表 5.19 中的二维类别矩阵（完整表格见附录 XIV_1）显示部分矩阵设计，横向 26 个核心类别待拓展。分析（1st）展示核心关系向第二核心类别横向移动。再整理（2nd）表示核心类别向纵向核心类别再整理。

表 5.19　二维类别矩阵设计快照

编号	分析（1st）/再整理（2nd）	1. 自治工匠技能分工	2. 经济状况
1	自治—工匠技能的划分		
2	经济状况		
3	自治—分配		
4	自治—大学生创业		
5	自治—生产分工		
6	自治—市场价格		
7	自治—配送网络		
8	位置邻近性		
9	治理—生产		

续表

编号	分析（1st）/再整理（2nd）	1. 自治工匠技能分工	2. 经济状况
10	自治—营销策略		
11	自主管理民营孵化器		
12	政治条件		
13	自治—生产		
14	自主创新		
15	自治—生产风险管理		
16	自治商业伦理		
17	自治支持型产业		
18	治理—政府政策		
19	自治—版权问题		
20	自治分工		
21	自治生产到配送		
22	自治—城市规划		
23	自治—教育		
24	自治传家宝		
25	嵌入性		
26	额外		

该矩阵具有以下特点：第一，每个关键关系都涉及纵向26个核心类别中的一个；第二，26个横向类别与26个纵向类别之间具有镜像效应；第三，关键关系围绕矩阵转移，通过整合实现更高层次的概念化。为了与第二核心类别相匹配，有必要检查关键关系，以保证每个关键关系在一个二维类别矩阵中都有双核心类别。同时，它还显示了与核心类别的关键关系之间进行的系统和全面的比较。这是理论梳理的一个必要步骤。

下面提供了二维类别矩阵在第三轮理论排序中的可能结果。完整的表格载于附录XIV_1至附录XIV_4，其中记录了核心类别关键关系的迁移路径。由于微软Excel的局限性，无法在动态状态下捕捉完整的迁移路径。由此，本书为提高定性分析的透明度和可靠性，提供了相关软件开发的线索。

2.二维类别矩阵的含义

经过第一轮重新分类，纵向核心类别出现在表5.20中（完整表格见附录

XIV_2)。一个核心类别合并到另一个类别后,原本的记录并不会消失。例如,"15. 自治—生产风险管理",从横向核心类别中消失,但在纵向核心类别中保留了记录,以表明贡献来自何处。

表5.20 二维类别矩阵1

编号	分析(第1次)/重新排序(第2次)
1	1 自治—工匠技能分工
2	2. 经济状况 +22. 自治—城市规划
3	3. 自治—分配 +6. 自主管理—市场价格 +7. 自治—分销网络 +17. 自治支持型产业
4	4. 自主治理—大学生创业 +11. 自主管理—民营孵化器 +19. 自治—版权问题 +23. 自治—教育
5	5. 自治—生产部门 +1. 自治—工匠技能的划分 +25. 嵌入性
6	6. 自治—市场价格
7	7. 自治—分销网络
8	8. 位置接近 +24. 自治—传家宝
9	9. 治理—生产
10	10. 自治—营销战略
11	11. 自治—私营孵化器
12	12. 政治条件
13	13. 自治—生产
14	14. 自治—创新
16	16. 自治—商业道德
17	17. 自治—支持行业
18	18. 治理—政府政策
19	19. 自治—版权问题
20	20. 自治—分工
21	21. 自治—生产到配送
22	22. 自治—城市规划
23	23 自治—教育
24	24. 自治—传家宝
25	25. 嵌入性
26	26. 额外

不断比较矩阵中的 129 个关键关系，纵向合并成 10 个核心类别，横向合并成 9 个核心类别。所出现的纵向核心类别列于表 5.21（全表见附录 XIV_3）。从核心类别的相关性来看，景德镇 07/08 和景德镇 14/15 中，核心类别之间的关联程度较高。重新排序后，表 5.21 反映了与其他类别相关的新核心类别。因此，以往的核心类别无法适用于第三个三角模型中带有指标和关键关系的不断比较。

表 5.21　二维类别矩阵 2

编号	分析（第 1 次）/ 重新排序（第 2 次）
1	1. 自治理—工匠技能分工 +6. 自治—市场价格 +23. 自治—教育 +20. 自治—劳动分工 +21. 自治—生产到分配
2	2. 经济状况 +22. 自治—城市规划 +25. 嵌入 *+20. 自治—分工 *+18. 治理—政府政策 17. 自治—配套产业；6. 自治—市场价格 *+9. 治理—生产 *+7. 自治—配送网络
3	3. 自治理—分销 +6. 自主管理—市场价格 +7. 自治—分销网络 +17. 自治—配套产业 +11. 自治—私人企业 *+7. 自治—物流配送网络 *+17. 支持自治的工业 *
4	4. 自治理—大学生创业 +11. 自主管理—民营孵化器 +19. 自治—版权问题 +23. 自治—教育 +21. 自治—生产到分配 *
5	5. 自治理—生产分工 +1. 自治—工匠技能的划分 +25. 嵌入性 +23. 自治—教育 *+21. 自治—生产到分配 *+20. 自治—分工 *+20. 自治—劳动分工 +21. 自治—生产到分销 +6. 自治—市场价格 *；7. 自治—分销网络
6	8. 位置临近 +24. 自治—传家宝 +22. 自治—城市规划 +18. 治理—政府政策 +11. 自治—私营企业 *
7	12. 政治条件 +18. 治理—政府政策 +11. 自治—私人密室 *+9. 治理—生产 *
8	13. 自治理—生产 +24. 自治—传家宝 *+15. 自治—生产风险管理 *+6. 自治—市场价格 *
9	14. 自治理—创新 +19. 自治—版权问题 *+14. 自治—创新 *
10	16. 自治理—商业伦理 +24. 自治—传家宝 +16. 自治—商业道德 *+7. 自治—配送网络

在 10 种核心范畴内分析了关键关系，并从理论角度出发，重新分类为 5 种形式理论：2 种点理论（景德镇 07/08，景德镇 14/15）；3 种不同长度的线理论 [景德镇古陶瓷产业集群（汉代至清代），景德镇当代陶瓷产业集群（景德镇 07/08—14/15 纵向），景德镇陶瓷产业集群（普遍）]。表 5.22 给出了沿着 L 路径对关键关系进行理论排序的一个例子，它涵盖了核心类别的所有关键关系（第

一类和第十类的一个例子，有一条线路径）。每条路径都包括一个核心类别，该核心类别与包括其自身在内的 10 个协同类别交互。

表 5.22 类别矩阵 1 的 10 个核心类别及相关关键关系的理论排序示例

共计	1.自治理－工匠技能分工	2.经济状况	3.自治理－分销	4.自治理－大学生创业	5.自治理－生产分工	8.位置临近	12.政治条件	13.自治理－生产	14.自治理－创新	16.自治理－商业伦理	
14		2	2	1	3		1	2	3		1.自治理－工匠技能分工
35			9	5	12		5	2	1	1	2.经济状况
22			14	1	1	1	2			3	3.自治理－分销
11					4	3		2			4.自治理－大学生创业
26						10			3	5	2	5.自治理－生产分工
5							5				8.位置临近
5								3	2		12.政治条件
10									6	4	13.自治理－生产
0											14.自治理－创新
0											16.自治理－商业伦理
128		11	21	6	29	9	14	17	14	7	共计

*在数据整理过程中丢失一个重要关系，后经查实为自治理—分销关系中的核心类别。

129 个关键关系根据其背景和概括程度分为 5 个核心类别。表 5.22 中 L 路径中的所有信息都被展示出来，确保每个类别中所有相关的关键关系都能被收集起来，以便在理论层面上进行分析和进一步总结。由表 5.22 可知，总共有 77 个关键关系至少被重复一次，所以纵向和横向两个维度的核心类别都已被覆盖。

表 5.23 灰色部分显示了重复关键关系。表 5.24 总结了矩阵中关键关系的分布情况（完整的矩阵见附录 XIV_4）。其中，10 个核心类别与表 5.21 相同。矩阵与 Excel 表格合并，因为大多数 QDA 产品将无法提供类似的二维调用功能。然而，它并不是最高效的工具，因为把包含 129 个关键关系（4800 字）的 26 个核心类别重新排序为 10 个核心类别，对它来说需要巨大的分析量。汇总表中缺少一个关键关系（见表 5.22），后经多轮再核实确认为自治理—分销关系中的一个核心类别。另外，大多数关键关系都有两个以上的维度，MS Excel 适合大多数的定性数据的二维分析，但是在数据核实上需要进一步的优化，Excel 在文本检索和处理能力上较其定量处理能力略显不足。

表 5.23　用类别矩阵 2 进行综合理论编码时的重复关键关系（灰色格子）

共计	1.自治理-工匠技能分工	2.经济状况	3.自治理-分销	4.自治理-大学生创业	5.自治理-生产分工	8.位置临近	12.政治条件	13.自治理-生产	14.自治理-创新	16.自治理-商业伦理	
14		2	2	1	3		1	2	3		1.自治理-工匠技能分工
35			9	5		12		5	2	1	1	2.经济状况
23				15	1	1	1	2			3	3.自治理-分销
11					4	3			2	1		4.自治理-大学生创业
26						10	3	3	3	5	2	5.自治理-生产分工
5							5					8.位置临近
5								3	2			12.政治条件
10									6	4		13.自治理-生产
0												14.自治理-创新
0												16.自治理-商业伦理
129	11	22	6	29	9	14	17	14	7		共计

表 5.24　二维类别矩阵 3

共计	1.自治理-工匠技能分工	2.经济状况	3.自治理-分销	4.自治理-大学生创业	5.自治理-生产分工	8.位置临近	12.政治条件	13.自治理-生产	14.自治理-创新	16.自治理-商业伦理	
14		2	2	1	3		1	2	3		1.自治理-工匠技能分工
35			9	5		12		5	2	1	1	2.经济状况
23				15	1	1	1	2			3	3.自治理-分销
11					4	3			2	1		4.自治理-大学生创业
26						10	3	3	3	5	2	5.自治理-生产分工
5							5					8.位置临近
5								3	2			12.政治条件
10									6	4		13.自治理-生产
0												14.自治理-创新
0												16.自治理-商业伦理
129	11	22	6	29	9	14	17	14	7		共计

5.2.6.5　形式理论的出现

在理论分类的最后阶段中，还会进一步分析每一个核心类别，以呈现最重要的关系，并为第 6 章通过图表进行理论可视化研究做准备。表 5.25 给出了理论分类的摘要。

表 5.25 景德镇数据集的指标（关键关系）、核心类别和新理论汇总表

核心类别	点理论/实质理论		线理论/形式理论				
	来自景德镇14/15的实质扎根理论	来自景德镇07/08的实质扎根理论	L形式扎根理论（古代）	L形式扎根理论（当代）	L形式扎根理论（景德镇）	共计	重复
1. 自治理—工匠技能分工				9	5	14	0
2. 经济状况			10	10	17	35	2
3. 自治理—分销			1	22	7	23	7
4. 自治理—大学生创业	10			3		11	2
5. 自治理—生产分工	2		14	13	16	24	19
8. 位置临近			1	7	1	5	4
12. 政治条件			7	7	2	5	11
13. 自治理—生产			2	11	8	10	11
14. 自治理—创新			1	5	8	14	
16. 自治理—商业伦理				6	1	7	
共计	10		21	56	42	129	
重复	2		15	37	23		77

结果表明，景德镇07/08的实质扎根理论没有通过129个关键关系被识别出来，这意味着2007和2008年数据集的核心类别和9个实质扎根理论已经与景德镇14/15数据集的实质扎根理论进行了很好的迁移和融合，形成了景德镇陶瓷产业集群当代发展的线理论。它还表明，来自景德镇07/08的实质扎根理论当中的一些关键关系，对2014年和2015年集群中的现象具有普遍的解释力。一个可能的解释是，6年的纵向研究不足以表明工业发生了根本性的变化。还有一个原因也是时间上的，与景德镇千年陶瓷史相比，6年的当代观察只是一个非常短的时间。对1949—1980年末景德镇10家国营瓷厂的研究，有助于在新的时间框架内进一步发展景德镇瓷业集群的当代发展新路线理论。

附录XV_1中的12个关键关系，反映了景德镇14/15中的实质扎根理论都

与大学生创业有关，这是最近出现的现象。2007年和2008年，大学生创业只是初露端倪，仅有乐天（陶艺坊）一个市集，这在一定程度上是因为2008年经济衰退期间，景德镇大学毕业生的就业机会有限。这12个关键关系将被进一步分析，为可视化做准备。

由于景德镇14/15（和历史编纂法）中的21个实质扎根理论关键领域都是在线理论中重新分析的，因此它们将不会被回顾和可视化。然而，根据表5.16，有21个关键领域的详细关键关系列在相关核心类别中，可在附录XIII中进行评估。在景德镇瓷器群古代发展的线理论［L形式扎根理论（古代）］中，总共存在15个关键关系（见附录XV_2）。景德镇瓷器群当代发展的线理论［L形式扎根理论（当代）］存在37个关键关系（见附录XV_3）。景德镇陶瓷产业集群（一般）的线理论［L形式扎根理论（景德镇）］存在23个关键关系（见附录XV_4）。这些关键关系都与最终的分析有关联。景德镇14/15的实质扎根理论与大学生创业相关，线理论层面的关键关系更加多样，反映在表5.24中。

5.3 小结

第5章呈现了对田野数据的收集和分析。数据收集设计包括回应社会现象理论化进程四层次模型，对历史文化集群在时间、空间和人维度的数据进行讨论。数据分析的主要目的是检验方法设计，次要目的是从数据分析中推理出与理论相关的贡献。数据准备工作是在数据收集和数据分析之间进行的，以便更好地过渡，并根据收集数据的性质来修改研究设计。

数据收集（以及相关研讨会）分别在5个国家（中国，日本，新西兰，英国和韩国）组织进行。在中国收集的数据，与庄育婷（2011）在2007年和2008年收集的实质性数据进行了比较，以创建线理论上的纵向研究。2014年和2015年的所有数据收集，都涵盖了数据收集结构中提议的4个数据来源，也对次级市场再次进行了审查，并介绍了7年期间新出现的来自次级市场的发现。在日本的数据收集工作，是在Kelly Hsieh博士的翻译支持下进行的，她代替笔者进行了预先设计的访谈。日本资料集包括访谈资料、观察笔记和视觉资料。达尼丁的数据收集围绕达尼丁遗产旅游集群，所有4个数据来源都是田野收集的。因为伦理许可只涵盖了3个国家：中国、日本和新西兰，采访没有在英国和韩国进行。在英国收集的数据包括观察笔记、可视数据和在线数据。由于时间压力，在韩国的数据收集受到限制，收集的数据为观察笔记、视觉数据和在线数据。

在文献资料库的基础上，从历史编纂法的角度来看，收集到的景德镇地区的史料文献有18种55项，关于斯托克陶瓷集群的文献有12种。中国传统文言文翻译的难度迫使笔者选择近代和当代史料进行数据分析。在相关领域的文献方面，有4个层次的类别：重点文献、相关领域文献、与研究相关的文献和商业数据库。关键文献的区域，以文字云图的形式呈现（见附录Ⅷ_2）。

田野笔记中心包括3个资料来源：与博士导师的谈话（134377字），10本纸质笔记本和少量数字田野笔记。第一类贡献了51个主题领域，涉及研究的各个方面，包括7个关键领域：博士管理、出版和学术生涯、论文章节内容、来自实证观察的田野笔记、研讨会笔记、技术和语言。田野笔记通过研究备忘录的数据分析过程扩展，提供了关键概念、假设、模型和研究设计的意识发展，使得研究者可以追溯设计和理论生成的演变。

在研讨会的类别下，提供了一个研讨会时间表，其中显示了笔者2014—2015年参加的7次研讨会，以及共同作者André Everett教授参加的5次研讨会，这些研讨会为笔者提供了反馈，以进一步发展历史文化集群和扎根理论方法论方面的研究。附录Ⅵ收录了笔者在4个国家参加的7次相关研讨会的资料，为实证田野工作提供了理想类型，也为文献数据库的建设提供了相关领域的文献。

首先，在数据分析的准备部分（第5.2.1至5.2.4节），利用收集到的5个数据集，探讨了社会现象理论化进程四层次模型。根据数据来源和数据量的实际情况，比较了景德镇2007/2008年和2014/2015年的数据，生成的线理论（时间维度）是理想形式理论化分析路径的第一阶段，重点是景德镇07/08和景德镇14/15的比较。其次，从关键数据组和相关研究领域两个方面，对景德镇陶瓷产业集群现有的实质扎根理论进行了整理，介绍了景德镇07/08的核心类别和实质扎根理论。再次，描述了景德镇14/15采集数据的内容，准备了访谈和历史编纂法数据集以供分析。这两个数据集是依据经验田野数据库和文献数据库而确定的。最后，在第4章建立的扎根理论方法论三角模型中，对景德镇07/08和景德镇14/15进行了比较，并附上了实际数据源。景德镇07/08到景德镇14/15的三重三角模型也反映了庄育婷2011年的研究中景德镇陶瓷产业集群中存在的实质扎根理论的数据性质。

从庄育婷2011年研究中实质扎根理论的各种成果出发，在第5.2.5节中选择了"治理"作为数据分析的切入点。在三重三角模型的第一个三角模型中，实质扎根理论是根据 2014 年和 2015 年在景德镇收集的数据发展而来的，其中包括方李莉（2002）关于景德镇瓷业的历史编纂法文献。

利用 2007 年和 2008 年景德镇陶瓷产业集群的数据，对庄育婷（2011）的实质扎根理论进行了形式扎根理论构建，并对实质扎根理论的全套指标、类别、核心类别和 9 个数值进行了重组。同样的结构分别应用于 2014 年和 2015 年景德镇数据集和方李莉（2002）历史编纂法的数据分析，发现 2014/2015 年的景德镇数据集产生了 21 个核心类别，历史编纂法衍生出 9 个核心类别（方某，2002）。景德镇 2014/2015 和历史编纂法的核心类别共 25 个，包括 5 个共有的核心类别，以及景德镇 2014/2015 从历史编纂法新增的核心类别 4 个。其中，从这两个新的数据集开发了 21 项实质扎根理论。

在第 5.2.6 节中，将 2014/2015 年的 21 个实质扎根理论和历史编纂法数据集与 2007/2008 年数据集的实质扎根理论进行比较。两个实质性区域在实质扎根理论一级共享了 15 个区域。从第一个三角模型的比较中得到的信息不足以推进直线理论，而第二个三角模型是进一步探索直线理论潜力所必需的。

在第二个三角模型中，核心类别与景德镇 2007/2008 年数据集及景德镇 2014/2015 年数据集中的实质性理论领域相联系。21 个新的景德镇实质扎根理论与 2007/2008 年景德镇相关，有核心类别（5 个领域）和指标（支持 5 个核心类别和 1 个仅有指标支持的新领域）支持的证据。在核心范畴的第二个三角模型中，没有找到足够的信息来支持生成线理论，因此，需要第三个三角模型来发展线理论。

将指标与第三个三角模型进行比较，该模型生成了 26 个核心类别，包含 129 个关键关系，描述关键关系的总字数为 4800 字。然后应用 10×10 类别矩阵将 26 个核心类别进一步合并为 10 个核心类别，对 129 个关键关系进行理论排序。通过对范畴矩阵理论的梳理，形成了代表景德镇古代发展、当代发展、总体发展等不同时期的线理论。从数据分析中得出的实质扎根理论和形式扎根理论的摘要，下一章总结并讨论了本章数据分析中衍生出来的实质扎根理论和形式扎根理论。

第 6 章 研究结果与讨论

本章主要包括研究结果和讨论两个部分，通过对景德镇瓷器集群的对比分析，提出了数据分析的研究结果。研究结果表明，田野笔记库与研讨会激发的领域文献之间，产生了静止锋效应。在讨论部分，笔者将在开放的文献数据分析系统中，从空间和人的维度来检索集群文献，并与数据分析中出现的理论进行比较。

6.1 研究结果

本章将会依照情境化和概括化的层次，来呈现第 5 章数据分析的研究结果。通过对景德镇陶瓷产业集群中 129 个关键关系的重新排列，用历史编纂法从 2014 年和 2015 年收集的经验数据中产生 2 个点理论。根据景德镇陶瓷产业集群的时间维度概括，形成了古代发展、当代发展和整个景德镇陶瓷产业集群历史的 14 条线理论。

6.1.1 景德镇 14/15 的实质（点）理论

从最后的理论性重组来看，有两个实质扎根理论被发展为代表景德镇 14/15 和历史编纂法的关键关系。表 6.1 显示陶瓷市集与大学生创业之间的关系。从研究时间段来看，"乐天"是最早发挥大学生创业孵化功能的市集。从支持源头来看，"新厂"是唯一一个自创市场。"明清园"曾发生严重的作品版权问题，引起了激烈的争议。在市场规模上，"明清园"是最大的，"金和汇景"是最小且最年轻的市场。所有的市集客户群体都是相似的，包括商务买手和访客。4 个市集的创业者中更多的是非本地学生，他们的商业网络和生产资源有限。

表 6.1　市集学生创业特征

市集	乐天	明清园	新厂	金和汇景
存在时间（长到短 1~3）	1	2	2	3
赞助方	私人陶瓷教育中心——乐天陶社	私人瓷器博物馆——明清园	自发	私有房地产公司——金和汇景
收费情况	是	是	否（夜市）(*来自原始数据的信息)	是
版权问题（无至严重 1~4）	是	是	否（夜市）(*来自原始数据的信息)	是
市场规模（大到小 1~4）	2	1	3	4
顾客来源	商务买手和访客	商务买手和访客	商务买手和访客	商务买手和访客

第二个实质扎根理论是学生创业的双轨模式，这意味着创业的过程与大学教育同步进行（见图 6.1）。景德镇本地学生和外地学生有着不同的发展道路。

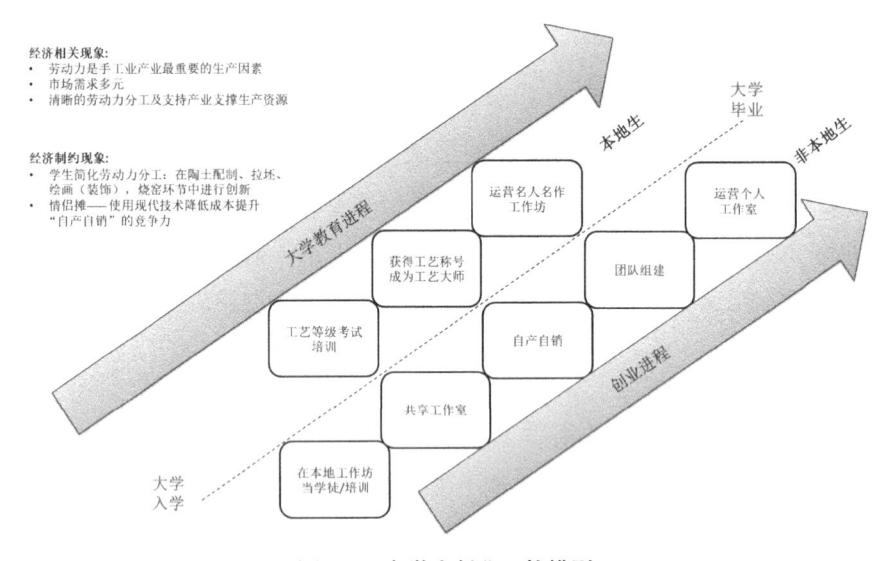

经济相关现象：
- 劳动力是手工业产业最重要的生产因素
- 市场需求多元
- 清晰的劳动力分工及支持产业支撑生产资源

经济制约现象：
- 学生简化劳动力分工：在陶土配制、拉坯、绘画（装饰）、烧窑环节中进行创新
- 情侣摊——使用现代技术降低成本并提升"自产自销"的竞争力

图 6.1　大学生创业双轨模型

有了家庭资源，本地学生的创业相对容易且大多起点较高，志在更高端的制作，多为"名人名作"，遵循艺术家分级制。这种双轨模式与经济能力相关。景德镇陶瓷产业集群的手工业性质，使劳动力成为最重要的生产要素。景德镇瓷器行业的入门条件较宽泛，使得学生创业公司能够从各个发展阶段积累资本，以根据生产质量攀登市场价格阶梯。此外，由于产业分工明确，学生只要掌握一项或

几项瓷器生产技能,就可以在周边产业的支持下完成生产。

学生创业现象在2008年已初有体现,但不如2014年和2015年那么集中,迄今已经成为景德镇瓷业集群的一股主流。学生创业的发展也导致了行业变化,比如简化劳动分工,工艺也从72个步骤简化到4个主要步骤:制泥、拉坯、上釉(和装饰)和烧制。学生组成生产团队时,除了一个营销人员,还要寻找能够管理这4个流程的合作伙伴。这些学生在这4个步骤上各有专长,其中,个性化的柴窑中烧制的产品市场价格最高。

景德镇有很多男女合作者摊位,他们的技能互补。比如一方擅长拉坯,另一方擅长上釉。从2008年收集的资料来看,这些摊位与樊家井的夫妻店非常相似。这种合作降低了生产成本,也提高了自产自销的竞争力。处于创业早期的学生更容易卷入版权问题,但产量增加带来的创新和创造力效益,使版权问题有所减少。

6.1.2 古代景德镇陶瓷集群的形式(线)理论

景德镇瓷器群古代发展的线理论中包含了4个形式扎根理论。首先,关键关系是围绕经济状况的核心类别发展和可视化的。图6.2以明清时期四大市场为中心,考察了古代陶瓷产业集群的发展状况。明清时期四大市场分别是:皇室宗亲、海外市场(包括亚洲、欧洲、中东)、贵胄文人(包括富人、诗人、艺术家)、平民。

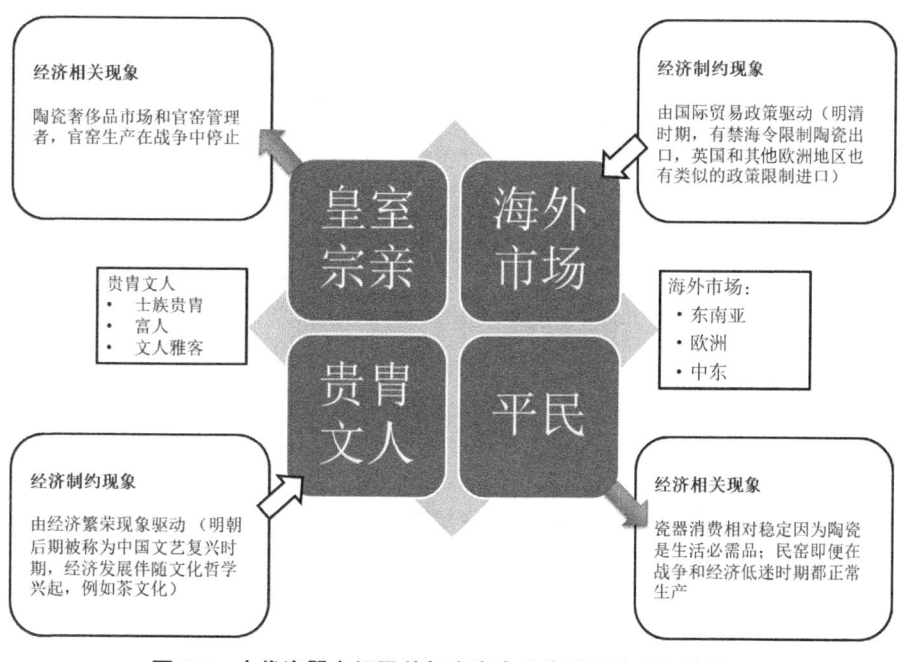

经济相关现象
陶瓷奢侈品市场和官窑管理者,官窑生产在战争中停止

经济制约现象
由国际贸易政策驱动(明清时期,有禁海令限制陶瓷出口,英国和其他欧洲地区也有类似的政策限制进口)

贵胄文人
- 士族贵胄
- 富人
- 文人雅客

海外市场:
- 东南亚
- 欧洲
- 中东

经济制约现象
由经济繁荣现象驱动(明朝后期被称为中国文艺复兴时期,经济发展伴随文化哲学兴起,例如茶文化)

经济相关现象
瓷器消费相对稳定因为陶瓷是生活必需品;民窑即便在战争和经济低迷时期都正常生产

图6.2 古代瓷器市场及其与陶瓷产业集群经济现象的关系

中国皇室宗亲及平民的需求,都与景德镇陶瓷产业集群的兴衰相关。皇室宗亲以政策制定者的复杂需求带动了豪华瓷器消费市场。但从历史的角度来看,平民才是景德镇瓷器产业的持续推动者。对瓷器的奢侈需求可能会因战争或不确定因素而锐减,而平民的需求即使在战争和经济衰退期间依然会持续,因为瓷器对平民来说是生活必需品。海外市场和贵胄文人的需求,则受各种条件的影响。这个市场都是在经济繁荣时期发展起来的,但海外市场也受到中国与进口国相互间国际贸易政策的限制。明清时期曾实行海洋限制政策,停止进出口。英国和欧洲也曾实施了类似的限制进口政策。明朝后期被称为中国的文艺复兴时期,贵族阶层和来自周边地区的富人、诗人和艺术家消费是由文化和哲学趋势和时尚所驱动的,例如饮茶文化。市场需求构成了中国明清时期瓷器发展的基础条件。

第二个形式扎根理论介绍了古代景德镇陶瓷产业集群发展过程中的劳动力来源,加入的核心类别包括行会垄断(见图 6.3)。从宋代开始,景德镇为提高制瓷业的生产率而发展了制瓷分工,这种分工首先应用于御窑,然后通过御令,由民窑生产而发展到官搭民烧。

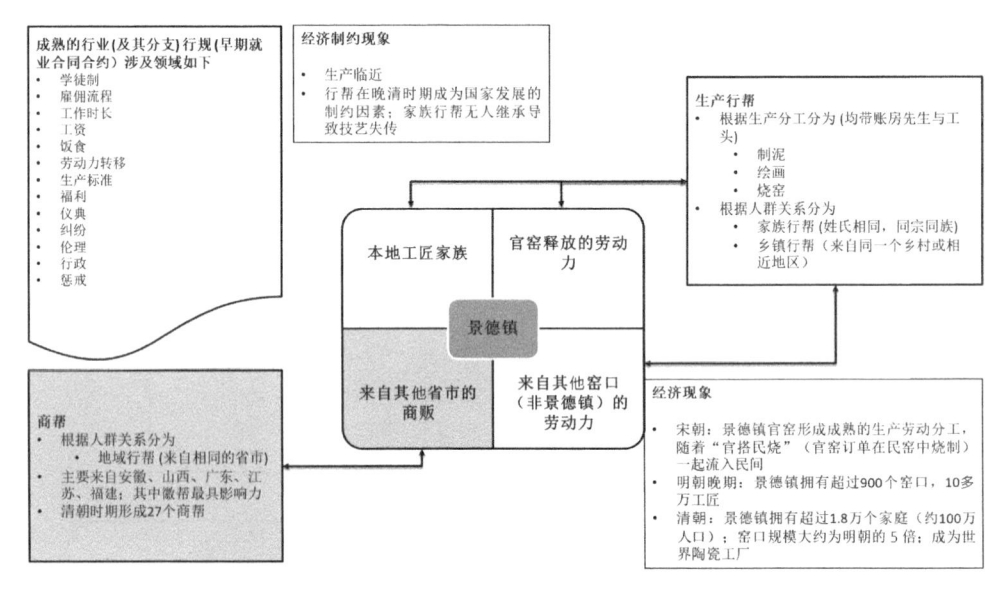

图 6.3　古代景德镇陶瓷产业集群的劳动力来源与地方行会

景德镇因宋景德年间承造进贡御用瓷器而知名,瓷器业发展到明代成为全国之冠,已有"瓷都"之名,四方瓷器工匠纷纷集中于此,拥有 10 多万工匠,900

多座烧窑，其他任何地方所造皆不能与之比拟。到了清朝康熙、雍正、乾隆年间，其产品之精美饮誉全球，"白如玉、明如镜、薄如纸，声如磬"成为景德镇浮梁瓷器独具的四大特点。丰富的瓷土资源、窑柴资源以及便捷的水运成就了景德镇作为"瓷之源"的辉煌历史，八方工匠纷至沓来，千年窑火生生不息。在清代，景德镇人口达到了约100万［1712年，法国传教士殷弘绪在传回欧洲的书信中写到景德镇的陶瓷产业盛况，据其称人口有百万之巨，书信收录在杜赫德（2005）所编著的《耶稣会士中国书简集：中国回忆录》中］。窑口规模大约为明朝的5倍，并导致生产地逐渐聚集，如画家多在江家弄周围的红店工作，独立艺术家作坊聚集在东门头周围。

古代景德镇瓷业的繁荣离不开生产分工。由于有了天然的制瓷资源，周边地区的人们纷纷前来制瓷，当地出现了著名的工匠世家。随着工业的发展，人们被景德镇的需求和机会所吸引，其中包括从御窑释放出来的劳工，中国其他窑址的人，以及来自全国各地的商人，他们来到景德镇并主导着瓷器贸易。

清朝商人为了维护地方利益，形成了27个地区性行会，如安徽、山西、广东、江苏、福建等地，其中尤以影响较大的安徽行会最为突出。由当地工匠家庭、御窑释放的劳动力和其他窑场的劳动力组成了瓷器生产行会。生产行会主要分工有三类：制泥、彩绘和烧窑。他们大多是同姓的家族氏族，或来自同一村庄的村庄氏族。

行会维护了景德镇早期资本主义的社会秩序。他们制定了行业和组织的规则，其目的与今天的就业协议和合同类似，但有权执行惩罚。行会在不同领域制定规则：学徒制、招聘流程和工作时间、结款方式、餐食、劳动力转移、生产标准、福利、仪式、争议、伦理、处罚。每个行会都有自己的会计和生产经理来执行这些规则。然而，到了清末，行会的发展却成了制瓷业发展的制约因素，由于行会的技术垄断，学徒和招工的范围很窄，一些工匠和制作技术因行会内传承人员有限而消失。他们的产业划分和结构非常清晰，在清朝，配套产业划分为19个部门（行帮）。

图6.4展示了在当时的社会环境下，政府围绕瓷器生产、赋税、国际贸易政策等所进行的积极与消极的干预。

```
                          ┌──────────┐
                          │  朝廷     │
                          │(中央政府) │
                          └──────────┘
```

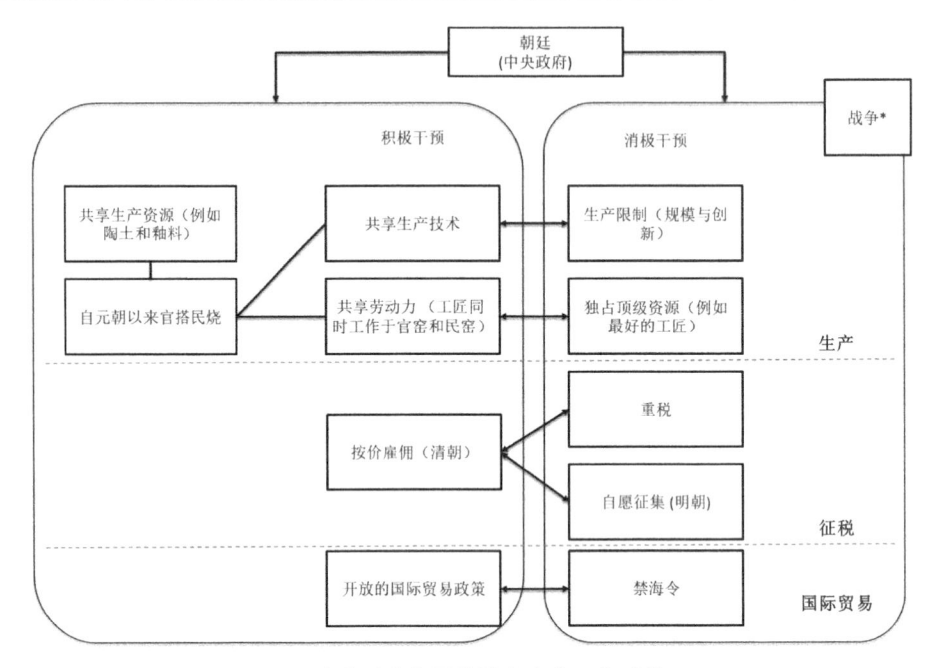

图（略）

图 6.4　政府对古代景德镇陶瓷产业集群的干预

* 战争使景德镇陶瓷行业暂停生产，但危害不及朝廷的负面干预。

在生产方面，政府通过限制生产规模和创新而拥有一流资源（如顶级工匠），形成了官窑瓷器生产的垄断，损害了民窑的发展。政府政策开放，如官搭民烧，开始分享生产技术、劳动和材料（如陶土和釉料）时，促进了民窑的发展和革新。官搭民烧不仅限于烧窑，还包括制泥和装饰。在景德镇整个陶瓷产业集群的历史中，民窑占据了主导地位而并非官窑。在税费方面，重税和无偿征收阻碍了行业的发展；相反，当政府通过支付方式招聘劳工时，该行业受到了鼓励，这个效应也适用于其他行业。

元朝的陶瓷生产，也以江西景德镇的制瓷业为突出代表。元朝初期，朝廷在此设立了全国唯一的官营瓷器作坊，生产了大量精美的青花瓷器，使景德镇瓷器闻名于世。纵观历史，瓷器行业一直受到国内外市场需求的推动。在清朝的海禁政策下，瓷器贸易变得困难，限制了景德镇瓷业发展海外市场的机会，由此可见海禁政策对瓷器的外销所造成的影响之大。从历史资料来看，政府干预对景德镇瓷器行业的影响比战争更大，既可能是内部原因造成的，也可能是外部原因造成的。景德镇瓷业在清康熙十三年到十九年间崩溃，但在第一次世界大战结束后恢复。即使在甲午战争和二战期间，景德镇的生产仍在继续。

上面的 3 个形式扎根理论（图 6.2、6.3 和 6.4）讨论了古代景德镇陶瓷产业集群的需求条件、劳动条件和政府政策（见图 6.5）。这 3 个领域是推动景德镇瓷业集群发展与创新的必要条件。政府政策是驱动需求和劳工供给的最关键影响因素。市场需求通过来自赞助方和文化哲学的品位，对工匠技能和生产工艺的划分产生影响，如清朝欧洲油画对珐琅器的影响。政府政策产生的积极影响导致健康的产业生态循环，从而影响需求和劳动条件，并引导产业增长、发展和创新。

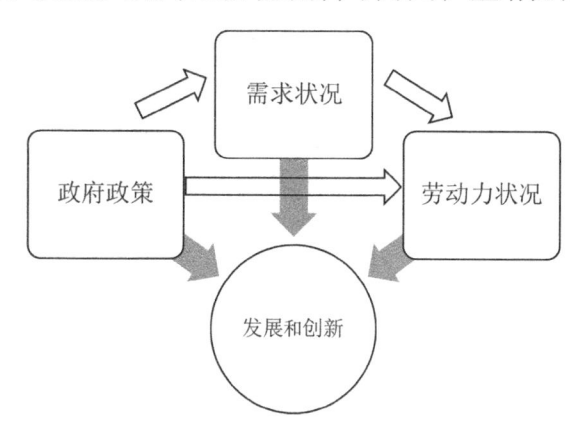

图 6.5　景德镇古代陶瓷产业集群的线理论总结

6.1.3　景德镇陶瓷产业集群的形式（线）理论（当代）

在景德镇瓷器产业集群当代发展的线理论中，提出了与生产分工、市场分工、等级制度、创新、商业道德和剽窃有关的 5 个形式扎根理论。这 5 个形式扎根理论集中比较了"名人名作"、大学生创业、再生产和有用物品 4 个生产分工单元。因此，5 个形式扎根理论的出现，来自共同类别的贡献，而不是由任何单一类别主导。

2007 年开始的由美国引发的金融危机也冲击了中国景德镇陶瓷行业发展，2008 年是景德镇瓷业 10 年间最衰微的一年。在世界经济整体衰退的大背景下，奢侈品需求下降，直接影响了景德镇瓷器的生产，10 家国企的大量工人重新调配涌入个体经营企业瓷器市场。租金和选址远近程度成正比，反映了需求和供应的调节关系。樊家井本是城乡结合部的一条通道，是原来的仿古瓷一条街。随着古陶瓷收藏的热潮，个体瓷器作坊如雨后春笋般崛起，几年的功夫，这里便成了一个店铺鳞次栉比的仿古瓷批发市场。受租金因素的影响，樊家井的店铺共享货架现象非常普遍（有 2008 年和 2014 年的数据支持），是一个非常鲜明的景德镇现象。在樊家井，一个店铺的展示架可以属于多个业主，甚至一个货架的不同隔层也可以被不同的人拥有。店面改造是"名人名作"品类提升店面形象和竞争力的有效营销策略。

比较2008年和2014年的数据集，学生创业和贩卖日常生活类瓷器的商家都采取了近乎相同的营销策略。从事陶瓷行业的员工大幅增长，有昔日国企工厂的工人，也有自主创业的学生，陶瓷业发展欣欣向荣。

图6.6展示了生产分工与市场上几种主要经济现象的关系。图6.6使用等级（1～4）来表示分级制度与教育、传统的72个生产步骤、市场价格、经济衰退、反腐运动、传统工匠技能（和经验）及创造力水平的相关性和影响程度。在庄育婷（2011）的数据分析中，腐败是景德镇陶瓷产业集群的一个主要影响因素，zhang和Everett（2017）从公共事务的角度对此进行了独立讨论。

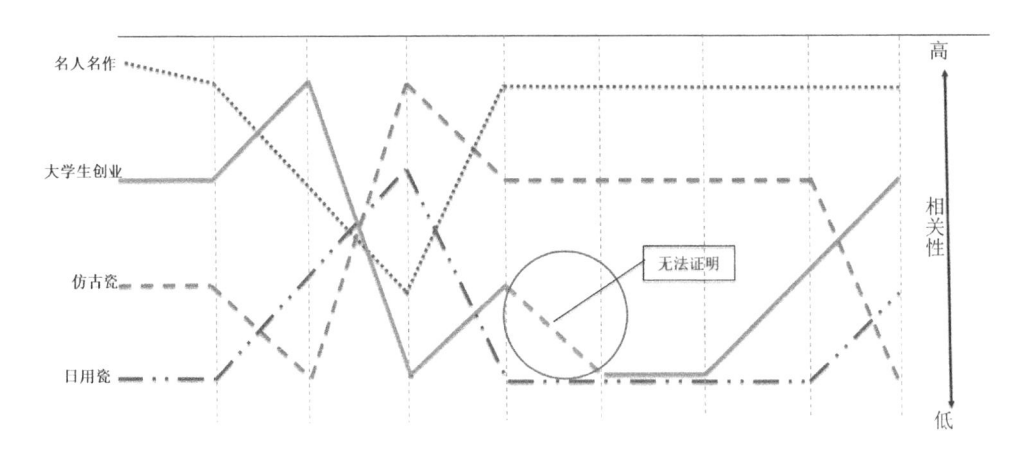

图6.6 当代景德镇陶瓷产业集群的生产分工

这些主题来源于景德镇07/08和景德镇14/15中收集的田野数据和当代数据的相关指标。从8个主题的相关性来看，它们的趋势揭示了集群现象的复杂性。"名人名作"与艺术家的分级制度、市场价格、传统工匠技能和经验以及创造力水平高度相关，但也受经济衰退和反腐运动的影响最大。仿古瓷也与传统工匠技能高度相关，一些顶级工匠的技能和经验，比"名人名作"中的大师更好，但仿古瓷的经验和质量变化范围更广，因此，"名人名作"的地位高于仿古瓷。

大学生创业与教育的关联性最强，有部分市集艺术家是研究生学历。从

第 6 章 研究结果与讨论

2014 年收集的数据来看，经济下滑和反腐运动影响的证据微乎其微，然而，与 2007 年开始的金融危机相比，2014 年并不存在典型的经济下滑，经济下滑对排名的影响需要进一步确认，因此以折线标记。仿古瓷与传统的过手七十二工艺流程最为相关，然而，现在仿古瓷生产的劳动分工仅限于彩绘（和上釉）的 7~8 个步骤，而制泥、拉坯和烧制则外包。常见的情况是，大多数仿古瓷作坊都是仅涉及少数生产环节。

烧窑、制泥、拉坯正在成为陶瓷产业集群的支持产业。日用瓷大多由工厂流水线生产，因为日用瓷的目标市场拥有更广泛的客户基础，受经济衰退和反腐运动的影响较小。它们与分级制度、教育和工匠技能的相关性最小，市场价格最低。虽然"名人名作"和仿古瓷受到了反腐运动的影响，但这两个行业的人士对反腐运动持积极态度，认为这有益于景德镇和行业的长远利益。

图 6.7 中的 4 个圆圈表示图 6.6 中的 4 个生产单元。4 种瓷器生产的交互性主要体现在陶瓷技术和目标市场上。纪念品多在中国瓷器小镇和锦绣昌南中国瓷园销售，将四大类结合起来，满足游客不同层次的需求。

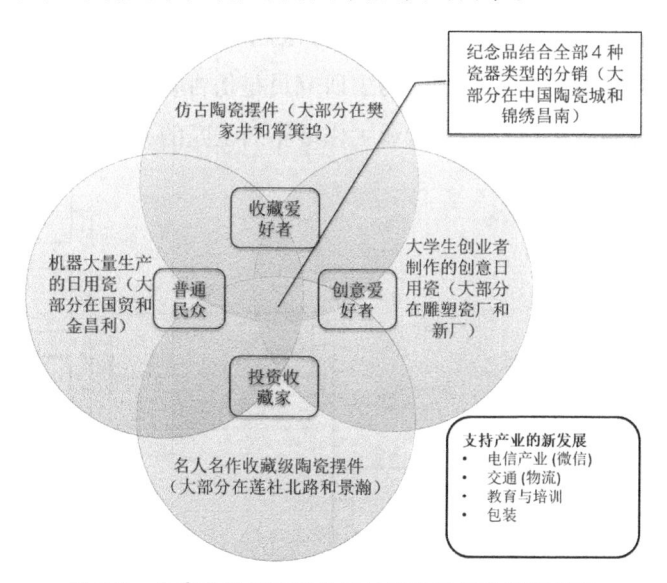

图 6.7　生产分工与市场分工的对比及相关经济状况

在中国茶叶消费日益增长的情况下，许多"名人名作"店也加大茶具的生产量。市场对茶具的需求量增加，且价格也更大众化，比装饰器物便宜很多。通过仿古瓷工艺生产出的有用的器物通常用作装饰器物，如官窑生产的鸡公杯。4 个生产部门代表 4 组瓷器艺术家和生产者，也关系到 4 个部门的市场价格定位。

日用瓷的消费者和大学生创业产品的消费者都是普通民众，但大学生的创造性更高，吸引了年轻人、受过高等教育的人和具有"较高"工匠品位的创意爱好者。"名人名作"和仿古瓷器基于分级制度，吸引了不同的收藏者，名家作品具有较好的投资价值因而受到投资收藏家青睐，而官窑作品或古瓷类型的仿制品则更多地供收藏爱好者购买，用于装饰用途，如家居、商店和具有古风室内设计风格的酒店等。

近年来，国内支持陶瓷行业发展的领域延伸到了电信、运输、教育和包装等行业。同时销售途径也由线下扩展到了线上，电商也成了陶瓷销售的主流，如淘宝、抖音等平台更受到了买卖双方的青睐。随着快递业的发展，物流更加安全便捷。在教育培训方面，瓷器行业更加火爆，外地学生纷至沓来，一边学习一边在景德镇创业。学生在学习期间更有可能自给自足，这是因为他们在当地作坊工作，通过出售自己的产品获得收入。艺术家等级考试的培训也越来越受欢迎。包装行业在 2008—2014 年间发展起来，有各种材料可供选择。以瓷器为中心，木器、铜器、织品等次要工业也得到了发展。

图 6.8 显示了"名人名作"、教育和分级制度之间的关系。其中 3 个等级系统包括工艺、陶艺和历史研究员。历史研究员是仿古瓷评级的一个类别，也是那些没有受过专业教育但已经在该行业工作多年的工匠的一个晋升机会。

图 6.8　名人、名作分级制度和教育结构

第 6 章 研究结果与讨论

在仿古瓷业中，分级制度与教育程度和家传技能密切相关。从市场价值来看，工艺美术比陶瓷价值高，陶瓷比古瓷价值高。要想通过工艺美术等级和陶瓷等级的考试，需要创新地设计新的陶土配方、新的上釉材料，新的形状、图案和装饰物，部分或全部组合在一起。在图6.8中，通过教育机构培养的工匠技能划分来看，学生不一定通过大学学习完整生产过程和全部瓷器的制作方法，也可以通过在当地车间实习、生产和通过市集经营摊位，获得生产和商业运作的经验（由于数据来源于有限的访谈，分级制度和教育结构可能和当时及现今的制度与体制的真实情况存在一定的偏差）。

图6.9呈现了瓷器的定价与学生生产中创新的关系，以及其他3个生产分部的情况。根据学生的生产情况，学部创新可分为5个领域：彩绘、拉坯、釉料配方、陶土配方和烧窑。

价格与难度	彩绘 (手工/贴花)	拉坯 (手工/模具)	釉料配方 (新/旧)	陶土配方 (新/旧)	烧窑 (柴窑/汽窑)
高	手工	手工	新	新	柴窑
	手工	手工	新	旧	柴窑
	手工	手工	旧	旧	柴窑
	手工	手工	旧	旧	汽窑
低	贴花	模具	旧	旧	汽窑

经济现象
- 仿古 —— 柴窑烧制的陶瓷一般认为品质高价格高；一般来说代表着更优质的装饰、形状（手工拉坯），更好的材料（配方），更高的烧制失败率，更高的成本
- 仿古 —— 倒模陶瓷一般使用贴花技术，价格低廉
- "名人名作" —— 一般品质高；在设计上与高品质的大学生制作的瓷器有部分共同特性
- 日用瓷 —— 景德镇日用瓷一般比佛山和德化日用瓷价格高，通常涉及更多手工制作环节，高品质的日用瓷与大学生制作的瓷器有部分共同特性，因为大学生制作的瓷器一般为日用瓷，较少摆件

图6.9　大学生创业价格透明度对创新度的影响

相比较而言，柴窑烧制失败率较高，管理难度较大，导致生产成本较高。因此，柴窑通常烧制质量较高的瓷器，并在不同程度上进行创新。对于学生器皿，创新可以发生在釉料配方、陶土配方、新的器型（手工）、新的图案或装饰（手工）等方面。创新领域越多，瓷器价格越高。当用木窑烧制高质量的瓷器时，瓷器必须至少满足手绘或拉坯的最基本条件。此价格与创新矩阵表同样适用于"名人名作"。手工制瓷工艺也为景德镇日常器皿的大规模生产增加了价值，景德镇的创新从来不与传统脱节。在景德镇，竞争力可以通过传统工匠的技能或创造力，或两者的结合来获得，创新不能取代传统的生产工艺。

图 6.10 展示了景德镇陶瓷产业集群的商业道德和反抄袭策略。商业道德在当地瓷业集群的历史中,通过行会内的行业规则和部门规则得到了发展。在图 6.10 中,景德镇商人认为欺骗行为可能会毁掉一个企业,导致整个企业崩溃。由于瓷器存在较大的运输风险,因此商人必须保证交货,对预付订单在运输过程中发生的任何损坏予以全面赔偿。他们还保持了一个明确和透明的定价战略,与客户建立了相互信任。他们有一个"未言明的价格协议",跳过了价格谈判,因为双方心里都对价格有数。

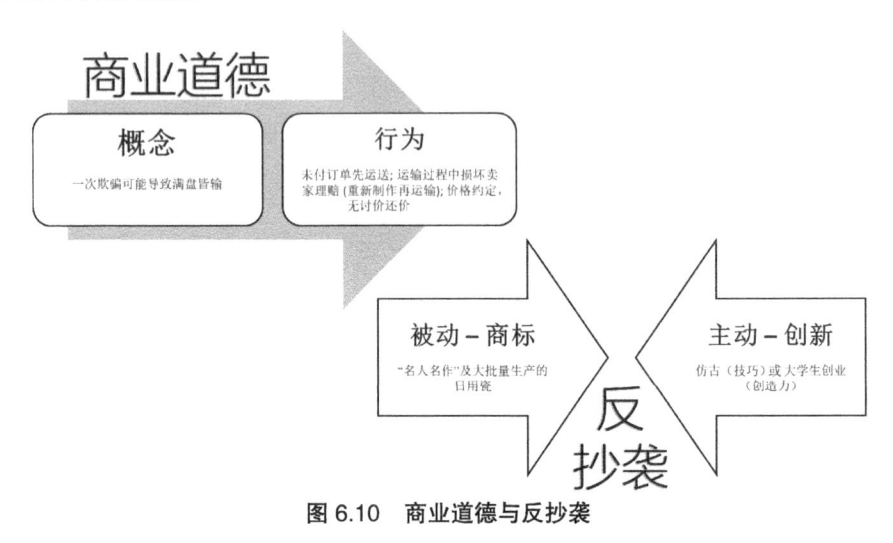

图 6.10 商业道德与反抄袭

与当地商业道德的高标准形成鲜明对比的是,在经济衰退和繁荣时期,抄袭现象一直存在,而且在所有 4 个生产部门都存在。新人更容易抄袭。抄袭不仅发生在景德镇,而且还发生在景德镇以外的佛山和德化生产的假冒景德镇瓷器,这些地方出品的日常瓷器都有相似的机械生产工艺。事实证明,抄袭与生产技术难度之间存在负相关关系。由图 6.10 可知,企业应用了两种反抄袭策略。一贯来说,著名艺术家和大量生产的日常器物更倾向于主动申请专利保护版权;而仿制品和学生则采取更主动的方式,通过增加技术难度和加快创新活动来反抄袭。

6.1.4 景德镇陶瓷集群的形式(线)理论(普遍性)

为了在不同的经济和政治条件下保持持续发展,本书通过对景德镇陶瓷产业集群历史数据的分析发现,除了控制资本流动性、管理人力资源和降低成本等影响因素外,保持良好的生产质量和创新是保持业务增长的两个关键因素。图 6.11 显示了与瓷器生产相关的经济现象,包括变化的经济条件(衰退或繁荣),不断变化的社会条件（包括积极和消极的政策，腐败与反腐败，以及战争），以及不断变化的需求条件（国内市场与国际市场，奢侈品与普通消费，各种用途，品位、文化和时尚）。

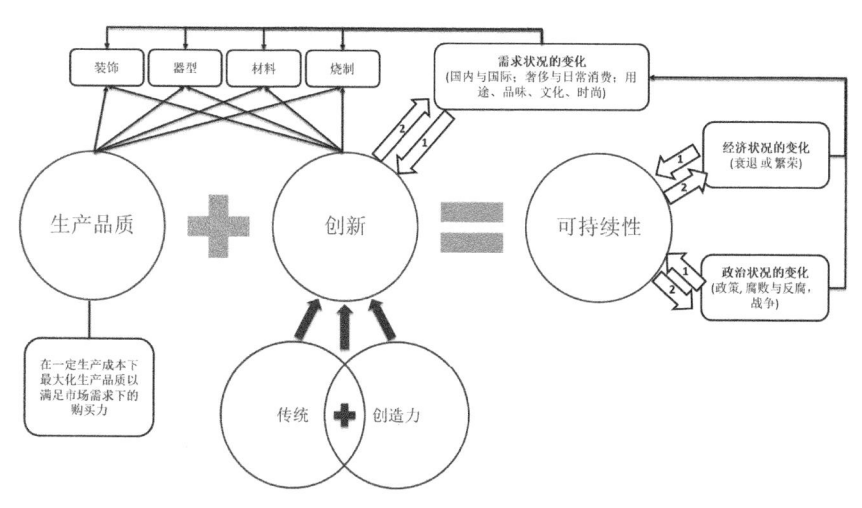

图 6.11 景德镇瓷器可持续发展模型

在相关的 3 种经济现象中，经济条件和政治条件决定了需求。需求状况直接影响瓷器生产的创新活动。创新在景德镇意味着在传统基础上的创意。手工艺行业的创新并不能取代行业内的文化背景和技术。复制传统器物可以维持生产，如果没有任何传统元素，仅靠创造力是无法维持生产的。相比较而言，景德镇瓷器的质量不是一个标准，而是根据产品种类和需求情况制定的多个标准。

生产质量是指在特定的生产条件下使产品质量最优化，以满足目标市场不断变化的需求。需求条件可以影响装饰风格（彩绘，雕花，釉料）、器物的形状和用途、生产材料和烧制技术。为了满足需求，艺术家们的设计既要满足特定目标市场的品位，又要适应其消费能力，并要保证生产的过程符合质量标准，如釉料测试和瓷器在窑内的位置等。通过瓷器的品质和创新设计，景德镇瓷器历久弥新，成为当地第一大产业。

基于图 6.11，持续发展可以转化为工匠精神，图 6.11 可以简化为生产质量的统一性与创新精神，并结合传统和创意（见图 6.12）。在景德镇发展和嵌入的手工艺创造了一种真正的弹力，这种弹力是可持续的，无论资源、需求、经济和政治条件如何。非本地学生的创业精神和生产行业协会证明，这与资本（资本方）的关系很小。集群最初是由表达品位和时尚的市场需求驱动的，现在可以引领需求条件。

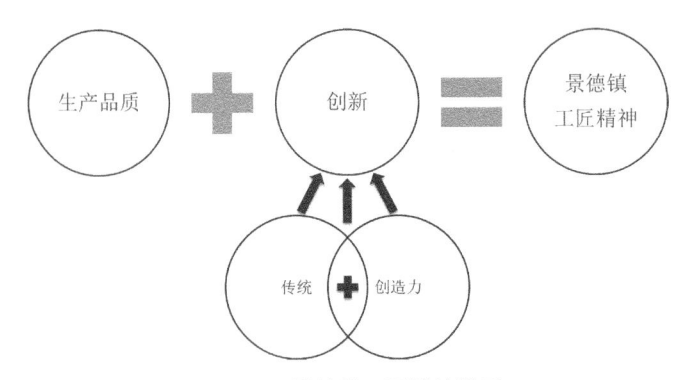

图 6.12 景德镇工匠精神模型

在与经济相关现象的影响下,在包括经济和政治条件的政策层面,现将图 6.13 编制如下。在国际化的背景下,中国的经济状况与世界其他国家和地区的经济状况相关联,比如在 2007 年开始的金融危机中。

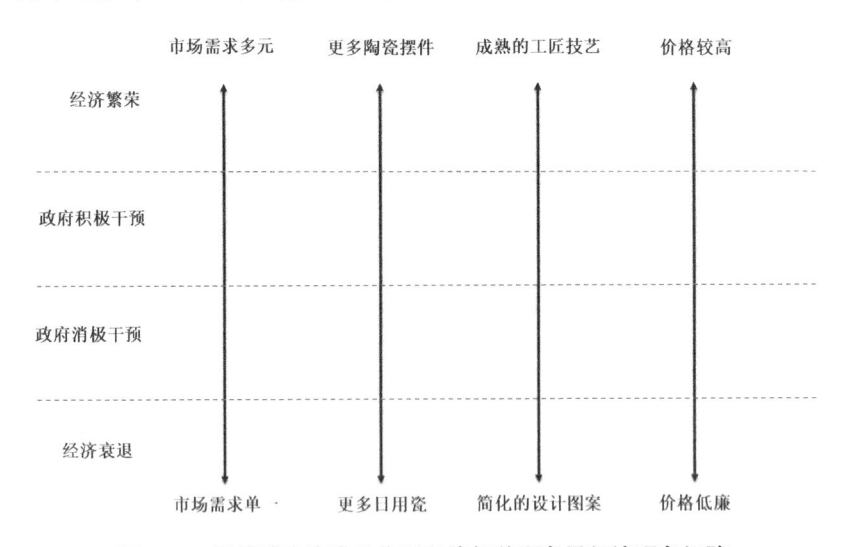

图 6.13 景德镇陶瓷产业集群经济相关现象及经济现象矩阵

由图 6.13 可知,按照正面和负面影响的程度,在经济上和政治上,从高度正面到高度负面的影响因素排序为:经济繁荣、政府积极干预、政府消极干预、经济衰退。从核心类别得出的 4 个尺度显示,当经济状况良好时,市场对收藏价值和装饰性更高的器物有多重需求,导致工匠在制泥、器型和用途、彩绘和烧制方面的技术进步及收藏和装饰性瓷器的增加,从而推动奢侈品消费,使市场平均价格更高;在经济衰退时期,需求是更基本的,由普通民众的日用商品所驱动,瓷器的市场价格下降，并导致更简单的装饰图案设计，如写意风格。

在景德镇陶瓷产业集群和韦伯经济学文化现象的例子中，经济相关现象、经济现象和经济制约现象之间的关系是动态的，而不是静态的——除非外部经济（国际）和政治条件带来不可预计的经济相关现象（见图6.14），例如战争。

```
┌─────────────┐      ┌─────────────┐      ┌─────────────┐
│ 经济相关现象 │      │  经济现象   │      │ 经济制约现象 │
└─────────────┘      └─────────────┘      └─────────────┘
```

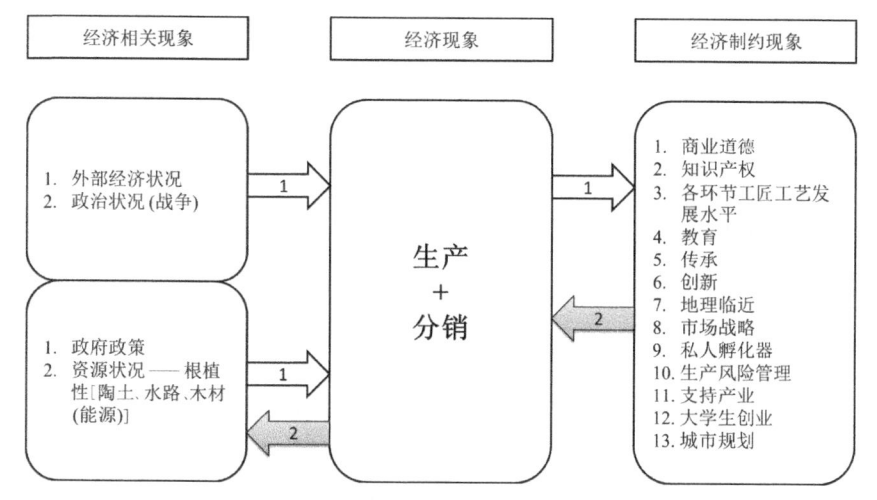

经济相关现象：
1. 外部经济状况
2. 政治状况（战争）

1. 政府政策
2. 资源状况——根植性[陶土、水路、木材(能源)]

经济现象：生产 + 分销

经济制约现象：
1. 商业道德
2. 知识产权
3. 各环节工匠工艺发展水平
4. 教育
5. 传承
6. 创新
7. 地理临近
8. 市场战略
9. 私人孵化器
10. 生产风险管理
11. 支持产业
12. 大学生创业
13. 城市规划

图 6.14　景德镇陶瓷产业集群与韦伯的社会经济学范畴

政府政策和资源条件通过景德镇瓷业集群的生产和销售活动得到改善，从经济相关现象转变为经济制约现象。历代帝王和政府以史为鉴，不断调整政策，以利于产业的发展。例如，明朝对民窑实行无偿征收产品，并占用首要资源，如顶级工匠，损害了民窑的生产。到了清朝，这种情况发生了变化，有偿聘用政策开始实行。

2000年左右，政府对樊家井进行清窑封场，这项政策遭到村民的抵制。2014年，樊家井被提出作为景德镇的标志性文化古街。瓷业的发展与若干经济条件有关，包括自古以来的商业道德的建立、版权问题（抄袭）、工匠技能发展的分工、教育培训、家传技能、创新、区位、市场战略发展、私人孵化器、产品风险管理、配套产业发展、现代大学生创业、城市规划等。

从核心类别中合并的13个领域是景德镇瓷业的经济制约现象，这些经济制约现象已成为促进产业成功的经济相关现象，巩固了景德镇瓷业的竞争力。商业道德建立了购买者的信心；版权问题推动专利的发展和更快的创新；生产中的技工技能发展分工，满足不同的市场需求；教育培训促进学生创业；家传技能有助于形成名家群体和仿制技能；创新满足需求，位置接近助力生产配送；营销策略有助于竞争；私人孵化器为年轻人提供分销渠道；生产风险管理提高了质量；在配套产业方面的发展支持生产和分销；大学生创业促进了创新向个性化、创造性和实用性的方向发展。曾经是消极政府规划的城市规划，已经转向积极政府规划。最初的经济相关现象是陶土、水和木材等自然资源分布，但景德镇陶瓷产业集群成功的原因是多方面的，主要是由围绕生产和销售的核心商业活动所激发。然而，更根本的是工匠精神。

由于景德镇瓷业集群规模和发展的复杂性，政府需要一段时间来学习如何干预当地的瓷业生产并制定积极的政策。从明朝到清朝，从官窑到私窑，政府干预在一定范围内冲击着陶瓷经济发展，与经济条件和需求条件交织，就像两股汇合在一起的浪潮（见图6.15）。

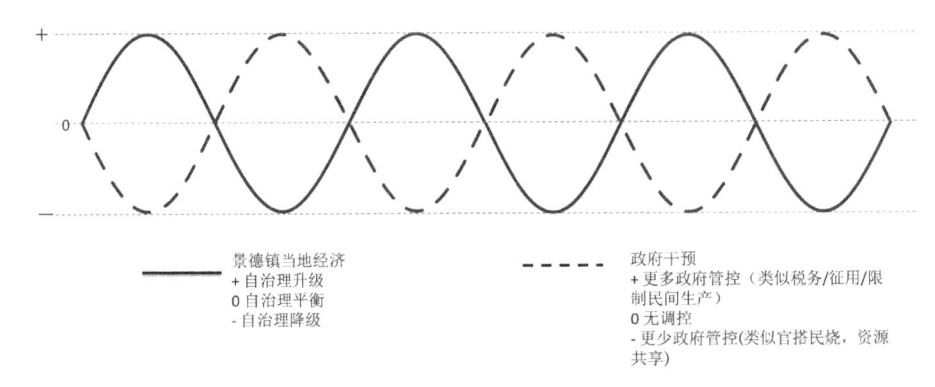

景德镇当地经济
+ 自治理升级
0 自治理平衡
- 自治理降级

政府干预
+ 更多政府管控（类似税务/征用/限制民间生产）
0 无调控
- 更少政府管控(类似官搭民烧，资源共享)

图6.15 政府政策与自治理

当政府减少不利的中央控制时，行业的自治就会得到提升。例如在宋朝，通过皇家命令官搭民烧，皇家瓷器部门与私窑分享了过手七十二工艺技术。当重税、生产限制加上严重的中央控制时（特别是在政治过渡时期），自治就会降级。更重要的是，景德镇的自治是在没有政府干预的情况下进行的，自治是为了生存和发展生产。手工业的发展呈现出向大批量生产和高科技产业发展的不同模式。它在没有GNP（全球网络生产）或GIS（全球信息系统）的情况下得以维持，不需要一个国家资助的孵化器中心，而是由私营公司开展这项工作。其中，有多少经验教训可以转移到其他行业和部门，需要进一步收集数据和进行数据分析。

发展出的理论可以从其他的经验田野数据库中寻求证实，例如除方李莉（2002）之外的17个历史编纂法文献，以及来自景德镇07/08和景德镇14/15的其他数据来源，包括访谈笔录、观察笔记、照片、视频及在线数据。据此可以对已有的关键关系进行修正，用清晰的注释说明信息来源，这有助于生成本书的 16 个图表和庄育婷（2011）制作的 9 个图。它们包括了在 3 个相关数据集中发现的关键关系。

除了基于经验田野数据库的分析外，也可以通过文献数据库进行确认。将 129 个关键关系与领域文献进行比较，可以通过比较关系来发现在时间、空间或人的维度上共享业务相似性集群的异同。比较形式扎根理论与相关领域的文献，如比较大学生创业与其他部门的类似现象，也可以更有效地实现社会形式理论。接下来，文献将被分类以供比较。

6.1.5 景德镇陶瓷产业集群分析中浮现的理论总结

根据前文的研究结果，在原始数据层、指标层、核心类别层和理论层自下而上分析得到 129 个关键关系，并用形式扎根理论方法论的三重三角模型自上而下重新进行理论排序，得到 16 个新的图形，代表 16 个新的理论。从社会现象理论化进程四层次模型出发，分析产生了新的点线理论：景德镇 14/15 的实质性领域围绕学生创业发展了两个点理论。此外，本书还提出了 14 个线理论：景德镇陶瓷产业集群古代发展的 4 个线理论，景德镇瓷业集群当代发展的 5 个线理论，景德镇瓷器群历史上的 5 个线理论。表 6.2 总结了本书中产生的所有理论和庄育婷（2011）的理论，并在理论基础上提出了关键关系。

表 6.2 景德镇数据集理论汇总表

编号	实质扎根理论（景德镇 07/08）（Zhuang, 2011）	关键关系
1	全球经济中的景德镇瓷器	买家，国内市场，海外市场，全球经济，分销部门，市场专业化
2	买方行为的转变：角色、地点和采购渠道	买方行为，角色、地点和采购渠道，分销部门
3	外部商业环境对瓷业的影响	外部商业环境，经济相关现象和经济现象
4	政府干预与公众期望	政府干预，公众期待
5	景德镇陶瓷产业集群内部网络	配套产业，位置相邻性
6	陶瓷产业集群	行业人口学
7	陶瓷工艺专业的传统划分	生产部，国营工厂，行会
8	当代瓷器产业集群孵化时间线	时间轴和产业生命周期中的经济相关现象
9	地方嵌入型市场与政府计划型市场的比较	计划经济，本地嵌入市场

续表

编号	实质扎根理论（景德镇14/15）（新）	关键关系
1	市集的划分与学生创业	市集，学生创业，支持来源，收费，版权问题，市场规模，客户
2	大学生创业的双轨制模式	教育，创业过程，本地，非本地

编号	L形式扎根理论（景德镇）（古）	关键关系
1	古代瓷器市场及其与陶瓷产业集群经济现象的关系	分配，市场和需求状况的划分
2	古代景德镇陶瓷产业集群中的劳力来源与地方行会	生产部门，行会
3	古代景德镇陶瓷产业集群中的政府干预	政府干预：积极的，消极的
4	形式扎根理论（景德镇古陶瓷产业集群研究综述）	政府政策，需求条件，劳工条件和工业发展，创新

编号	L形式扎根理论（景德镇当代）（新）	关键关系
1	当代景德镇陶瓷产业集群的生产分工	生产分级制度，教育，传统生产工艺，市场价格，经济衰退，腐败，反腐败，工匠技能，创造力
2	生产分工与市场分工及相关经济条件	生产分工，市场分工，经济条件，配套产业发展
3	（名人名作）与分级制度和教育的关系	分级制度，教育制度与（名人名作）
4	生产和创新部门	市场价格，创新，学生创业
5	商业道德与反抄袭	商业道德，观念，行为，反剽窃，专利，创新

编号	L形式扎根理论（一般景德镇）（新）	关键关系
1	景德镇瓷器可持续发展模式	生产，质量，消费力，市场需求，创新，传统，创造力，需求条件，可持续性，经济条件，政治条件的划分
2	景德镇工匠典范	生产质量，创新，传统，创意，工艺
3	景德镇陶瓷产业集群经济相关现象及经济现象矩阵	经济状况，政治状况，政府政策，市场需求，生产类型，工匠技能，市场价格
4	景德镇陶瓷产业集群与韦伯社会经济学模型	经济条件，政治条件，政府政策，资源条件，生产，分销，商业道德，版权问题，工匠技能发展部门，教育，传家宝，创新，邻近位置，市场战略，私人孵化器，生产风险管理，支持产业，大学生创业，城市规划
5	政治政策和自治	地方经济，自治，政府干预，税收，征税，私人生产，政府秩序

6.2 讨论

静止锋效应是一种扎根理论与领域文献相互作用的设计。本书并未在研究设计前先进行文献回顾，而是沿袭传统的扎根理论方法论做法，将理论出现后的领域文献研究纳入研究设计。为了丰富理论与文献之间的互动，本部分讨论了 6.1 部分的发现。

文献数据库（见图 4.24）是一个开放的系统，它不断地纳入相关的背景、方法和领域文献，以供后续比较。在景德镇陶瓷产业集群的线理论研究中，涉及文献数据库所包含的相关历史编纂文献。将社会现象理论化进程四层次模型与三重三角模型分开的设计，使理论的产生有两种可能性：一种是从基础数据中产生的，另一种是从该领域所做的研究中产生的。第 5 章的数据分析提供了一个例子，说明在时间维度上，两个实质性领域的数据如何进行三重比较，以最大限度地发挥它们在社会现象理论化进程中的潜力。

社会现象理论化进程四层次模型不仅可以应用于经验田野的数据库，也可以应用于文献数据库。根据格拉泽和施特劳斯（1967）的分类，在实质层面上有两种新的点理论，在形式理论层面上有 14 种线理论（见表 6.2）。采用社会现象理论化进程四层次模型进行文献综述，应以景德镇陶瓷产业集群为基础，对文献进行分类，以进一步证实线、面、体 3 个层次的新兴理论。扎根理论与文献的比较，不应在指标和核心范畴层面进行，以免预设主题和核心范畴，影响理论化归纳过程。

本书的主要目的是在一个可控的空间中，对 16 个新图的 129 个关键关系与已有文献进行比较。因此，在这一节中，比较将更多地集中在景德镇陶瓷产业集群（总体上）的线理论上。5 个核心关键词是可持续性（或工艺）、质量（生产）、创新、传统和创造力（见表 6.2）。5 个关键词的关系，是在空间和人的维度上求证的主要关系。相关的子关系还包括生产部门、需求条件、经济条件、政治条件和生产成本，分析全过程见附录 XV_1 至 XV_4。

静止锋效应发生在空间和人的维度上，而时间维度的比较则是通过形式扎根理论化来实现的。从空间维度上对关键关系的比较来看，景德镇瓷业集群可以与其他国家和地区的陶瓷或瓷业集群进行比较；从人的维度来看，景德镇瓷器可以比较于其他工艺型或文化型的集群。对同质性较强的案例进行比较，更有可能从类似的经济关系中得出有价值的结论。此外，还可以对核心类别之外的关键关系做比较，比如创新。然而，创新因部门而异，不能轻易一概而论。

6.2.1 理论与文献的空间维度比较

从空间维度出发，文献数据库中的集群文献来自其他数据库，如 EBSCOhost、ProQuest 和 Google Scholar。本书使用陶瓷行业的案例研究确定了 11 篇文章。表 6.3 对这 11 篇文章进行了综述，包括通过文献综述确定的集群信息、关键词和主要调查结果。

表6.3　空间维度的相关文献：陶瓷产业集群

编号	作者（年份）	集群	关键词	主要调查结果	与景德镇陶瓷产业集群的相关性
1	del-Corte-Lora, Vallet-Bellmunt and Molina-Morales（2015）	西班牙陶瓷产业集群	创造力，创新，集群，网络，陶瓷，倒U形	采用混合方法收集了280份问卷中的155份，并辅以访谈数据，对传统的创造力与创新之间的正向关系提出质疑，在定量数据分析的基础上引入了具有饱和效应的倒U型曲线关系	图6.11，图6.12
2	Iosif（2015）	罗马尼亚陶瓷产业集群	集群，服务创新，竞争力，罗马尼亚	利用档案二次数据，得出区域竞争力与创新（服务）正相关的结论	图6.11，图6.12
3	Cusmano, Morrison and Pandolfo（2015）	意大利Sassuolo瓷砖（陶瓷）区	派生，产业集群，产业动力，创业精神	考察了瓦片产区的产生和发展，发现来自父辈的衍生初创企业继承了父辈的基因（具有相似的特征，套路和网络），但衍生（或分拆）创业者并不比非衍生创业者表现得更好。	图6.1
4	Albors-Garrigós and Hervas-Oliver（2012）	西班牙陶瓷集团	集群生命周期，颠覆性创新，彻底的革新，传统集群	描述了传统集群如何作为一个复杂的适应系统来促进颠覆性（或激进性）创新，以应对不确定性和变化	图6.14，图6.11，图6.12

续表

编号	作者（年份）	集群	关键词	主要调查结果	与景德镇器产业集群的相关性
5	Molina-Morales and Expósito-Langa（2013）	西班牙瓷砖产业集群	集群，知识，网络，社会资本	分析了陶瓷产业集群中的结构离散度、联系强度（社会资本）与知识冗余的关系。结果表明，在不考虑结构离散度的情况下，强联系对知识冗余的影响更为显著	由于景德镇的市场多样性，不存在明显的相关性
6	Hervas-Oliver and Albors-Garrigós（2008）	西班牙（Castellon）和意大利（Emilia-Romagna）陶瓷集群	集群，外部联系，跨国公司附属公司，知识转让	通过八次访谈，发现本土维度的知识是通过当地中小企业和外国跨国公司在当地的互动创造的；而在其他集群中创造的知识则通过外国跨国公司引入到该集群中	景德镇中的知识分布路径是多重的
7	Hervas-Oliver and Albors-Garrigós（2007）	西班牙（Castellon）和意大利（Emilia-Romagna）陶瓷集群	集群；基于资源的观点，领土表现，瓷砖行业，西班牙，意大利。	采用基于资源的观点（RBV），采用二次数据和半结构化访谈的方法，对西班牙和意大利的陶瓷产业集群进行了比较研究；得出集群资源和能力的独特性（如体系结构，知识路径依赖，政府支持，企业战略等）影响集群绩效的结论	图 6.14
8	Hervas-Oliver, Albors-Garrigós and Hidalgo（2011）	陶瓷，西班牙	外部联系，全球价值链，创新扩散，跨国企业子公司，跨国企业，价值链重构	探讨了在本地集群中的外国跨国公司如何帮助本地集群建立外部联系和扩散创新，从而增强本地的全球价值链	景德镇内有最低限度的跨国公司介入，但也有一些外国小作坊

续表

编号	作者（年份）	集群	关键词	主要调查结果	与景德镇器产业集群的相关性
9	Hervas-Oliver and Albors-Garrigós（2009）	西班牙Castellon陶瓷集团	集群，资源基础观，吸收能力，陶瓷产业	通过对数据的定量分析，该文章得出结论：资源基础观点不足以分析集群，需要一个更全面的框架；企业内部资源对其创新绩效水平至关重要，并影响其与外部资源的互动（吸收效应）；资源获取过程中的协同效应和内部资源决定了企业的吸收能力。	产业分工高度专业化的景德镇没有明显为企业发展提供空间
10	Albors-Garrigós, Hervas-Oliver and Marquez（2008）	西班牙瓷砖集团	产业集群，陶瓷，技术创新，战略管理，技术管理，价值链治理，案例研究，瓷砖，西班牙，价值创造	采用混合方法研究了区域生产价值链的治理结构，分析了区域陶瓷产业集群价值创造系统中各产业的生命轨迹，发现经典产业对区域生产价值链的贡献逐渐减小，而新兴产业具有较好的稳定性。	图6.7
11	Meyer-Stamer, Maggi and Seibel（2001）	意大利的Sassuolo，西班牙的Castellón和巴西的Santa Catarina瓷砖集群	全球价值链，集群，技术，创新	通过对意大利，西班牙和巴西瓷砖产业集群的三个案例的分析，对如何将全球价值链结合到产业集群战略中来获得竞争力和升级进行了深入的比较研究；研究表明巴西陶瓷产业集群受益于意大利和西班牙在瓷砖领域的竞争，因为意大利和西班牙的产业集群缺乏在全球价值链下游进行创新（如生产，商业化）的技术追随者。	图6.11，图6.12

第 6 章 研究结果与讨论

在这 11 篇文章中，有 9 篇研究了西班牙的陶瓷集群，4 篇讨论了意大利的陶瓷集群，1 篇涉及罗马尼亚的瓷砖行业，1 篇涉及巴西的瓷砖集群。Albors-Garrigós 和 Hervas-Oliver 合著了 6 篇文章，Molina-Morales 和其他合著者贡献了 2 篇文章。Del-Corte-Lora、Vallet-Bellmunt 和 Molina-Morales（2015）认为，创造力和创新之间的关系，不是线性位置关系，当创造力和创新之间的关系上升到饱和点后开始变为负关系，遵循倒 U 形曲线的规律。从图 6.11 和 6.12 来看，创新和创造力之间的关系也不是线性的：通往创新的路线可以单一通过创造力或传统，也可以由两者结合贡献。有 3 条路径有助于创新。景德镇陶瓷产业集群既是一个产业集群，又是一个手工文化集群，具有悠久的地方根植性。然而，Del-Corte-Lora、Vallet-Bellmunt 和 Molina-Morales（2015）的发现以及上述分析中的发现都表明，创造力不是决定创新水平或创新绩效的单一最重要因素。景德镇提供了为什么创意可以达到饱和，并且在创意不再有效和高效时，仍然保持创新的答案：景德镇对其传统的根植，包括生产和工匠技能。

Iosif（2015）认为竞争力与创新之间存在正向关系。图 6.12 表明，可持续性和工艺水平与创新具有正向关系。如果一个集群获得了竞争力，从而在延长的生命周期中生存下来，那么 Iosif（2015）的发现与图 6.11 和图 6.12 相一致。Cusmano、Morrison 和 Pandolfo（2015）指出，意大利陶瓷产业集群中存在明显的产业复制或遗传现象，即由于衍生效应，集群中存在母子企业。然而，衍生的创业者并不一定比非衍生的创业者做得更好。这一发现与图 6.1 中学生企业家的双轨现象高度相关。先天优势为本地学生带来了生产资源、技术、分销网络等方面的竞争优势。然而，没有确凿的证据表明本地学生创业者比外地学生创业者更成功：他们在景德镇不同的生产部门都很成功，在细分市场上存在分化。

Albors-Garrigós 和 Hervas-Oliver（2012）通过调查集群如何吸收颠覆性（激进）创新，讨论了从演化经济学中借用复杂适应系统应用于集群现象的合理性。图 6.14 表明集群如何应对需求、经济条件和政治条件的变化。通过历史时间线证明，集群是一个可以消化激进变化的复杂系统，即使在宏观层面也是如此。Molina-Morales 和 Expósito-Langa（2013）解释了结构分散、联系强度（社会资本）和通过集群中的社会联系发生的知识冗余之间的关系。这一现象在景德镇陶瓷产业集群的调查中并不明显，因为市场在产品类型、用途和质量方面都相当多样。通过采访观察，发现即使在樊家井较低层次的仿制瓷器中，拼架现象也很普遍：一个店铺可能有 3 个以上的艺术家展示出售自己的艺术品。竞争不激烈，工匠会选择分享市场。业务网络非常活跃，景德镇以外的瓷器店通常会采购种类繁多的瓷器，以满足当地的各种需求。

　　Hervas-Oliver 和 Albors-Garrigós（2008）指出，知识分布路径的方向在内部和外部是不同的。集群以外的知识通常由当地的外国跨国公司提供。以景德镇为例，知识的分布路径按生产分工是多元的。通常景德镇的企业通过媒体，观察经济发展和市场状况；但更重要的是，景德镇以外的采购商为集群带来了新的信息：需求、时尚和趋势，并为相关生产部门贡献了信息。该行业还通过分析相关行业的消费情况如茶叶市场，了解趋势和需求。市场划分如图 6.7 所示。

　　Hervas-Oliver 和 Albors-Garrigós（2007）讨论了基于资源的观点（RBV）与集群现象的相关性，即集群资源和能力的独特性产生集群绩效。对于景德镇陶瓷产业集群来说，该地区具有陶土、水路（用于生产和运输）和木材（能源）等自然资源，有利于生产。然而，景德镇在其历史发展过程中，从一个自然嵌入型集群向一个文化导向型集群转变。从图 6.14 可以看出，由瓷器生产和销售引起的经济现象，为集群带来竞争——即使该地区的自然资源正在减少，但这已不再是产业迁移的关键原因。

　　Hervas-Oliver、Albors-Garrigós 和 Hidalgo（2011）讨论了外国跨国公司在当地集群中，如何帮助加强全球价值链和传播创新。景德镇的陶瓷生产不是国际性的，而是地方性的：在景德镇，劳动分工的地点接近，因此不具有全球性。景德镇几乎没有跨国公司，但一些独立的外国艺术家在景德镇经营作坊，生产规模很小，卖到国内或海外。Hervas-Oliver 和 Albors-Garrigós（2009）的主要论点，是内部资源决定创新绩效和获取外部资源的能力（吸收效应）。在景德镇，人们普遍认为，能掌握过手七十二步的任意一步，就能生生不息，蒸蒸日上。比如填色（填补线条和形状内的空隙）的工人，拥有各种不同水平的工匠技能，可以根据各种需求找到自己的市场定位。

　　Albors-Garrigós、Hervas-Oliver 和 Marquez（2008）比较了周边产业对陶瓷产业集群的贡献，发现传统产业对陶瓷核心产业的贡献逐渐减弱，而新兴产业的贡献更加稳定。以景德镇为例，配套产业是以传统的瓷器生产分工为基础，与领域产业密切互动的产业。这就产生了多米诺骨牌效应：支持行业的新发展，影响着主要行业的发展状况——电信领域的彻底创新，移动社交应用（如微信）增加了沟通和销售渠道，而交通领域的强劲发展使得移动货物更便宜、更安全（见图 6.7）。在陶瓷产业集群经济发展的条件下，配套产业都得到了发展与创新。贡献的高低不是看支持产业是新是旧，而是看其核心产业做得怎么样。

　　Meyer-Stamer、Maggi 和 Seibel（2001）的文章，彻底地比较了 3 个在西班

牙、意大利和巴西的瓷砖集群。该论文本身对三者相互依存的案例进行了研究，具有空间维度、情境化和概括性。其作者揭示了这3个行业之间的关系，以及发达经济体中两大瓷砖集群之间的竞争和对抗如何使作为技术追随者的巴西最终受益，并发现全球价值链（GVC）下游的创新发生在巴西，而西班牙和意大利则没有。本书对景德镇陶瓷产业集群与斯托克、京都和利川的陶瓷产业集群做出了进一步比较，同时，本书也关联到景德镇陶瓷产业集群在分销（市场）层次的划分（见图6.7）。与Meyer-Stamer、Maggi和Seibel（2001）的研究结果相比，治理是景德镇陶瓷产业集群研究项目的共同兴趣领域之一。在西班牙和巴西的集群发展初期，政府政策发挥了重要作用，但在近期意大利和巴西的集群发展中，政府不再发挥任何作用，西班牙政府还进行了消极干预。集群升级是各国公司共同努力的结果。这与图6.15相吻合，图6.15表明，政府控制较少，集群则更有可能提升其自治能力。

6.2.2 理论与文献中的人维度比较

在文献数据库、EBSCOhost和ProQuest搜索引擎中以文化集群作为关键词进行检索后的结果显示，文化集群作为一个术语，在文化研究中被用作具有文化相似性的民族概念，如盎格鲁文化集群。创意产业的研究与文化集群的研究密切相关，是一个更为广阔的研究领域，已有数千篇文献为创意产业的概念做出了贡献。为了缩小比较的重点范围，在人维度中选择的文献主要取自"文化集群"相关文献。本书从内部文献网络和一个外部文献网络中，确定了13篇与文化集群有关的文章，可供比较（见表6.4）。

表6.4 人维度的相关文献：文化集群

编号	作者（年份）	集群	关键词	主要调查结果	与景德镇瓷器产业集群的相关性
1	Tscheu and Buhalis（2016）	文化遗产集群	增强的现实，文化遗址，价值创造，服务主导逻辑，共同创造体验	价值创造过程的整体方法应用在文化遗产产业的增强现实：11次访谈，分为三个调查阶段；影响AR价值创造的因素包括主要利益相关者的需求（包括利润，合理成本，保值，个性化），AR共同创造内容与体验的平衡以及代表收益与成本的价值	图6.7，图6.11

续表

编号	作者（年份）	集群	关键词	主要调查结果	与景德镇瓷器产业集群的相关性
2	Hitters and Richards（2002）	两个文化集群：荷兰阿姆斯特丹的（Westergasfabriek，WGF）的和鹿特丹（WittedeWithstraat，WdW）的	治理，文化集群，创新，创造力	比较荷兰两个文化聚集区在政府政策和干预方面的情况显示，WGF有一个"自上而下"的政府控制模式，WdW有一个更"自下而上"的没有政府控制和干预的模式	图6.15
3	Lazzeretti（2003）	意大利佛罗伦萨艺术修复集群	集群，高文化地方系统，分区	该文章对托斯卡纳地区修复业的430家企业进行了问卷调查。调查发现，文化可以导致就业和财富等经济现象；集群内企业具有较高的生产专业化程度和合作意愿；企业有经济—生产关系和经济—社会关系	图6.14；图6.3
4	Vang and Chaminade（2007）	加拿大多伦多电影集群	创意产业，电影，集群，全球化	该文章探讨了多伦多本土文化电影集群与好莱坞在电影价值链中的全球—本土关联，指出现有文化集群理论在解释多伦多本土电影集群时存在的局限性；在多伦多，需求条件和技术是比当地资源（包括人力和社会资本）更重要的驱动因素	图6.11；图6.14（需求条件重于供给条件导致景德镇技术发展）
5	Bassett, Griffiths and Smith（2002）	英国布里斯托尔电影制作集群	空间集群，文化产业，媒体产业，广播，自然历史电影制作，城市文化政策	该文章以英国布里斯托尔的一个电影产业集群为例，探讨了集群生命周期、集群深度，与全球经济的联系，制度厚度，支持和变化动态等问题	与政府支持无明显相关性

续表

编号	作者（年份）	集群	关键词	主要调查结果	与景德镇瓷器产业集群的相关性
6	Power and Nielsen (2010)	欧盟的创意和文化集群	聚类映射	报告发现，创意文化产业集中度与繁荣水平呈正相关	与景德镇不太相关，需要进一步的研究来发现联系
7	Power (2011)	欧盟的创意和文化集群	聚类映射	报告发现，创意文化产业集中度与繁荣水平呈正相关	与景德镇不太相关，需要进一步的研究来发现它们之间的联系
8	Dervojeda, Nagtegaal, Lengton and Datta (2013)	创意产业与集群	创意产业	这份报告讨论了围绕创意产业的各种主题，包括价值链，创业精神，社会环境，市场状况，可持续性，产业框架	根据产业集群的性质，与景德镇的相关性较小
9	Nakamura (2007)	阿伊努文化集群	文化推广，土著人民，社区博物馆，阿伊努，日本	该文章以阿伊努文化集群项目为背景，探讨了阿伊努文化博物馆在土著文化集群中对传承和弘扬阿伊努文化的积极作用和消极作用	可与景德镇古瓷民俗博物馆等中国文化遗产地相提并论
10	Lazzeretti and Cinti (2009)	意大利佛罗伦萨博物馆群	文化集群，地方系统，治理，组织间关系，治理特定因素，社会网络分析，博物馆	该文章以佛罗伦萨博物馆群为例，结合集群治理理论，对一个多层次的集群治理模式进行了实证研究	图6.15

续表

编号	作者（年份）	集群	关键词	主要调查结果	与景德镇瓷器产业集群的相关性
11	Martínez-Pérez García-Villaverde and Elche（2016）	西班牙文化遗产旅游集群	创新，好客，社会资本，集群，文化旅游，双元知识战略	该研究探讨了双元知识战略（AKS）如何影响社会资本与创新之间的关系；文章发现，通过AKS，两者之间的关系得到了加强	与图6.11和图6.12相关，但社会资本与创新的关系没有得到景德镇陶瓷产业集群研究的支持，需要进一步研究
12	Li, Cheng and Wang（2014）	深圳大芬油画村集群	文化产业，大芬村，品牌运动，画家—工人	通过大芬油画集群的案例，文章揭开了品牌背后的力量和社会经济后果	图6.11和图6.15，具有类似的政治背景
13	Boix, Capone, DePropris, Lazzeretti and Sanchez（2016）	欧洲创意产业（法国，英国，意大利和西班牙）	创意和明智的政策，创意产业，空间集中	通过对欧盟四国创意产业空间集聚的比较，确定了创意产业的城市集聚，其中法国和英国在首都城市中占据主导地位；而意大利和西班牙则扩展到次级城市，但在专业和政策上存在差异	图6.15

  Tscheu 和 Buhalis（2016）将增强现实（AR）技术纳入文化遗产产业，调查了 AR 技术的整个价值创造过程。在早期阶段，利益相关者所提出的要求对于影响价值创造过程至关重要，包括利润、成本和产品的个性化。在开发过程中，文化遗产单位和技术公司共同创建内容，向终端用户提供 AR 应用的体验，并从终端用户的体验分析中提取价值。本书与 Albors-Garrigós 和 Hervas-Oliver（2012）的文章相似，后者讨论了在陶瓷行业采用激进创新和技术，以及集群自适应系统如何应对激进创新（见图6.11）。在景德镇陶瓷产业集群的案例中，电信领域有一个根本性的变化，对瓷器产品的分销产生了重大影响，那就是社交移动应用微信（见图6.7）。企业很快就对电信技术的这一根本进步做出了反应，从电话和文

字交流转变为增加视觉交流。通过微信，新产品发布可以通过朋友圈完成，客户可以看到新产品目录，并可以直接订购，从而减少到景德镇出差的次数，降低采购成本。景德镇陶瓷产业集群在生产和分销过程中的技术具有非常好的嵌入性，即使微信和颠覆性技术最终淡出市场。由于市场的多样性，景德镇生产和设计的创新活动频繁，技术吸收能力较高。

Hitters 和 Richards（2002）的文章与图 6.15 有关，涉及两个地方集群的政府政策和政府干预。政府在阿姆斯特丹（Wester gas fabriek，WGF）文化集群采取了自上而下的干预方式；而在鹿特丹（Witte de Withstraat，WdW）采取的自下而上方式，并不受政府干预；WGF 有创新的证据，WdW 则较少。两个文化集群都没有明显的文化政策。WGF 的当地政府给予该集群足够的空间，来确定自己的战略，政府的政策侧重于城市重建和住房领域。在 WGF 中似乎比在 WdW 中有更多的合作，同时还有更好的商业氛围和更明确的集群身份。政府与集群的互动方式影响着集群的健康发展。从图 6.15 中可以看出，非集权政府增加了与集群的合作，例如，从元朝开始的官搭民烧，似乎为产业升级提供了积极的影响。政府应学会尊重集群的创新空间，认识到集群在没有干预的情况下，比在不良干预的情况下更能独立生存。随着时间的推移，政府应该学会如何以积极的方式支持集群。

Lazzeretti（2003）的 3 个关键发现包括：①文化可以导致就业和财富等经济现象；②集群企业具有较高的生产专业化程度和合作意愿；③企业之间存在着相互的经济—生产关系和经济—社会关系。就景德镇陶瓷产业集群而言，第一个发现同样适用，文化是当地集群和商机最具影响力的驱动因素。在图 6.14 中，由具有强大手工艺能力的经济现象驱动的经济制约现象包括教育、位置邻近性、创业和城市规划，还包括 Lazzeretti（2003）提到的就业和财富。景德镇的生产分工和市场分工体现了高度的专业化和协作性，在需求多元化的情况下，激烈的竞争就不那么明显了。在图 6.3 中，经济—生产关系与生产中的劳动分工密切相关，经济—社会关系与清代商人和生产行会的背景密切相关，这些行会是由村庄和家族氏族组成的。

Vang 和 Chaminade（2007）考察了多伦多的电影集群，以挑战传统的集群理论来解释跨国公司在多伦多形成专业化服务中心和本土集群的溢出效应。他们认为，需求条件和技术是比人力资本和社会资本更重要的驱动因素。从景德镇的角度来看，需求条件受经济和政治条件的驱动（见图6.11），这些条件影响着当地集群的创新能力（包括技术开发）。从图6.14可以看出，需求作为外部商业和经济条件的一部分，是景德镇瓷器生产的经济相关现象。本书同意Vang和Chaminade（2007）的观点，即需求比供应条件和资源更重要。而景德镇的技术发展是一种经济制约现象，这是由需求条件决定的。

景德镇陶瓷产业集群对外部技术的依赖程度总体上低于电影业。Bassett、Griffiths和Smith（2002）也调查了电影集群，但在英国布里斯托尔，侧重于自然历史电影制作。这个小型工业集群是从英国广播公司分拆出来的，而多伦多电影文化集群则是跨国公司附带利益的结果（Vang and Chaminade，2007）。Griffiths和Smith（2002）的讨论涵盖了集群生命周期、集群深度、与全球经济的联系、制度厚度、支持和变化的动力等主题。比较政府在支持该产业方面的作用，电影制作集群是由一项加强野生动物电影公司网络的国家创意技术倡议项目资助的；而在景德镇，政府的支持更多地与城市规划相结合，提供了积极和消极的干预。

Power和Nielsen（2010）的研究涵盖了欧盟所有的创意和文化产业，并绘制了集群图。结果显示，创意文化产业从业人员650万人，创意文化产业集中度与国家繁荣水平呈正相关关系。欧盟最重要的4个集群是伦敦、巴黎、米兰和阿姆斯特丹。然而，Power和Nielsen（2010）的覆盖范围太广，无法与景德镇陶瓷产业集群相比较，尽管北京、上海、广州等中国创意文化氛围浓厚的3个地区是景德镇陶瓷产业集群在国内最大的市场。

创意文化产业集聚区与景德镇瓷业集群之间是否存在关联，有待进一步研究。这也涉及权利。在欧洲集群观察站［类似于Power和Nielsen（2010），Power（2011）］下，Dervojeda、Nagtegaal、Lengton和Datta（2013）的报告也涵盖了广泛的创意产业和集群，讨论了不同的主题，如价值链、决策者的影响、创业精神和支持产业等。Nagtegaal、Lengton和Datta（2013）认为政府是创意产业的重要组成部分（拥有文化机构所有权），通过城市形象营销促进文化产业，并为创意集群的产品和服务开发做出贡献。

政府的作用与文化和艺术遗产密切相关。政府在文化遗址修复中的作用至关重要。与景德镇陶瓷产业集群相比，文化遗址的生产力落后。而政府在以工业为基础的集群中的作用并不重要。在上一小节中，瓷砖行业提供的证据支持了这一点。

Nakamura（2007）的论文涉及阿伊努人文化集群项目及其对阿伊努人文化传承和当地社区的影响。在景德镇，有一个古瓷民俗博物馆，作为旅游部门的一部分，展示古瓷生产和文化。因为景德镇是一个规模较大、既有的文化集群，经济条件较好。阿伊努人文化集群的经验无法与景德镇相提并论，但当地的古瓷民俗博物馆与景德镇不相上下。阿伊努人文化集群与中国其他许多正在消退的文化遗产地状况类似。

Lazzeretti 和 Cinti（2009）从集群驱动和（政府）治理驱动两个维度建立了集群内部、集群外部和集群之间发展战略的多层次治理框架，从治理角度对景德镇陶瓷产业集群进行了分析。集群的特定因素和（政府）治理的特定因素中政策把握与图 6.15 相关；图 6.15 显示项目中的（政府）治理与集群的特定因素或自治比较一致。Lazzeretti 和 Cinti（2009）的治理特定因素更多地与政府的参与相一致。景德镇陶瓷产业集群是一个自给自足的系统，然而，积极的治理促进了产业升级，如官搭民烧、过手七十二转移到民窑等。

Martínez-Pérez、García-Villaverde 和 Elche（2016）研究了双元知识战略（AKS）对社会资本与创新之间的关系的影响，发现双元知识战略可以将开发新技能或从外部引进新技能的探索战略，与开发现有组织或产业集群内技能的开发战略结合起来。通过实证研究，发现和验证了双元知识战略在创新能力与社会资本的联结关系中具有正向的中介作用。拥有更好社会资本的公司，可以通过双元知识战略产生更多创新。

双元知识战略模型类似于图 6.12 所示的创新模型，其中创新是通过传统或创造力或两者共同作用而产生的。创意部分与开发战略相一致，采用组织或产业集群的现有知识。创造力类似于开发新技能或导入新技能的探索策略。在文化旅游集群中，需要考察的关系是社会资本的联结和桥梁。在景德镇产业型文化集群中，与社会资本的联结是通过生产和物流配送网络完成的。

以景德镇为例，社会资本与创新没有直接关系。社会网络具有不同的类型、实用性和质量，它们既独立又相互依赖。当一个公司提高其创新水平时，它就形成了新的商业联系，并满足了市场上的新群体，社会资本结构发生改变。然而，这不能与生产质量和价格较低的类似机构相比。在景德镇，由于价格较低的瓷器需求会有较高的客户流量，因此社会资本的联结和桥梁与创新水平之间，可能存在负相关或不相关的关系。因此，这方面可能需要进一步研究。

Li、Cheng 和 Wang（2014）对大芬村油画文化集群的研究，揭示了地方艺术和文化集群在自上而下的政府政策结构下所面临的困境和挣扎。大芬村与景德镇相似的地方在于，注重工匠的生产技能。然而，油画是从西方传入的艺术形式，而景德镇的陶瓷产业则根植于民族文化，有着国内和国际的需求。相比较而言，景德镇比大芬村具有更强的地方韧性，创新能力水平更高；而大芬村则主要是在流水线上实现艺术生产的工业化。两个集群的差异，可能正是景德镇能够抵制和纠正政府消极政策和干扰的原因（见图6.11）。政府自上而下的计划经济模式在中国非常普遍。集群或许能够从历史和景德镇的教训中获益，特别是使政府了解如何制定有助于集群增长的政策（见图6.15）。

Boix、Capone、DePropris、Lazzeretti 和 Sanchez（2016）比较了法国、英国、意大利和西班牙的城市空间集中度，并讨论了法国和英国、意大利和西班牙之间，由于产业专业化和政府政策而导致的城市集中度差异。结果表明，以区域为基础的政策，比以产业为基础的政策更有效。西班牙的决策权力下放支持了这一点，其城市集中度不仅体现在首都城市（法国巴黎和英国伦敦），也体现在二级城市（例如意大利也有二级城市集中度）。以景德镇为例，随着十大国营工厂的关闭，中央政府做出了决定，支持对工厂进行改造，而地方政府则采取了相反的行动。历史上的经验是，政府对景德镇的干预大多由中央政府通过历史悠久的御窑和官府来施行，因此中央政府的政策与地方政府的政策一样有效，地方官员管理景德镇的瓷器生产并保证政策执行的准确性，与民间窑场进行密切的治理与合作。在景德镇的当代发展中，地方政府对地方经济的影响要大于中央政府，尤其是消极干预，如误导性的城市规划政策（见图6.15）。

6.3 小结

本书的理论目标是从韦伯（新康德）扎根理论方法论中产生有价值的理论贡献。本章由两部分组成：研究结果和讨论。研究结果部分包括通过比较景德镇07/08和景德镇14/15在点和线层面上的理论。讨论部分围绕静止锋效应，在时间维度完成的线理论基础上，将理论与空间维度和人的维度的文献进行比较。

景德镇07/08中有两项实质扎根理论关注大学生创业。第一项实质扎根理论描述了景德镇学生创业者的4种分销渠道（市集），以及历史的长短、支持来源、收费、版权问题（都不太严重）、市场规模和客户类型。第二项实质扎根理论是学生创业的双轨模式，大学教育与创业并行。该模型比较了本地学生和非本地学生的差异。

景德镇瓷器古代集群发展的线理论有 4 个方面。第一个形式扎根理论是在韦伯的社会经济学模型范围内，围绕古代瓷器市场和需求状况展开。古代四大集市分别是皇室宗亲、海外市场、贵胄文人、平民。

第二个形式扎根理论以劳动力来源和地方行会为中心。在四大劳动力来源中，商人组成了按地区划分的行会。生产行会是通过当地工匠家庭、御窑释放的劳工和景德镇以外窑场的劳工组成的。生产行会以家庭关系或村庄宗族为基础，按生产分工划分。

第三个形式扎根理论主要从生产干预、赋税和国际贸易政策 3 个方面，论述了古代政府对景德镇陶瓷产业集群发展的干预。国家（中央政府）施加了积极和消极的干预。对生产的控制减少、税收降低、开发国际贸易时，就会产生积极的成效，反之则会产生消极的干扰。

第四个形式扎根理论是基于前 3 个图，以表明政府政策、需求条件和劳动力条件与集群内的地方发展和创新之间的关系。这 3 个条件都是与地方发展和创新相关的经济现象。政府政策决定市场需求和生产劳动条件，而市场需求条件决定生产劳动条件。

景德镇瓷器当代集群发展的线理论由 5 个相关的图表显示。图 6.6 显示了生产部门（名人名作、大学生创业、仿古瓷、日用瓷）与分级制度、教育、传统的过手七十二生产流程、市场价格、经济衰退、反腐败运动、传统工匠技能和经验以及创造力水平之间的关系。

第一个形式扎根理论被可视化为一个折线图，显示了分工的复杂运动。而除了教育和传统的过手七十二陶瓷制作过程，"名人名作"部分与所列概念的关联度最高。经济低迷对大学生创业的影响尚不明确，因为这部分资料相对较新，因此在 2007—2008 年的数据收集中并不明显。

第二个形式扎根理论涉及生产分工与市场分工以及相关的经济条件。"名人名作"组为投资收藏家生产收藏级装饰物；大学生为普通人制作有创造力的日常物品、为收藏爱好者制作仿古装饰品；还有满足普通百姓需求的实用器皿的批量生产群体。地方集群的发展与配套产业的发展相互作用，配套产业包括电信（微信）、交通运输、教育培训、包装等。

第三个形式扎根理论是围绕"名人名作"、教育与分级制度的关系展开的。瓷器生产有3个等级，"名人名作"可以来自教育系统，也可以作为家传工艺。第四个图表说明了生产部门与创新之间的关系，以表明价格对创新程度的对应程度。通常情况下，使用柴窑进行生产，意味着相关生产过程中的最高质量，因为柴窑的烧制是所有生产工艺中最困难的。

关于景德镇商业道德与反抄袭模式，不同的生产部门有两种战略计划，"名人名作"和大量生产的日常器皿，更有可能申请专利保护来抵制抄袭问题；而仿古瓷和学生瓷，则更有可能通过增加其设计中技能的难度和创造的含量，积极主动地采取行动抵制抄袭。

在景德镇瓷器集群的历史线理论中，5个形式扎根理论在时间维度上是与背景无关的。第一个形式扎根理论提出景德镇瓷器产业可持续发展模型，解释景德镇集群何以具有较高的本土韧性，为何能在历史上得以持续发展。纵观历史，景德镇集群能够适应经济和政治条件变化的一个核心原因是，用生产质量的调整能力与创新能力来应对需求条件的变化。景德镇陶瓷业生产与销售的创新，既来自历史积淀，也来自创造力。

这种形式扎根理论在景德镇的工匠模式（第二个形式扎根理论）中进一步简化，并结合了生产质量和创新（传统和创意的共同贡献）。工匠模式是回应市场现实的动态模式。

第三个形式扎根理论是经济相关现象和经济现象下的景德镇陶瓷产业集群矩阵。当社会经济繁荣时，市场需求多重，如高端奢侈性陶瓷器皿，要求工匠技能更精湛，因而售价也很高，反之则相反。政府干预的影响力小于外部经济条件的作用。

第四个形式扎根理论涉及景德镇陶瓷产业集群和韦伯的社会经济学范畴。本书围绕景德镇瓷器的生产和流通，探讨了经济相关现象与经济约束现象的转移。经济相关现象，如政府政策和资源条件，可以通过集群发展加以改变。经济制约现象，如教育和创新，有助于提升集群竞争力。

第五个形式扎根理论讨论了外部干预的政府政策与自治能力之间的关系。在没有政府干预的情况下，景德镇瓷器得以在自治中实现平衡；在正向干预下，如民窑间共享资源，自治能力增强；在高税赋等负面干预下，自治能力下降。这一模型也可以适用于经济条件。纵观历史，景德镇自治能力不断增强，具有较高的可持续性。

通过静止锋效应模型，本书策划了理论与文献之间的对话，以检验该模型的方法学设计。从空间和人的维度上摘选文献，使静止锋效应融入产业集群研究的相关领域文献。通过对西班牙、意大利、罗马尼亚和巴西瓷砖集群的数据收集，对新兴理论进行空间维度比较。通过对开放文献数据库中的文献数据检索可以看出，从集群角度对历史陶瓷（手工艺）产业的分析较少。关于陶瓷产业集群的研究有论文11篇，其中3篇文章与景德镇陶瓷产业集群的关联性较小，8篇文章与景德镇陶瓷产业集群的实质理论和形式理论有不同程度的关联性。Meyer-Stamer、Maggi和Seibel（2001）比较了3个瓷砖集群与生产和市场分工及政府政策和集群自治之间的关系。他们的论文提供了在空间维度上进一步比较研究的见解，以及与历史上的陶瓷产业集群的比较，如斯托克、京都和利川的陶瓷集群。

从人的维度上自文献资料库中选取13篇有关文化集群的文章，与景德镇陶瓷产业集群的理论进行比较，其中5篇文章与景德镇瓷器群的相关性较低。通过数据检索，大部分文章都是关于创意产业（如电影业）和文化遗产（如博物馆）领域。Martínez-PérezGarcía-Villaverde和Elche（2016）应用的双元知识战略，可与可持续发展和工艺模式中的创新模式（具有传统和创造性）相比较。

第7章 结　论

本章主要分为3个部分：总结与贡献，局限性与未来研究方向，个人反思。总结与贡献部分回应了第1章的研究目标，指出本书在哲学、方法和理论3个维度上如何实现目标。在此基础上，本章讨论了本书研究的局限性与未来研究方向。个人反思部分重点介绍了笔者在整个调研中的感悟。

7.1 总结与贡献

本节提供的总结旨在补充而不是重复或取代第2至第6章中的小结，侧重于整合之前所做的结论，并相应地加以总结和完善。

7.1.1 哲学维度

本书的主要贡献包括：①在科学哲学层面，比较东西方哲学路径中本体论假设和概念的挑战领域；②韦伯（新康德）和墨家哲学在认识论和方法论上有高度的一致性，具备直接对话的领域；③韦伯（新康德）和墨家哲学在认识论、方法论和文化立场上符合笔者的偏好，虽然韦伯（新康德）本体论比墨家更受本人青睐，但他们的认识论方法对笔者及研究对象都有共同的影响。

哲学建构部分旨在衍生一个世界哲学体系，将东方哲学特别是中国哲学纳入西方科学哲学。通过对东西方哲学内涵的比较可以发现，尽管两个体系在形而上学和本体论假设上存在着差异，但在认识论方面却是一致的。中国的三大哲学原理（天的法则、自然法则、人的法则）与科学哲学的主要原理是一致的。墨家与韦伯（新康德）的认识论和方法论有相通之处，都强调多重比较、分类和解释差异。

本书首先对西方和东方（中国）的6种主要哲学进行了系统的比较，通过对主要哲学假设和概念的回顾，描述了将东、西方科学哲学融合的可能性。韦伯（新康德）流派和墨家被证明是最适合这一研究的哲学立场。笔者的本体论、认识论和方法论偏好与韦伯（新康德）流派相吻合，更与墨家的认识论和方法论同出一辙。

本书关于世界哲学体系的讨论，受到非西方商业研究者的启发。哲学的西方文化背景导致了理解上的障碍，使社会理论难以取得进展，也减少了了解定性方法论和定性方法的机会。本书中的东西方哲学方法比较，识别了哲学中可比较和不可比较的假设和概念。这一研究可以作为一个基石，鼓励社会研究者从各个领域进行更大范围的哲学比较，从而形成一个世界科学哲学体系。

7.1.2 方法论维度

本书的主要贡献包括：①参照新康德和韦伯的思想框架，提出了影响研究者内在现实与经验世界之间互动的因素；②社会现实球模型和社会现象理论化进程四层次模型是在自然科学和社会科学的社会现象理论化进程文献的基础上发展起来的，阐明了社会假设、社会现实和社会现象理论化进程的本质；③社会知识建构模型（融合了社会现象理论化进程四层次模型）描述了社会现象中有助于形式理论发展的关键关系；④形式扎根理论方法论的三角测定模型为综合三角测定方法提供了一个框架；⑤形式扎根理论方法论的三重三角模型是在格拉泽实质扎根理论方法论设计的基础上发展起来的，使得两个实质性领域之间的形式理论化得以实现；⑥用静止锋效应模型比较新兴扎根理论与相关领域文献。

方法设计部分补充了现有的形式扎根理论方法论（见第7.1.2节），并回归原始扎根理论方法论的原理。选择新康德和韦伯思想框架旨在运用新康德哲学方法指导整个研究过程，包括另外4个框架：个人现实（生活经验，教育，心智和直觉）；个人知识（本体论，认识论，价值论，修辞学，方法论）；现实的类型（自然，社会文化和精神）；信息类型（存在，数据，信息，知识，智慧，以及来自Faucher的"扩展的知识管理金字塔"的启示）。

社会现实球模型为社会现象理论化进程奠定了基础，从时间、空间和人的维度构建了社会现实的抽象性。这一模型发展出了社会现象理论化进程四层次模型，新模型通过允许关于概括性、抽象性、预见性和可解释性的基本假设变化，提供了对形式理论更深入的解释。社会现实和社会现象理论化进程的这两种模型被用来在实质（点理论）和形式（线、面和体理论）层次上，重新定义什么是理论。

关于社会知识建构模型，在社会现实球模型中，在人的维度提供了对社会调查的 4 个关键要素的洞察，包括关系、功能、结构和流程。该模型将关系作为必要组成部分，既在内部，也跨越其他 3 个要素。结合社会现象理论化进程四层次模型，它通过观察社会结构、流程和个人功能角色中的特征和关系，指明了理论化在社会现象中可以生成的地方。该模型还表明，关注一个或多个关键要素，就有可能把低层次理论发展为高层次理论。

形式扎根理论方法论的三角测定模型，是第一个在形式扎根理论方法论设计部分引入的模型，以参与扎根理论方法论中的多视角验证。4 种三角测定法包括：数据三角测定、研究者三角测定、理论三角测定和方法三角测定。该模型可视化了 4 种三角测定方法如何在数据收集中进行。5 个国家的数据采集都完成了系统全面的三角测定设计。

三重三角模型是在先前实质扎根理论方法论设计中进化的，依托于庄育婷 2011 年的研究。该模型由 3 个三角形组成，旨在比较形式理论出现的两个实质性领域。通过首先在理论层面（三角形 1），然后在核心类别层面（三角形 2），最后在指标层面（三角形 3）进行比较，这 3 个三角形构成了形式理论化所需的概念模型。

静止锋效应模型用于在发展社会现象理论化进程四层次模型的过程中确认文献。静止锋效应模型展示了在理论饱和的情况下如何将领域文献与已出现的扎根理论联系起来。静止锋效应模型受 E2E 模型的启发，将经验现实分为经验田野和知识领域。经验田野表示经验实在的总体性，知识领域表示经验现实的知识总体性。这一设计超越了扎根理论方法论文献的使用，反映了在新康德主义的"世界—整体"概念下，对历史上经验现实的社会调查。社会现象理论化进程的 4 个层次，可以通过不断地积累和分析经验田野数据库中的数据，并运用文献数据库中的文献，对已出现的社会现象理论化进程进行验证。这两个数据库不仅是为单个案例研究设计的，也是为选定的经验田野的纵向研究设计的。

7.1.3 理论维度

本书的主要贡献包括：①景德镇陶瓷产业集群时间维度的 2 个点理论和 14 个线理论的生成，是从提议的形式扎根理论方法论设计发展而来；②结合领域文献，从空间和人的维度讨论新出现的实质扎根理论和形式扎根理论，表明了对历史文化集群的新见解。

形式理论的发展为研究产业集群文献做出了贡献。本研究共产生了16项新理论，提出了主要的结构、流程、关系和功能，包括129种关键关系和10个核心类别。从景德镇2014/2015年的数据集中，发展了两个实质性的（点）理论，包括市场的划分和对应的职业道路。古代景德镇陶瓷产业集群中的4种形式（线）理论，分别涉及市场分工、劳动分工、政府干预和创新。5种形式（线）理论以当代景德镇陶瓷产业集群为基础，阐述了生产分工、市场分工、等级制度与教育、创新、商业道德等方面的关系。在景德镇陶瓷产业集群的整个历史中，出现了5个形式（线）理论，包括可持续模型、工匠模型、经济相关现象模型、景德镇陶瓷集群与韦伯社会经济学范围模型，以及政治政策与自治理模型。新出现的理论总结如表6.2所示。

静止锋效应指导了对文献的讨论，以完成扎根理论方法论领域的文献回顾，仔细选择相关经验背景的文献，与空间和人维度的相关理论进行比较。当前景德镇集群中新出现的点理论关注景德镇学生创业这一新兴现象，这是基于中国当代经济发展的背景提出的。古代景德镇陶瓷产业集群的形式理论揭示了企业经营活动在内外部环境中的关键关系。这些在当今集群发展中消失的古代生产机制和政策，有助于从历史中发现集群关系在内外部环境中的关键关系并具有概括性的解释力，对时间维度的依赖性较小。所有这些理论都有助于从历史文化集群的角度，更好地理解相关的理想类型和术语。表6.3和表6.4给出了新兴的点、线理论及领域文献之间的可比区域。

7.2 局限性与未来研究方向

本书对局限性和未来研究的讨论，涵盖了哲学、方法论和理论维度（与前面的总结与贡献部分的结构相呼应）。本书对研究的局限性进行了说明，并提出了今后研究世界哲学体系的思路，即巩固韦伯（新康德）——墨家的形式扎根理论方法论设计，发展更高层次的形式理论。

7.2.1 哲学维度

由于笔者个人语言和文化的障碍，本书的哲学比较仅限于中国哲学中的几个主要哲学流派和西方哲学中具有代表性的范式和方法。未来的研究方向可以包括：①寻求与中国学者的合作，进一步研究中国哲学体系；②聘请西方科学哲学专家，探索东西方之间关于哲学的共同语言；③加强与不同文化背景的哲学研究者之间的交流，建立与现有科学哲学的比较体系；④运用历史编纂法，通过既定的形式扎根理论方法论设计，分析来自不同文化背景的哲学文献，并做好系统收集和整理，从而形成互融互通、包容性强的世界科学哲学体系。

7.2.2 方法论维度

由于准备、时间和预算方面的限制，5个国家的数据在数量和种类上不平衡。由于类似的限制，数据分析达到了点和线的理论水平，但没有达到面和体的理论水平。与景德镇陶瓷产业集群的丰富数据相比，其他4个地点的数据采集深度较低。未来将有助于方法维度的研究方向包括：①进一步的数据收集以产生高质量的面和体理论；②通过改变数据源的分析顺序，更深入地利用景德镇陶瓷产业集群数据集；③进一步开发定性分析软件，以识别潜在的扎根理论方法论设计的新模式，包括在数据编码方面实现更好的效率和效果；④采用格式塔理论方法（在"有意义的整体"上）围绕已出现的理论开发可视化策略，将格式塔理论方法与定量数据呈现（Swires-Hennessy，2014）进行比较以寻求共同特征，满足不同读者群体的兴趣和期望。

7.2.3 理论维度

本书选择用于讨论的文献侧重于集群级别，而不是集群内发现的关键关系。这里有潜力扩展关于关系丰富性的文献，这些关系是在数据分析中产生的，包括10个关键类别中的129个关键关系和16个新的理论。以后的研究可以围绕以下领域开展：①讨论每一种理论的文献，以便更好地准备面和体理论，因为16种新出现的理论需要与领域文献接触，以确认它们的应用范围（更多的是情境化或概括性的）；②从数据库中保存的景德镇陶瓷产业集群时间维度的数据中拓展出几个实质性领域，有可能加强现有的实质和形式理论；③通过比较本研究收集的数据和其他两位学者收集的数据（本书未使用这些数据），达成调研者三角测定；④通过分析现有的达尼丁、斯托克、京都和利川数据集，在表和体理论方面进行研究试点；⑤集中研究本书中几个关键的因果关系，以开发一个重点较集中的数据库;⑥发展一个研究小组,并利用数据分析工具,在历史文化集群领域建立更广泛的研究覆盖范围。

7.3 个人反思

针对本项目研究,我一直着力利用开发工具(方法)来产生新知识。这是学术研究发展的过程,也是自我价值实现的过程。本项目在两个领域具有挑战性:历史文化集群现象和扎根理论方法论的发展。当我的内在文化现实与我的哲学方法产生碰撞,同时我对扎根理论方法论与其他社会现象理论化进程活动的定位感到困惑时,一切都变得更加具有挑战性。我决定将所有关注点梳理纳入研究并概括总结,以此映射我在这一旅程中真实的思想和心理状态,从而达到一种超越研究方法设计和执行的更高层次的境界。从韦伯(新康德)的观点来看,研究者必须评估他们的先验知识——在特定的心理能力状态下,他们是否能够从经验现实中理解对象。我想以新康德和韦伯的思想框架(见图4.1)来反思我的研究之旅,评估我的先验知识是否能够对相关历史文化集群进行社会调查以达成足够的认知。评估研究(先验)知识在两个方向上进行:个人素质和知识及研究哲学能力。经验现实分为现实类型和信息类型。

在中国和新西兰的生活经历,培养了我在东西方社会情境中的文化敏感度。我在景德镇陶瓷产业集群的调查始于2007年,中国、韩国和日本的资料收集有着文化上的相似之处,尤其是儒学和佛教的重大影响。3个国家的陶瓷集群与欧洲和中东的陶瓷集群相比,在美学、生产工艺、装饰技法等方面具有较高的相似性。达尼丁遗产旅游集群(新西兰)的调查与陶瓷集群不同,我在新西兰达尼丁生活了10多年,对当地旅游业和信息行业了解比较充分。新西兰文化与英国文化有较大的相似性,有着浓厚的英国传统。新西兰和英国的陶瓷集群与景德镇陶瓷产业集群中的陶瓷厂具有较高的相似性。

关键的个人素质包括田野的经验。我正在研究的现象,是我10多年来一直追踪的,虽然这仍然是一个新兴领域。我在2007年偶然用最古老的中国陶瓷集群检验了波特的集群生命周期这个概念。通过那次研究,我开始思考一些问题:为什么传统集群能够在漫长的历史长河中生存下来?其治理机制是什么?这些问题成就了我的硕士论文。2014年,我回到景德镇为我的博士论文收集资料,访问对象既有老市场，也有新兴市场，面谈交流更加顺畅。2015年，我受邀参加了两次关于景德镇陶瓷产业集群的研讨会，我的学术见解被较多学者和从业者认可和接纳。在长达10多年的调查研究中，我围绕景德镇陶瓷产业集群的文化背景、历史、艺术和生产等方面，建立了对景德镇陶瓷产业集群的隐性知识体系。虽如此，我的观察离田野的"事实、真实、史实"还有差距。在长期沉浸在景德镇田野的人类学家方李莉教授看来，2008年的景德镇不是处于衰败期而是处于上升期，其伴随着两大事件的发生——大师瓷在香港佳士得的拍卖和乐天市集的开始（根据2023年11月7日我和李莉教授的两人交谈）。那访谈者到底有没有陈述事实呢？我认为是有的，只不过每一个个体只是社会的一个立面，要洞察"群像"，只有继续不断地关注田野，进入田野，与其共命运。而田野也是变化的，观察者需要不断审视自己的视角，以达成理解。

在研究知识方面，两个背景文献章节与科学哲学和扎根理论方法论有关。为了弄清东西方哲学的意义，我广泛阅读相关经典和当代文学，以发现其内在关系。在汉语和英语中理解中国古典文学都是相当困难的，因为哲学概念（类型学）在历史上不断演变，并有其独特的历史和文化背景。经过千余年的发展，中国哲学的相关知识体不断扩大，其内在的复杂性也随着时间的推移而不断增加。寻找可比较的背景文献，可以发现东方主流哲学流派与西方现有哲学框架是截然不同的。相比之下，商学院的科学哲学培养一直保持在最低程度，尤其是在定量研究者显著超过定性研究者的情况下。对西方和东方哲学的讨论反映了我的理解，这决定了我个人在哲学范式上的偏好。我对相关知识体的认知，是站在巨人肩膀之上的。

与研究知识有关的一个关键领域是理解扎根理论方法论。虽然扎根理论方法论是一种公认的定性研究方法，但由于其复杂性，它并不是商业研究中的主流方法。在我的社交网络中，大多数扎根理论方法论学者采用卡麦兹、施特劳斯和科宾的扎根理论方法论。然而，我发现这两种方法都与我个人的哲学观念相矛盾。而且，我已经达到了一种心理状态，不再满足于实质扎根理论方法论而开始寻求具有更高概括程度的理论。我发现商业研究对形式扎根理论的理解贡献有限，现有的形式扎根理论方法论设计，要么是方法论著述，要么是经验性工作，无法与景德镇陶瓷产业集群研究适配。景德镇陶瓷产业集群是一个宏观的社会现象，有着丰富的历史文化背景。我相信一个设计良好的、调查商业现象的扎根理论方法论研究，比其他学科的研究能给商业研究提供更多实际的见解。我很高兴有机会回顾扎根理论方法论中的经典文献，以增进我对扎根理论方法论的了解，并为扎根理论方法论学者在他们的研究学科中扩大扎根理论方法论的影响而感到无比兴奋。我希望自己能成为一名真正的扎根理论方法论学者。

经验现实包括现实类型和信息类型（知识管理中的量表）。相比之下，本书之于社会文化现实比自然和精神现实更相关。自然科学和宗教方面的研究对本书有独特的贡献。自然科学家，如霍金，对社会现象理论化进程假设的讨论做出了贡献，而宗教研究，如佛教研究，则与理解历史文化集群中的文化背景有关。我对佛教的体验有助于理解景德镇瓷器集群中的宗教传统。我在消化围绕社会现实、社会现象理论化进程以及它们与扎根理论的关系时，大约花费了3年时间来发展一套韦伯/新康德式的形式扎根理论方法论设计方法。围绕这些概念建立的模型，旨在更好地定位社会现象理论化进程框架下的基础理论。

"扩展的知识管理金字塔"提供了反映经验现实的6层信息（经验田野）和反映经验现实的知识（知识领域）框架，并与社会现象理论化进程四层次模型结合在静止锋效应模型中。该模型的设计超出了在扎根理论方法论中的功能，使文献与新兴的基础理论进行交互，也说明了社会调查的现实性和社会研究者的地位。经验田野和经验田野数据库的差异反映了社会调查中的个体局限性，因为社会现实远远超出了个体调查的能力范围，文献数据库中保留的知识也不足以与知识领域进行比较。这种设计符合新康德主义哲学。我在5个国家收集数据，旨在发展社会现象理论化进程四层次模型，这些理论被保留在经验田野数据库中以供分析。然而，当我在线理论层面第一次运用形式扎根理论方法论时，我决定不再更进一步，主要是考虑到历史文化集群中宏观社会现象的内在复杂性。分析的数量远远超出了手工编码的能力，如果我急切地追求更高层次的理论，势必将影响理论的质量。以目前的扎根理论方法论设计，正如康德所描述研究中的个体局限，历史文化集群研究终将成为我一生的事业。

附　　录

由于附录篇幅较大，如有需要，请扫码查阅。

参考文献

[1] 蔡元培. 中国伦理学史 [M]. 长沙：岳麓书社，2009.

[2] 陈恒，耿相新. 东西方之间——对历史思想的探求. 新史学 [M]. 郑州：大象出版社，2007.

[3] 陈来. 古代思想文化的世界 [M]. 北京：生活·读书·新知三联书店，2009.

[4] 陈平原.20 世纪中国学术文存 [M]. 武汉：湖北教育出版社，2008.

[5] 陈雨前，余志华. 中国古代陶瓷文献影印辑刊 [M]. 广州：广东世界图书出版有限公司，2012.

[6] 瓷都晚报. 唐德贵与他的《陶序图》[N].http://ctaoci.com/html/2013-01-23/137004.html.

[7] 方李莉. 传统与变迁：景德镇新旧民窑业田野考察 [M]. 南昌：江西人民出版社，2000.

[8] 方李莉. 景德镇民窑 [M]. 北京：人民美术出版社，2002.

[9] 冯友兰. 中国哲学简史 [M]. 南京：江苏文艺出版社，2012.

[10] 冯友兰. 中国哲学史新编（上卷）[M]. 北京：人民出版社，2013.

[11] 冯友兰. 中国哲学史新编（中卷）[M]. 北京：人民出版社，2013.

[12] 冯友兰. 中国哲学史新编（下卷）[M]. 北京：人民出版社，2013.

[13] 顾实. 杨朱哲学 [M]. 长沙：岳麓书社，2010.

[14] 侯外庐. 中国古代思想学说史 [M]. 长沙：岳麓书社，2009.

[15] 胡适. 中国哲学史大纲 [M]. 长沙：岳麓书社，2013.

[16] 蒋伯潜. 诸子通考 [M]. 长沙：岳麓书社，2010.

[17] 江西新浪频道.《陶序图》细数景德镇陶瓷 72 工序 [N].http://jx.sina.com.cn/ceramics/bkcd/2014-07-18/084683241.html.

[18] 景海峰. 论柏格森对现代新儒学思潮的影响 [J]. 现代哲学，2005（3）：76-82.

[19] 梁启超. 中国历史研究法 [M]. 北京：中华书局，2009.

[20] 梁启超. 清代学术概论 [M]. 北京：中华书局，2014.

[21] 刘大杰. 魏晋思想论 [M]. 长沙：岳麓书社，2010.

[22] 刘师培. 经书教科书 [M]. 长沙：岳麓书社，2013.

[23] 刘永济. 十四朝文学要略 [M]. 武汉：武汉大学出版社，2013.

[24] 吕思勉. 先秦学术概论 [M]. 长沙：岳麓书社，2010.

[25] 吕思勉. 理学纲要 [M]. 长沙：岳麓书社，2010.

[26] 罗家伦. 科学与玄学 [M]. 长沙：岳麓书社，2011.

[27] 谭丕模. 清代思想史纲 [M]. 长沙：岳麓书社，2011.

[28] 吴庚. 韦伯的政治理论及其哲学基础 [M]. 台北：联经出版事业股份有限公司，1993.

[29] 许地山. 国粹与国学 [M]. 长沙：岳麓书社，2011.

[30] 章炳麟. 国学概论 [M]. 长沙：岳麓书社，2009.

[31] 张东荪. 思想与社会 [M]. 长沙：岳麓书社，2010.

[32] 周予同. 群经概论 [M]. 长沙：岳麓书社，2011.

[33] Åge L J. Grounded theory methodology: Positivism, hermeneutics, and pragmatism[J]. Qualitative Report, 2011, 16(6): 1599-1615.

[34] Allan G. A critique of using grounded theory as a research method[J]. Electronic Journal of Business Research Methods, 2003, 2(1): 1-10.

[35] Albors-Garrigós J, Hervas-Oliver J L. Disruptive innovation in low-medium tech clusters: The role of high-tech reinventing a traditional cluster[C]. Proceedings of the International Society for Professional Innovation Management (ISPIM), Barcelona, Spain, 2012.

[36] Albors-Garrigós J, Hervas-Oliver J L, Marquez P B. When technology innovation is not enough, new competitive paradigms, revisiting the Spanish ceramic tile sector[J]. International Journal of Technology Management, 2008, 44(3/4): 406-426.

[37] Albrow M. Max Weber's construction of social theory[M]. London: Macmillan Education, 1990.

[38] Alexander J C. Theoretical logic in sociology: Positivism, presuppositions, and current controversies (vol. 1) [M]. Berkeley and Los Angeles, CA: University of California Press, 1982.

[39] Allen T D, Poteet M L, Burroughs S M. The mentor's perspective: A qualitative inquiry and future research agenda[J]. Journal of Vocational Behaviour, 1997, 51(1): 70-89.

[40] Althusser L. Lenin and philosophy, and other essays[M]. New York: Monthly Review Press, 1972.

[41] Andrews D, Nonnecke B, Preece J. Electronic survey methodology: A case study in reaching hard-to-involve Internet users[J]. International Journal of Human-computer Interaction, 2003, 16(2): 185-210.

[42] Apprey M. A formal grounded theory on the ethics of transfer in conflict resolution[J]. Mind and Human Interaction, 2005, 14(2): 51-74.

[43] Apprey M. An attempt to create an ethic of transfer after conflict resolution in fractured communities: A modified formal grounded theory shaped by meta-ethnography[J]. Psychotherapy and Politics International, 2007, 5(2): 130-152.

[44] Argenti P A. Practitioner interviews[J]. Human Resource Management, 1998, 37(3/4): 305-317.

[45] Arndt F F, Ashkanasy N. Integrating ambiculturalism and fusion theory: A world with open doors[J]. Academy of Management Review, 2015, 40(1): 144-147.

[46] Aron R. Main currents in sociological thought: Durkheim, Pareto, Weber (vol. 2) [M]. New Brunswick, NJ: Transaction Publishers, 2009.

[47] Aronson J. A pragmatic view of thematic analysis[J]. Qualitative Report, 1995, 2(1): 1-3.

[48] Ashkanasy N M. Editor's comments: Internationalizing theory – How "fusion theory" emanates from down under[J]. Academy of Management Review, 2013, 38(1): 1-5.

[49] ATLAS.ti. About us[EB/OL]. [2014-08-05].http://www.atlasti.com/aboutus.html.

[50] Bakir A, Bakir V. Unpacking complexity, pinning down the "elusiveness" of strategy: A grounded theory study in leisure and cultural organisations[J]. Qualitative Research in Organizations and Management: An International Journal, 2006, 1(3): 152-172.

[51] Bales S, Gee C. Critical interpretive synthesis for informing collection decisions[J]. Collection Building, 2012, 32(2): 51-56.

[52] Barkema H G, Chen X P, George G, el al. West meets East: New concepts and theories[J]. Academy of Management Journal, 2015, 58(2): 460-479.

[53] Barney J B, Zhang S. The future of Chinese management research: A theory of Chinese management versus a Chinese theory of management[J]. Management and Organization Review, 2009, 5(1): 15-28.

[54] Bassett K, Griffiths R, Smith I. Cultural industries, cultural clusters and the city: The example of natural history film-making in Bristol[J]. Geoforum, 2002, 33(2): 165-177.

[55] BBC. Bo Xilai scandal: Timeline[EB/OL]. [2013-11-11] http://www.bbc.com/news/world-asia-china-17673505

[56] Becker H. Outsiders: Studies in sociology of deviance[M]. New York: The Free Press, 1963.

[57] Bennion L L. Max Weber's methodology[M]. Paris, France: Les Presses Modernes, 1933.

[58] Berger P, Luckmann T. The social construction of reality: A treatise in the Sociology of Knowledge[M]. New York: Anchor Books, 1966.

[59] Berger P L. Adventures of an accidental sociologist: How to explain the world without becoming a bore[M]. Amherst: MA: Prometheus Books, 2011.

[60] Boix R, Capone F, De Propris L, Lazzeretti L et al. Comparing creative industries in Europe[J]. European Urban and Regional Studies, 2016, 23(4): 935-940.

[61] Borgström B. Towards a methodology for studying supply chain practice[J]. International Journal of Physical Distribution & Logistics Management, 2012, 42(8/9): 843-862.

[62] Boring E G. History, psychology and science (R. I. Watson & D. T. Campbell

Eds.)[M]. New York, NY: Wiley, 1963.

[63] Boschma R, Martin R. The handbook of evolutionary economic geography[M]. Cheltenham, UK: Edward Elgar, 2010.

[64] Bottomore T B. Sociology: A guide to problems and literature[M]. London, UK: Unwin University Books, 1962.

[65] Bourrier M. An interview with Karlene Roberts[J]. European Management Journal, 2005, 23(1): 93-97.

[66] Brighenti A M. Visibility in social theory and social research[M]. New York, NY: Palgrave Macmillan, 2010.

[67] Broad C D. Ethics and the history of philosophy[M]. London: Routledge, 2000.

[68] Brown A. Managing understandings: politics, symbolism, niche marketing and the quest for legitimacy in IT implementation[J]. Organization Studies, 1995, 16(6): 951-969.

[69] Brown B, Chui M, Manyika J. Are you ready for the era of 'big data'?[J]. McKinsey Quarterly, 2011, 4(1): 24-35.

[70] Bryant A, Charmaz K (Eds.). The SAGE handbook of grounded theory[M]. London: SAGE, 2007.

[71] Bryant A. Thinking informatically: A new understanding of information, communication and technology[M]. Lampeter: Edwin Mellen, 2006.

[72] Bryman A, Cassell C. The researcher interview: A reflexive perspective[J]. Qualitative Research in Organizations and Management: An International Journal, 2006, 1(1): 41-55.

[73] Bunney W E, Hetrick W P, Bunney B G, et al. Structured interview for assessing perceptual anomalies (SIAPA)[J]. Schizophrenia Bulletin, 1999, 25(3): 577-592.

[74] Burrell G, Morgan G. Sociological paradigms and organisational analysis: Elements of the sociology of corporate life. Aldershot[M]. UK: Gower Publishing Company Limited, 1979.

[75] Carcary M. The research audit trial – Enhancing trustworthiness in qualitative inquiry[J]. The Electronic Journal of Business Research Methods, 2009, 7(1): 11-24.

[76] Castaños C, Piercy F P. The wiki as a virtual space for qualitative data collection[J]. Qualitative Report, 2010,15(4): 948.

[77] Chalcraft D, Howell F, Menendez M L, et al (Eds.). Max Weber matters: Interweaving past and present[M]. Farnham, UK: Ashgate, 2008.

[78] Chametzky B. Generalisability and the theory of offsetting the affective filter[J]. The Grounded Theory Review, 2013, 12(2): 1-9.

[79] Charmaz K. Grounded theory: Objectivist and constructivist methods. In N. Denzin & Y. Lincoln (Eds.), Handbook of qualitative research (2nd ed.) [M]. Thousand Oaks, CA: SAGE, 2000.

[80] Charmaz K. Grounded theory. In J. A. Smith (Ed.) Qualitative psychology: A practical guide to research methods (3rd ed.) [M]. London: SAGE, 2003.

[81] Charmaz K. Premises, principles, and practices in qualitative research: Revisiting the foundation[J]. Qualitative Health Research, 2004, 1(4): 976-993.

[82] Charmaz K. Constructing grounded theory: A practical guide through qualitative analysis[M]. London: SAGE, 2006.

[83] Charmaz K. Shifting the grounds: Constructivist grounded theory methods for the 21st century. In J Morse, P N Stern, J Corbin, B Bowers, K Charmaz & A E Clarke (Eds.), Developing grounded theory[M]. Walnut Creek, CA: Left Coast Press.

[84] Charmaz K. Constructing grounded theory (2nd ed.)[M]. London, UK: SAGE, 2014.

[85] Charon J M. Symbolic interactionism (8th ed.)[M]. Upper Saddle River, NJ: Pearson Prentice Hall, 2004.

[86] Chen H, Chiang R H, Storey V C. Business intelligence and analytics: From big data to big impact[J]. MIS Quarterly, 2012, 36(4): 1165-1188.

[87] Chen M J. Presidential address - becoming ambicultural: A personal quest, and aspiration for organisations[J]. Academy of Management Review, 2014, 39(2): 119-137.

[88] Cheng B S, Wang A C, Huang M P. The road more popular versus the road less travelled: An 'insider's' perspective of advancing Chinese management

research[J]. Management and Organization Review, 2009, 5(1): 91-105.

[89] Cheng E K M. Historiography: An introductory guide[M]. London: Bloomsbury Publishing, 2012.

[90] Child J. Context, comparison, and methodology in Chinese management research[J]. Management and Organization Review, 2009, 5(1): 57-73.

[91] Chowdhury M F. Interpretivism in aiding our understanding of the contemporary social world[J]. Open Journal of Philosophy, 2014, 4(3): 432.

[92] Chou C. Internet heavy use and addiction among Taiwanese college students: An online interview study[J]. Cyber Psychology & Behaviour, 2001, 4(5): 573-585.

[93] Clarke A E. Situational analyses: Grounded theory mapping after the postmodern turn[J]. Symbolic Interaction, 2003, 26(4): 553-576.

[94] Clarke A E. Situational analysis: Grounded theory after the postmodern turn[M]. Thousand Oaks, CA: SAGE, 2005.

[95] Clarke A E. Grounded theory: Conflicts, debates and situational analysis. In W Outhwaite & S P Turner (Eds.), Handbook of social science methodology[M]. Thousand Oaks, CA: SAGE, 2007.

[96] Clarke A E. Celebrating Anselm Strauss and forty years of grounded theory[J]. Studies in Symbolic Interaction, 2008, 32: 63-71.

[97] Clarke A E, Star S L. The social worlds/arenas framework as a theory–methods package. In E Hackett, O Amsterdamska, M Lynch & J Wacjman (Eds.), Handbook of science and technology studies[M]. Cambridge: MIT Press, 2007.

[98] Comte A. A general view of positivism[M]. London, UK: George Routledge & Sons Limited, 1908.

[99] Cooper D R, Schindler P S, Sun J. Business research methods (12th ed.)[M]. Columbus, OH: McGraw-Hill Education, 2013.

[100] Corbin J M. Taking an analytic journey, developing grounded theory: The second generation[M]. Walnut Creek, CA: Left Coast Press, 2009.

[101] Corbin J M, Strauss A. Grounded theory research: Procedures, canons, and evaluative criteria[J]. Qualitative Sociology, 1990, 13(1): 3-21.

[102] Corbin J M, Strauss A. Basics of qualitative research (3rd ed.)[M]. Thousand

Oaks, CA: SAGE, 2008.

[103] Corbin J M, Strauss A. Basics of qualitative research: Techniques and procedures for developing grounded theory[M]. Thousand Oaks, CA: SAGE, 2015.

[104] Coser L A. Masters of sociology thought: Ideas in historical and social context (2nd ed.)[M]. New York, NY: Harcourt Brace Jovanovich, 1977.

[105] Creswell J W. Qualitative inquiry & research design: Choosing among five approaches (2nd ed.)[M]. Thousand Oaks, CA: SAGE, 2007.

[106] Cusmano L, Morrison A, Pandolfo E. Spin-off and clustering: A return to the Marshallian district[J]. Cambridge Journal of Economics, 2015, 39(1): 49-66.

[107] del-Corte-Lora V, Vallet-Bellmunt T, Molina-Morales F X. Be creative but not so much. Decreasing benefits of creativity in clustered firms[J]. Entrepreneurship & Regional Development, 2015, 27(1-2): 1-27.

[108] DeLorme D E, Sinkhan G M, French W. Ethics and the Internet issues associated with qualitative research[J]. Journal of Business Ethics, 2001, 33(4): 271-286.

[109] Denzin N K, Lincoln Y S. Handbook of qualitative research[M]. Thousand Oaks, CA: SAGE, 1994.

[110] Denzin N K. Social methods: A sourcebook[M]. New Brunswick, NJ: Transaction Publishers, 2006.

[111] Denzin N K. Grounded theory and the politics of interpretation. In A Bryant & K Charmaz (Eds.)[M]. The SAGE handbook of grounded theory . London, UK: SAGE, 2007.

[112] Dervojeda K, Nagtegaal F, Lengton M.et al. Creative industries: Analysis of industry-specific framework conditions relevant for the development of world-class clusters[EB/OL]. European Cluster Observatory. [2013-07-29] http://www.emergingindustries.eu/Upload/CMS/Docs/Creative_industries_FCs. Pdf

[113] Dougherty D, Bertels H, Chung K, et al. Whose time is it? Understanding clock-time pacing and event-time pacing in complex innovations[J]. Management and Organization Review, 2013, 9(2): 233-263.

[114] Douglas D. Inductive theory generation: A grounded approach to business inquiry[J]. Electronic Journal of Business Research Methods, 2003, 2(1): 47-54.

[115] Droege S, Johnson N B. Broken rules and constrained confusion: Towards a theory of meso-institutions[J]. Management and Organization Review, 2007, 3(1): 81-104.

[116] Durkheim E. The rules of sociological method (G. E. G. Catlin, Ed.; S A Solovay & J H Mueller, trans.)[M]. New York, NY: Free Press, 1938.

[117] Durkheim E. Suicide: A study in sociology (J A Spaulding & G Simpson, trans.) [M]. Glencoe, IL: Free Press (Original work published 1897), 1951.

[118] Eisenhardt K M. Building theories from case study research[J]. Academy of Management Review, 1989, 14(4): 532-550.

[119] Fang T. Yin Yang: A new perspective on culture[J]. Management and Organization Review, 2012, 8(1): 25-50.

[120] Faucher J B. Reconceptualising knowledge management: Knowledge, social energy, and emergent leadership in social complex adaptive systems [D]. Dunedin, New Zealand: University of Otago, 2010.

[121] Fernández W. Using the Glaserian approach in grounded studies of emerging business practices[J]. Electronic Journal of Business Research Methods, 2004, 2(2): 83-94.

[122] Financial Times. 45 journals used in FT research rank. Financial Times[EB/OL]. [2012-02-22]. http://www.ft.com/intl/cms/s/2/3405a512-5cbb-11e1-8f1f-00144feabdc0.html# axzz3c8MAxy2O.

[123] Fleischman R K, Kalbers L P, Parker L D. Expanding the dialogue: Industrial revolution costing historiography[J]. Critical Perspectives on Accounting, 1996, 7(3): 315-337.

[124] Flick U. Triangulation revisited: Strategy of or alternative to validation of qualitative data[J]? Journal for the Theory of Social Behavior, 1992, 22(2): 175-197.

[125] Flick U. Doing grounded theory (Book 8 of The SAGE qualitative research kit, 2nd ed.) [M]. London, UK: SAGE, 2018.

[126] Flick U. Doing triangulation and mixed methods (Book 9 of The SAGE qualitative research kit, 2nd ed.)[M]. London, UK: SAGE, 2018.

［127］Flick U. Using visual data in qualitative research (Book 5 of The SAGE qualitative research kit, 2nd ed.)[M]. London, UK: SAGE, 2018.

［128］Foster S D, Moody J W. Internal auditors and the cognitive interview[J]. Managerial Auditing Journal, 1997, 12(2): 67-69.

［129］Freund J. The sociology of Max Weber[M]. Bristol, UK: Allen Lane & Penguin Press, 1968.

［130］Fulbrook M. Max Weber's 'interpretive sociology': A comparison of conception and practice[J]. British Journal of Sociology, 1978, 29(1): 71-82.

［131］Galli M. 131 Christians everyone should know[M]. Nashville, TN: B&H Publishing Group, 2010.

［132］Gibson B. Dangerous dentaling: A grounded theory of HIV and dentistry[D], Belfast, UK: Queens University of Belfast, 1997.

［133］Ginsberg M. Reason and unreason in society: Essays in sociology and social philosophy[M]. New York, NY: Longmans, Green and Co, 1947.

［134］Glaser B G, Strauss A L. Awareness of dying[M]. Chicago, IL: Aldine Transaction, 1965.

［135］Glaser B G, Strauss A L. The discovery of grounded theory: Strategies for qualitative research[M]. Chicago, IL: Aldine de Gruyter, 1967.

［136］Glaser B G, Strauss A L. Status passage[M]. Chicago, IL: Aldine and Atherton, Inc, 1971.

［137］Glaser B G. Organizational career: A sourcebook for theory[M]. Chicago, IL: Aldine Publishing Company, 1968.

［138］Glaser B G. Theoretical sensitivity: Advances in the methodology of grounded theory[M]. Mill Valley, CA: Sociology Press, 1978.

［139］Glaser B G. Basics of grounded theory analysis[M]. Mill Valley, CA: Sociology Press, 1992.

［140］Glaser B G. Doing grounded theory[M]. Mill Valley, CA: Sociology Press, 1998.

［141］Glaser B G. The future of grounded theory[J]. Qualitative Health Research, 1999, 9(6): 836-845.

［142］Glaser B G. The Grounded Theory perspective: Conceptualization contrasted with description[M]. Mill Valley, CA: Sociology Press, 2001.

[143] Glaser B G. Constructivist grounded theory[C]? Forum: Qualitative Social Research, 2002.

[144] Glaser B G. The Grounded Theory perspective II: Description's remodeling of grounded theory methodology[M]. Mill Valley, CA: Sociology Press, 2003.

[145] Glaser B G. Doing formal grounded theory: A proposal[M]. Mill Valley, CA: Sociology Press, 2006.

[146] Glaser B G. Naturalist inquiry and grounded theory[J]. Historical Social Research, Supplement, 2007a, 19: 114-132.

[147] Glaser B G. Reading grounded theory: The value of exampling[J]. The Grounded Theory Review, 2007b, 11: 1-8.

[148] Glaser B G. Constructivist grounded theory[J]? The Grounded Theory Review, 2012, 11(1): 28-38.

[149] Glinow M A, Teagarden M B. The future of Chinese management research: Rigour and relevance redux[J]. Management and Organization Review, 2009, 5(1): 75-89.

[150] Goodman R S, Kruger E J. Data dredging or legitimate research method? Historiography and its potential for management research[J]. Academy of Management Review, 1988, 13(2): 315-325.

[151] Goulding C. Grounded theory: the missing methodology on the interpretivist agenda[J]. Qualitative Market Research: An International Journal, 1998, 1(1): 50-57.

[152] Goulding C. Grounded theory: Some reflections on paradigm, procedures and misconceptions (WP006/99)[R]. Wolverhampton, UK: University of Wolverhampton, 1999.

[153] Goulding C. Grounded theory, ethnography and phenomenology: A comparative analysis of three qualitative strategies for marketing research[J]. European Journal of Marketing, 2005, 39(3/4): 294-309.

[154] Gustavsson B. Metod: Grundad Teori for ekonomer-att navigera i empirins farvatten (Method: Grounded theory for economists-Navigating in empirical

waters)[M]. Lund, Sweden: Academia Adacta, 1998.

[155] Hallier J, Forbes T. In search of theory development in grounded investigations: Doctors' experiences of managing as an example of fitted and prospective theorising[J]. Journal of Management Studies, 2004, 41(8): 1379-1410.

[156] Hamilton P. Visual research methods (vol. 1)[M]. London, UK: SAGE, 2006a.

[157] Hamilton P. Visual research methods (vol. 2)[M]. London, UK: SAGE, 2006b.

[158] Hamilton P. Visual research methods (vol. 3)[M]. London, UK: SAGE, 2006c.

[159] Hamilton P. Visual research methods (vol. 4)[M]. London, UK: SAGE, 2006d.

[160] Hawking S. A brief history of time[M]. New York, NY: Bantam Books, 1988.

[161] He Y, Tian Z. Government-oriented corporate public relation strategies in transitional China[J]. Management and Organization Review, 2008, 4(3): 367-391.

[162] Hervas-Oliver J L, Albors-Garrigós J. Do clusters capabilities matter? An empirical application of the resource-based view in clusters[J]. Entrepreneurship and Regional Development, 2007, 19(2): 113-136.

[163] Hervas-Oliver J L, Albors-Garrigós J. Local knowledge domains and the role of MNE affiliates in bridging and complementing a cluster's knowledge[J]. Entrepreneurship and Regional Development, 2008, 20(6): 581-598.

[164] Hervas-Oliver J L, Albors-Garrigós J. The role of the firm's internal and relational capabilities in clusters: When distance and embeddedness are not enough to explain innovation[J]. Journal of Economic Geography, 2009, 9(2): 263-283.

[165] Hervas-Oliver J L, Albors-Garrigós J, Hidalgo A. Global value chain reconfiguration through external linkages and the development of newcomers: A global story of clusters and innovation[J]. International Journal of Technology Management, 2011, 55(1/2): 82-109.

[166] Hesse-Biber S, Johnson R B (Eds.). The Oxford handbook of multimethod and mixed methods research inquiry[M]. New York, NY: Oxford University Press, 2015.

[167] Hicks J R. Economic theory and the social sciences: Their relations in theory

and in teaching[M]. London, UK: Le Play Press, 1936.

[168] Hitters E, Richards G. The creation and management of cultural clusters[J]. Creativity and Innovation Management, 2002, 11(4): 234-247.

[169] Holton J A, Walsh I. Classic grounded theory: Applications with qualitative and quantitative data[M]. Thousand Oaks, CA: SAGE, 2016.

[170] Holton R J, Turner B S. Max Weber on economy and society[M]. London, UK: Routledge, 1989.

[171] Huang S. Lost version of "Analects of Confucius" possible unearthed [EB/OL]. [2016-05-04]. http://english.cri.cn/12394/2016/09/09/4001s939817.htm.

[172] Huber J. Symbolic interaction as a pragmatic perspective: The bias of emergent theory[J]. American Sociological Review, 1973, 38(2): 274-284.

[173] Hughes H S. Consciousness and society[M]. New Brunswick, NJ: Transaction Publishers, 1958.

[174] Hughes J A, Sharrock W W, Martin P J. Understanding classical sociology: Marx Weber, Durkheim (2nd ed.)[M]. London, UK: SAGE, 2003.

[175] Hugo D, Martosko D. America usurped: China becomes world's largest economy-putting USA in second place for the first time in 142 years. Mail Online[EB/OL]. [2014-10-09]. http://www.dailymail.co.uk/news/article-2785905/China-overtakes-U-S-world-s-largest-economy-IMF-says-economy-worth-17-6trillion-America-falls-second-place-time-1872.html.

[176] Hunter K, Hari S, Egbu C, et al. Grounded Theory: Its diversification and application through two examples from research studies on knowledge and value management[J]. Electronic Journal of Business Research Methods, 2005, 3(1): 57-68.

[177] IACMR. Exploring new concepts and theories from Chinese management. The Program of the Sixth Biennial IACMR Conference, International Association for Chinese Management Research, 18-22 June 2014, Beijing, China [EB/OL]. [2014-06-16]. http://www.iacmr.org/Conferences/Conf2014/System/Programs/PrintedProgram.pdf.

[178] Iosif A E. Service innovation: Driver of the regional competitiveness in

Romania[J]. International Journal of Economic Practices and Theories, 2015, 5(3): 207-212.

［179］James W. The varieties of religious experience: A study in human nature [M]. North Charleston, SC: CreateSpace Independent Publishing Platform, 2009.

［180］Jensen H. Weber and Durkheim: A methodological comparison[M]. New York, NY: Routledge, 2012.

［181］Jing R, Van de Ven A H. A Yin-Yang model of organisational change: The case of Chengdu bus group[J]. Management and Organization Review, 2014, 10(1): 29-54.

［182］Joas H, Knöbl W. Social theory: Twenty introductory lectures[M]. Cambridge, UK: Cambridge University Press, 2009.

［183］Johnson B, Turner L A. Data collection strategies in mixed methods research. In A Tashakkori & C Teddlie (Eds.). Handbook of mixed methods in social and behavioural research[M]. Thousand Oaks, CA: SAGE, 2003.

［184］Jones R, Noble G. Grounded theory and management research: A lack of integrity[J]? Qualitative Research in Organisations and Management: An International Journal, 2007, 2(2): 84-103.

［185］Kalberg S. Max Weber's comparative-historical sociology[M]. Oxford, UK: Blackwell Publishers, 1994.

［186］Kant I. Critique of pure reason (P. Guyer & A. Wood, Trans. & Eds.)[M]. Cambridge, England: Cambridge University Press, 1998.

［187］Kearney M H. Ready-to-wear: Discovering grounded formal theory[J]. Research in Nursing and Health, 1998a, 21(2):179–186.

［188］Kearney M H. Truthful self-nurturing: A grounded formal theory of women's addiction recovery[M]. Qualitative Health Research, 1998.

［189］Kearney M H. Understanding women's recovery from illness and trauma[M]. Thousand Oaks, CA: SAGE, 1999.

［190］Kearney M H. From the sublime to the meticulous: The continuing evolution of grounded formal theory. In A Bryant & K Charmaz (Eds.), the SAGE handbook of grounded theory[M]. London, UK: SAGE, 2007.

[191] Kempster S, Parry K W. Grounded theory and leadership research: A critical realist perspective[J]. The Leadership Quarterly, 2011, 22(1): 106-120.

[192] Knowles C, Sweetman P. Picturing the social landscape: Visual methods and the sociological imagination[M]. New York, NY: Routledge, 2004.

[193] Krugman P. Increasing returns and economic geography (No. w3275) [R]. National Bureau of Economic Research, Cambridge, MA, 1990.

[194] Kunchamboo V, Lee C K C. The meaning of nature and its implications on individual consumption behaviour[J]. Advances in Consumer Research, 2012, 40: 395-402.

[195] Laplace P S. A philosophical essay on probabilities[M]. New York, NY: John Wiley & Sons, 1902.

[196] Lazzeretti L. City of art as a high culture local system and cultural districtualization processes: The cluster of art restoration in Florence[J]. International Journal of Urban and Regional Research, 2003, 27(3): 635-648.

[197] Lazzeretti L, Cinti T. Governance-specific factors and cultural clusters: The case of the museum clusters in Florence[J]. Creative Industries Journal, 2009, 2(1): 19-35.

[198] Learned J C. Capitalism and Communism[M]. Boston, MA: Press of Geo. H. Ellis, 1887.

[199] Lee S F, Roberts P, Lau W S, et al. Sun Tzu's The Art of War as business and management strategies for world class business excellence evaluation under QFD methodology[J]. Business Process Management Journal, 1998, 4(2): 96-113.

[200] Lehmann H P. A grounded theory of international information systems [D]. New Zealand: University of Auckland, Auckland, 2001.

[201] Leung K. Indigenous Chinese management research: Like it or not, we need it[J]. Management and Organization Review, 2012, 8(1): 1-5.

[202] Lewis M W, Grimes A J. Metatriangulation: Building theory from multiple paradigms[J]. Academy of Management Review, 1999, 24(4): 672-690.

[203] Li J T, Tsui A S. A citation analysis of management and organisation research

in Chinese context 1984 to 1999[J]. Asia Pacific Journal of Management, 2002, 19(1): 87-107.

[204] Li P P. Toward an integrative framework of indigenous research: The geocentric implications of Yin-Yang balance[J]. Asia Pacific Journal of Management, 2012, 29(4): 849-872.

[205] Li P P, Leung K, Chen C C, et al. Indigenous research on Chinese management: What and how[J]. Management and Organization Review, 2012, 8(1): 7-24.

[206] Li S M, Cheng H H, Wang J. Making a cultural cluster in China: A study of Dafen oil painting village[J], Shenzhen. Habitat International, 2014, 41: 156-164.

[207] Locke K. Grounded Theory in management research[M]. London, UK: SAGE, 2001.

[208] Locke K. Rational control and irrational free-play: Dual-thinking modes as necessary tension in grounded theorising. In A Bryant & K Charmaz (Eds.) The SAGE handbook of grounded theory [M]. London, UK: SAGE, 2007.

[209] Loonam J. Towards a Grounded Theory methodology: Reflections for management scholars[J], Irish Journal of Management, 2014, 33(1): 49-72.

[210] Lowell A L. The art of examination[J]. Bulletin of the American Association of University Professors, 1933, 19(8): 485-487.

[211] Lowenberg G L. Interpretive research methodology: Broadening the dialogue[J]. Advances in Nursing Science, 1993, 16(2): 57-69.

[212] Luckmann T. The invisible religion: The problem of religion in modern society[M]. New York, NY: Macmillan, 1967.

[213] Luo Y. Using internet data collection in marketing research[J]. International Business Research, 2009, 2(1): 196-202.

[214] MacRae D G. Weber[M]. London, UK: Fontana/Collins, 1974.

[215] Malik T. Positive effects of opinion-count on job satisfaction of team members in business enterprises[J]. Journal of Communication Management, 2013, 17(1): 56-74.

[216] Margolis E, Pauwels L (Eds.). The SAGE handbook of visual research

methods[M]. London, UK: SAGE, 2011.

[217] Martínez-Pérez Á, García-Villaverde P M, Elche D. The mediating effect of ambidextrous knowledge strategy between social capital and innovation of cultural tourism clusters firms[J]. International Journal of Contemporary Hospitality Management, 2016, 28(7): 1484-1507.

[218] Marwick A. The nature of history[M]. London, UK: Macmillan Press Ltd, 1982.

[219] Marx K. Capital: A critique of political economy (vol. 1)[M]. New York, NY: International Publishers, 1887.

[220] McDermid D. Pragmatism[EB/OL]. [2006-12-03]. http://www.iep.utm.edu/pragmati/.

[221] McKemmish S M, Burstein F V, Manaszewicz R, el al. Inclusive research design: Unravelling the double hermeneutic spiral[J]. Information, Communication & Society, 2012, 15(7): 1106-35.

[222] McNeill L. Mart 432 "Research Methods": The philosophy of research [PowerPoint slides][A]. Dunedin, New Zealand: University of Otago, 2007.

[223] Merton R K. Social theory and social structure[M]. New York, NY: The Free Press, 1968.

[224] Meyer-Stamer J, Maggi C, Seibel S. Improving upon nature. Creating competitive advantage in ceramic tile clusters in Italy, Spain, and Brazil. Duisburg: INEF (Report 54)[R/OL]. (2001)[2014-02-14]. http://edoc.vifapol.de/opus/volltexte/2013/4552/pdf/report54.pdf.

[225] Mjøset L. A case study of a case study[J]. International Sociology, 2006, 21(5): 735-766.

[226] Mjøset L, Clausen T H. An introduction to the comparison of capitalisms[J]. Comparative Social Research, 2007, 24: 1-17.

[227] Molina-Morales F X, Expósito-Langa M. Overcoming undesirable knowledge redundancy in territorial clusters[J]. Industry and Innovation, 2013, 20(8): 739-758.

[228] Morrison K. Marx, Durkheim. Weber: Formations of modern social thought (2nd ed.)[M]. London, UK: SAGE, 2006.

[229] Murphy D. A comparison of the Guodian and Mawangdui Laozi texts [D/OL]. (2014-02)[2014-11-02]. http://scholarworks.umass.edu/theses/1265/.

[230] Nakamura N. Managing the cultural promotion of indigenous people in a community-based Museum: The Ainu Culture Cluster Project at the Nibutani Ainu Culture Museum, Japan[J]. Museum and Society, 2007, 5(3): 148-167.

[231] O'Brien J, Remenyi D, Keaney A. Historiography: A neglected research method in business and management studies[J]. Electronic Journal of Business Research Methods, 2004, 2(2): 135-144.

[232] Omar A, Davis-Sramek B, Fugate B S, et al. Exploring the complex social processes of organisational change: Supply chain orientation from a manager's perspective[J]. Journal of Business Logistics, 2012, 33(1): 4-19.

[233] Orlandis J. A short history of the Catholic church[M]. Strongsville, OH: Scepter Publishers, 1993.

[234] Pan Y, Rowney J A, Peterson M F. The structure of Chinese cultural traditions: An empirical study of business employees in China[J]. Management and Organization Review, 2011, 8(1): 77-95.

[235] Parker L D, Roffey B H. Methodological themes: back to the drawing board: revisiting grounded theory and the everyday accountant's and manager's reality[J]. Accounting, Auditing & Accountability Journal, 1997, 10(2): 212-247.

[236] Parkin F. Max Weber[M]. London, UK: Tavistock Publications, 1982.

[237] Parsons T. The protestant ethics and the spirit of capitalism[M]. New York, NY: Charles Scribner's Sons, 1930.

[238] Parsons T. The prospects of sociological theory[J]. American Sociological Review, 1950, 15(1): 3-16.

[239] Peirce C S. Answers to questions concerning my belief in God[J]. Papers, 1906, 6(34): 355.

[240] Pickering M. Auguste Comte: An intellectual biography (vol. 1, p. 192)[M]. Cambridge, UK: Cambridge University Press, 1993.

[241] Pink S. The future of visual anthropology: Engaging the senses[M]. New York, NY: Routledge, 2006.

[242] Polkinghorne D E. Language and meaning: Data collection in qualitative research[J]. Journal of Counseling Psychology, 2005, 52(2): 137-145.

[243] Ponterotto J G. Qualitative research in counseling psychology: A primer on research paradigms and philosophy of science[J]. Journal of Counseling Psychology, 2005, 52(2): 126-136.

[244] Popper K. Conjectures and refutations[M]. London, UK: Routledge and Kegan Paul, 1963.

[245] Popper K. The logic of scientific discovery (3rd ed.)[M]. London, UK: Hutchinson, 1972.

[246] Popper K R. The Logic of scientific discovery[M]. London, UK: Routledge, 1992.

[247] Porter M. Clusters and the new economics of competition[J]. Harvard Business Review, 1998, 76(6): 77-90.

[248] Porter M E. The competitive advantage of nations[M]. New York, NY: The Free Press, 1990.

[249] Power D. Priority sector report: Creative and cultural industries [R]. European Cluster Observatory and European Commission DG Enterprise and Industry. Luxembourg: Publications Office of the European Union, 2011.

[250] Power D, Nielsen T. Priority sector report: Creative and cultural industries[R]. European Cluster Observatory and European Commission DG Enterprise and Industry, 2010.

[251] ProQuest. Search results[EB/OL]. [(2013-05-06]. http://www.proquest.com.

[252] QSR International. Our history[EB/OL]. [2014-05-05]. http://www.qsrinternational.com/about-qsr_history.aspx.

[253] Rabionet S E. How I learned to design and conduct semi-structured interviews: An ongoing and continuous journey[J]. Qualitative Report, 2011, 16(2): 563-566.

[254] Reynolds L T, Herman-Kinney N J (Eds.). Handbook of symbolic interactionism[M]. Toronto, Canada: Rowman & Littlefield, 2003.

[255] Rawls A W. Durkheim's epistemology: The initial critique, 1915-1924[J]. The

Sociological Quarterly, 1997, 38(1): 111-145.

[256] Reiter S, Stewart G, Bruce C. A strategy for delayed research method selection: Deciding between grounded theory and phenomenology[J]. The Electronic Journal of Business Research Methods, 2011, 9(1): 35-46.

[257] Rhodes S D, Bowie D A, Hergenrather K C. Collecting behavioural data using the world wide web: Considerations for researchers[J]. Journal of Epidemiology and Community Health, 2003, 57(1), 68-73.

[258] Ritchie J, Lewis J, Nicholls C M, et al. Qualitative research practice: A guide for social science students and researchers (2nd ed.)[M]. London, UK: SAGE, 2013.

[259] Rockefeller S. John Dewey: Religious faith and democratic humanism[M]. New York, NY: Columbia University Press, 1994.

[260] Rodon J, Pastor J A. Applying grounded theory to study the implementation of an inter-organisational information system[J]. Electronic Journal of Business Research Methods, 2007, 5(2): 71-83.

[261] Runciman W G. A critique of Max Weber's philosophy of social science[M]. Cambridge, UK: Cambridge University Press, 1972.

[262] Schlevogt K. Institutional and organizational factors affecting effectiveness: Geoeconomic comparison between Shanghai and Beijing[J]. Asia Pacific Journal of Management, 2001, 18(4): 519-551.

[263] Schroeder R. Max Weber and the sociology of culture[M]. London, UK: SAGE, 1992.

[264] Schutz A. The phenomenology of the social world (G. Walsh & F. Lehnert, trans.)[M]. Evanston, IL: NorthWestern University Press, 1967.

[265] Scott J, Marshall G. Oxford dictionary of sociology[M]. Oxford, UK: Oxford University Press, 2005: 626.

[266] Seidman I. Interviewing as qualitative research: A guide for researchers in education and the social sciences (3rd ed.)[M]. New York, NY: Teachers college press, 2013.

[267] Seldén L. On grounded theory: With some malice[J]. Journal of Documentation, 2005, 61(1): 114-129.

[268] Shah S K, Corley K G. Building better theory by bridging the quantitative: Qualitative divide[J]. Journal of Management Studies, 2006, 43(8): 1821-1835.

[269] Shapiro D, Glinow M A V, Xiao Z. Toward polycontextually sensitive research methods[J]. Management and Organization Review, 2007, 3(1): 129-152.

[270] Shenkar O, Yan A. Failure as a consequence of paper politics: Leaning from the life and death of an international cooperative venture[J]. Human Relations, 2002, 55(5): 565-601.

[271] Sheppard E, Barnes T J (Eds.). A companion to economic geography[M]. Oxford, UK: Blackwell Publishing Ltd, 2003.

[272] Smith V R. Marx's social ontology, his critical method and contemporary social economics[J]. Review of Social Economy, 1984, 42(2): 143-169.

[273] Sokol M. Economic geographies of globalisation: A short introduction[M]. Cheltenham, UK: Edward Elgar, 2011.

[274] Stanford Encyclopedia of Philosophy. Abduction[EB/OL]. [2017-01-21]. http://plato.stanford.edu/entries/abduction.

[275] Star S L. Living grounded theory: Cognitive and emotional forms of pragmatism. In A Bryant & K Charmaz (Eds.), The SAGE handbook of grounded theory[M]. London, UK: SAGE, 2007: 75-94.

[276] Star S L, Strauss A. Layers of silence, arenas of voice: The ecology of visible and invisible work[J]. Computer supported cooperative work (CSCW), 1999, 8(1-2): 9-30.

[277] Starks H, Trinidad S B. Choose your method: A comparison of phenomenology, discourse analysis, and grounded theory[J]. Qualitative Health Research, 2007, 17(10): 1372-1380.

[278] Stebbins R A. Concatenated exploration aiding theoretic memory by planning well for the future[J]. Journal of Contemporary Ethnography, 2006, 35(5): 483-494.

[279] Stewart J B. Johan Ludvig Heiberg: Philosopher, littérateur, dramaturge, and political thinker (vol. 5)[M]. Copenhagen, Denmark: Museum Tusculanum Press, 2008.

[280] Stiles J A. A philosophical justification for a realist approach to strategic alliance research[J]. Qualitative Market Research: An International Journal, 2003, 6(4): 263-271.

[281] Strauss A. Qualitative analysis for social scientists[M]. Cambridge, UK: Cambridge University Press, 1987.

[282] Strauss A, Corbin J. Basics of qualitative research: Techniques and procedures for developing grounded theory[M]. Newbury Park, CA: SAGE, 1990.

[283] Strauss A, Corbin J. Grounded theory methodology: An overview. In N Denzin & Y Lincoln (Eds.), Handbook of qualitative research[M]. Newbury Park, CA: SAGE, 1994.

[284] Strauss A, Corbin J. Basics of qualitative research: Techniques and procedures for developing grounded theory (2nd ed.)[M]. Thousand Oaks, CA: SAGE, 1998.

[285] Strauss A, Corbin J M (Eds.). Grounded theory in practice[M]. Thousand Oaks, CA: SAGE, 1997.

[286] Strübing J. Research as pragmatic problem-solving: The pragmatist roots of empirically-grounded theorizing. In A Bryant & K Charmaz (Eds.), The SAGE handbook of grounded theory [M]. London, UK: SAGE, 2007.

[287] Suddaby R. From the editors: What grounded theory is not[J]. Academy of Management Journal, 2006, 49(4): 633-642.

[288] Swedberg R. Max Weber and the idea of economic sociology[M]. Princeton, NJ: Princeton University Press, 1998.

[289] Swires-Hennessy E. Presenting data: How to communicate your message effectively[M]. Chichester, England: John Wiley & Sons, 2014.

[290] Tan M T K, Hall W. Beyond theoretical and methodological pluralism in interpretive IS research: The example of symbolic interactionist ethnography[J]. Communications of the Association for Information Systems, 2007, 19(1): 26.

[291] Taylor L. Visualising theory: Selected essays from visual anthropology review[M]. New York, NY & London, UK: Routledge, 1994.

[292] Thomson D. The aim of history: Values of the historical attitude[M]. London,

UK: Thames and Hudson, 1969.

[293] Transferware Collectors Club. Processes. [2016-07-07]. http://www.transcollectorsclub.org/annex/image-gallery/processes/.

[294] Tsang E W K. Chinese management research at a crossroads: Some philosophical considerations[J]. Management and Organization Review, 2009, 5(1): 131-143.

[295] Tscheu F, Buhalis D. Augmented reality at cultural heritage sites. In A Inversini & R Schegg (Eds.), Information and communication technologies in tourism 2016 [M]. Gewerbestrasse, Switzerland: Springer International Publishing, 2016: 607-619.

[296] Tsui A S. Contributing to global management knowledge: A case study for high quality indigenous research[J]. Asia Pacific Journal of Management, 2004, 21(4): 491-513.

[297] Tsui A S, Bian Y, Child J, et al. MOR as a platform for scholarly conversation on Chinese management research[J]. Management and Organization Review, 2005, 1(3): 349-352.

[298] Tsui A S. Contextualization in Chinese management research[J]. Management and Organization Review, 2006, 2(1): 1-13.

[299] Tsui A S. Editor's introduction – Autonomy of inquiry: Shaping the future of emerging scientific communities[J]. Management and Organization Review, 2009, 5(1): 1-14.

[300] Tsui A S, Schoonhoven C B, Meyer M W, et al. Orgnization and management in the midst of social transformation: The People's Republic of China[J]. Organization Science, 2004, 15(2): 133-144.

[301] Van de Ven A H, Jing R. Indigenous management research in China from an engaged scholarship perspective[J]. Management and Organization Review, 2012, 8(1): 123-137.

[302] Vang J, Chaminade C. Cultural clusters, global–local linkages and spillovers: Theoretical and empirical insights from an exploratory study of Toronto's film cluster[J]. Industry and Innovation, 2007, 14(4): 401-420.

[303] Wallis S. Toward a science of metatheory[J]. Integral Review: A Transdiciplinary

and Transcultural Journal for New Thought, Research, and Praxis, 2010, 6(3): 73-120.

[304] Wallis S E. Existing and emerging methods for integrating theories within and between disciplines[J]. Journal of Organisational Transformation & Social Change, 2014, 11(1): 3-24.

[305] Walsh I. Using quantitative data in mixed-design grounded theory studies: An enhanced path to formal grounded theory in information systems[J]. European Journal of Information Systems, 2015, 24(5): 531-557.

[306] Walsh I, Holton J A, Bailyn L, et al. What grounded theory is… A critically reflective conversation among scholars[J]. Organizational Research Methods, 2015, 18(4): 581-599.

[307] Wang J C S. John Dewey in China: To teach and to learn[J]. The China Quarterly, 2008, 196: 924-956.

[308] Wasti S A, Tan H H, Erdil S E. Antecedents of trust across foci: A comparative study of Turkey and China[J]. Management and Organization Review, 2010, 7(2): 279-302.

[309] Weber M. General economic history[M]. New York, NY: Collier Books, 1961.

[310] Weber M. Basic concepts in sociology[M]. New York, NY: Citadel Press, 1969.

[311] Weber M. The protestant ethic and the spirit of capitalism (T. Parsons, trans.)[M]. New York, NY: Routledge, 2005.

[312] Weber M. Max Weber: Collected methodological writings (H. H. Bruun & S. Whimster, Eds., H. H. Bruun, trans.)[M]. London, UK: Routledge, 2012.

[313] Whetten D A. What constitutes a theoretical contribution?[J] Academy of Management Review, 1989, 14(4): 490-495.

[314] Whetten D A. An examination of the interface between context and theory applied to the study of Chinese organizations[J]. Management and Organization Review, 2009, 5(1): 29-56.

[315] Winch P. The idea of a social science[M]. London, UK: Routledge, 1958.

[316] Wright T. Visual impact: Culture and the meaning of images[M]. New York, NY: Berg Publishers, 2008.

[317] Yan A, Gray B. Bargaining power, management control, and performance in United States–China joint ventures: A comparative case study[J]. Academy of Management Journal, 1994, 37(6): 1478-1517.

[318] Yeadon-Lee A. Action learning: The possibility of differing hierarchies in learning sets[J]. Action Learning: Research and Practice, 2013, 10(1): 39-53.

[319] Yin R K. Causality, generalizability, and the future of mixed methods research. In S Hesse-Biber & R B Johnson (Eds.), The Oxford handbook of multimethod and mixed methods research inquiry [M]. New York, NY: Oxford University Press, 2015.

[320] Zhang Y, Dolan S, Lingham T, et al. International strategic human resource management: A comparative case analysis of Spanish firms in China[J]. Management and Organization Review, 2009, 5(2): 195-222.

[321] Zhuang J Y, Everett A M. Confirmation of cluster theory through the Jingdezhen traditional porcelain cluster in China[C]. Digital Proceedings of the Eleventh McGill International Entrepreneurship Conference, Dunedin, New Zealand, 2008.

[322] Zhuang Y, Everett A M. Building grounded theory methodology constructs in social phenomena research: A theoretical discussion [C/OL]. Proceeding of the 28th Australian and New Zealand Academy of Management (ANZAM) Conference, Australia. [2014-12-08]. http://www.anzam.org/wp-content/uploads/pdf-manager/1689_ANZAM-2014-298.PDF.

[323] Zhuang Y, Everett A M. Surviving local government policy intervention: The case of embedded markets within a historical cultural cluster[J]. Journal of Public Affairs, 2017, 17(3): 1-13. doi: 10.1002/pa.1612.

[324] Zhuang Y. Grounded in heritage: An exploration of traditional cultural clusters in China: The case of the Jingdezhen porcelain cluster [D]. University of Otago, Dunedin, New Zealand, 2011.

致　　谢

我庆幸自己在过去十几年里能够专注于扎根理论方法论和历史文化产业集群的研究。这是一场学习与成长的旅行，更是在以学术为志业的追求中个人觉察觉知的过程。然而，我认为作为一名学者不仅应该批判与接受批判，更应该推己及人地去帮助他人，也接受他人的帮助。我就是学术社区守望相助文化的受益者。

在本书撰写期间（2013—2018年），我和我的第一博导André Everett教授的往来邮件字数早已超过了本书的篇幅，其内容涉及博士素养与论文写作的方方面面。相比André对待我这个学生的耐心，我自愧弗如。同时，我的第二博导Tara Duncan博士始终把握本书写作的每个重要节点，适时提醒助力，从读者角度对本书提出重要的结构性建议。感谢同为科研能力养成社群创始人的南开大学商学院任兵教授代表科研能力养成社群对本书的资助，并贡献宝贵的时间组织硕博生一起阅读我生涩的中文翻译稿并给出反馈。人类学家方李莉教授在2008年带我进入景德镇的田野并对此书稿提出宝贵的修改意见，在16年间持续接纳并关注一个晚辈的研究，令人感佩。感谢在本书发表过程中给予系统性反馈的韩巍教授及学术道路上亦师亦友的郭毅教授。

感谢新西兰奥塔哥大学管理系和旅游系全体教职工对我的帮助，特别是Graham Elkin教授伉俪、Sue McSkimming、Leanne Skryba、Kaye Jefferies、Lu Cox、Nancy Benington、Elizabeth Rose教授、Ian McAndrew教授、Steven Grover教授、Juergen Gnoth教授、程明明教授、Trudi McLaren、Pip Lennon，还有一起奋斗过的博士同仁们。能够顺利完成本书还要感谢新西兰太平洋国际酒店管理学院（Pacific International Hotel Management School）的支持，特别是Bill

McCallum、James Cunningham、Rose Ellis、Jan Lockett-Kay 博士以及研究团队的同事们。

  感谢在此期间我所参加的学术会议和工作坊中的学者们对本研究提出的问题和建议，还有回到中国授课期间对本研究提出宝贵意见的各位学者。感谢我的翻译螺螺、编辑夏振华博士为本书的翻译和编辑付出宝贵的时间。本书的顺利出版更离不开上海立信会计金融学院序伦书库的资助和科研处的支持，以及企业管理出版社杨慧芳编辑团队细致入微的工作。感谢中南大学博士生蒋军，还有任兵教授的硕博生李然、李哲滔、周钰莹、贾硕、余书杰、王心梦、唐钰林和杨依婷以及上海立信会计金融学院毕业生张紫云前期的阅读反馈。因为你们的鼎力支持，本书才得以出版。最后，感谢我的先生徐奇和我的父母、公婆在写作期间对我的照顾，感谢友人们在我每一个低潮时的鼓励与扶持。

  想起你们的时候，我依然会热泪盈眶，无比激动！感恩一路相伴，感恩每一次遇见。